anagramma

722

Della stessa autrice:

La piccola casa in riva al mare
Christmas Party
Un regalo inaspettato

This novel is entirely a work of fiction. The names, characters and incidents portrayed in it are the work of the author's imagintion. Any resemblance to actual persons, living or dead, events or localities is entirely coincidental.

Titolo originale: *The Cake Shop in the Garden*

Traduzione dall'inglese di Maria Grazia Perugini e Mariacristina Cesa
Prima edizione: maggio 2019

ISBN 978-88-227-2725-1

www.newtoncompton.com

Realizzazione a cura di Il Paragrafo, Udine
Stampato nel maggio 2019 da Puntoweb s.r.l., Ariccia (Roma)

Carole Matthews

La piccola pasticceria nel giardino di fiori

Newton Compton editori

Alla mia cara amica Sue Davie,
compagna perfetta dei miei viaggi
alla scoperta delle meraviglie che offre la vita sui canali.
Ai tanti bellissimi ricordi.

Capitolo uno

Sono seduta sul bordo del letto di mia madre e faccio un bel respiro. «Ti ho prenotato una settimana in casa di riposo», annuncio poi.

Mi guarda attonita. «Ma io non voglio che ti riposi da me».

«È un momento parecchio difficile, mamma. Lo sai anche tu. I mesi passano e ho bisogno di tempo per preparare il locale per la stagione».

Incrocia le braccia dubbiosa.

Le ho già portato una tazza di tè e una fetta della nuova torta al caffè che sto sperimentando nella speranza di addolcirla, ma la mia cara mammina li ha rifiutati con sdegno.

«Di qui non mi muovo». Sporge il mento in avanti con aria di sfida. «Per niente al mondo, signorina».

Per essere una che in teoria sarebbe invalida, mia madre ha la tempra più robusta di chiunque io conosca. Mentre prenotavo, lo sapevo già di peccare di ottimismo. Nemmeno una torta appena sfornata può sciogliere il cuore di mia madre.

«Ho un mucchio di cose da fare, mamma. Mi basterebbe un paio di giorni. Tutto qui». Un paio di giorni senza sentirmela bussare sul soffitto ogni cinque minuti perché vuole questa o quell'altra cosa, oppure chissà che. Si tiene apposta un bastone da passeggio vicino al letto.

La mia famiglia ha la fortuna di vivere in una bella casa

lungo il Grand Union Canal fin da quando i miei genitori, Miranda e Victor Merryweather, si sono sposati. Sia io che mia sorella Edie siamo nate e cresciute qui. A una di noi due questo fatto piace più che all'altra. La casa si trova nel bel paesino di Whittan, una volta fuori Milton Keynes ma ormai praticamente attaccato alla città, che si espande fagocitando ogni cosa.

Quando ho cominciato a occuparmi della mamma a tempo pieno, ho dovuto lasciare un lavoro da dipendente e per necessità ho avviato un piccolo caffè con pasticceria e sala da tè: Fay's Cakes. Avevo già iniziato a vendere torte dalla nostra barca malandata, la *Maid of Merryweather*, ormeggiata in fondo al giardino. Era una specie di hobby, direi, un po' dettato dalle circostanze, ma mi permetteva di sfruttare il fatto che mi piaceva tanto preparare torte e marmellate. Adesso è un'occupazione a tempo pieno che si è ampliata fino a occupare la sala da pranzo, la veranda e il giardino di casa nostra. L'unico problema del gestire un'attività in casa è che la metà del mio tempo se ne va in corse su e giù per le scale, a prendere e portare cose alla mamma, mentre cerco al tempo stesso di continuare a far funzionare il locale al piano di sotto. Niente di grave… solo che a volte avrei bisogno di staccare un po' dai miei doveri di badante per dedicarmi a portare a casa un po' di soldi, visto che non bastano mai.

«Mi metteranno in un angolo insieme a quei vecchi che tremano e sbavano», si lamenta mamma.

«Non è vero. È un bel posto». Brandisco con fare incoraggiante l'allegro dépliant della casa di riposo Sunnyside, ma lei distoglie lo sguardo rifiutandosi persino di darci un'occhiata. «Non è un ospedale», insisto. «Avrai una stanza per te. Ho fatto un mucchio di ricerche in Internet».

«Bah».

«Sembra più un albergo, anzi, è *proprio* un albergo, però ti assistono anche. Ti tratteranno bene».

«Se per te sono un peso, basta che me lo dici, signorina Fay Merryweather». Mentre si tampona gli occhi dietro gli occhiali da lettura con gesto teatrale, mamma ha la voce rotta da un singhiozzo.

«Non sei un peso». Ancora una volta, riesce a farmi sentire la figlia peggiore del mondo. «Certo che non lo sei».

Lei allontana da sé il piatto di torta come se fosse troppo sconvolta per mangiare.

«Ti voglio bene, lo sai. Solo che ho proprio tante cose da fare al caffè». La lista è infinita. Mi gira la testa solo a pensarci.

«Oh». Alza gli occhi al cielo esasperata. «Il caffè qui, il caffè là. Non pensi ad altro. Parli solo di questo».

«Ci serve a pagare le bollette, mamma». Più o meno. "Grazie ai clienti che non se ne vanno perché mi tocca pensare a te", aggiungo tra me, ma non oso dirlo a voce alta.

Ormai quattro inverni fa, mamma si è messa a letto con una brutta influenza. L'influenza è diventata polmonite e lei senza dubbio se l'è passata molto male in quel periodo. Dopo diversi cicli di antibiotico però, quando la polmonite era ormai guarita, continuava a non avere alcuna fretta di alzarsi. Poi è scivolata nel bagno e si è rotta un'anca. Quando è tornata dall'ospedale, non ha voluto saperne di fare fisioterapia e si è rimessa a letto in convalescenza. Ci si è trovata bene e da allora in pratica rifiuta di alzarsi.

Ha deciso di essere ancora malata e inferma, anche se il dottore le ha detto mille volte che sta bene. È rimasta esattamente dove si trova adesso e non c'è stato verso di convincerla altrimenti. Ho provato con la persuasione e l'incoraggiamento. Ci provano i dottori. Si presentano psicologi per parlarle e vengono puntualmente respinti. Le hanno prescritto antidepressivi, gettati e trovati – da me

– nascosti dietro la testiera del letto. In breve, mia madre ha deciso di restarsene a letto per sempre e onestamente le piace parecchio.

Ora, ogni giorno Miranda Merryweather se ne sta avvolta nel piumino, circondata da morbidi cuscini come se fosse la regina di un minuscolo regno. Ormai permette solo a pochi di accedere ai suoi domini. Talvolta concede riluttante udienza al nostro amabile medico di famiglia, il dottor Ahmed. Credo che all'inizio le piacesse ricevere attenzioni, ma poi, con il passare dei mesi, quell'atteggiamento si è fossilizzato e alla fine alzarsi e uscire le faceva paura. Adesso è diventato uno stile di vita.

Gli amici che aveva un po' alla volta sono spariti, finché sono rimasta solo io a sua completa disposizione. Cucino, pulisco e gestisco il caffè. Riesce ancora ad attraversare il pianerottolo per andare in bagno, ma ha bisogno del mio aiuto per fare la doccia e le lavo i capelli quando è necessario. Anche se certi giorni non ho tempo nemmeno di lavare i miei. C'è una serie sempre crescente di medicine da somministrarle a intervalli regolari: pastiglie per la pressione, diuretici, pozioni per dormire, statine. La lista continua. Più resta a letto, più medicine le servono. Le cambio la camicia da notte ogni giorno e le lenzuola una volta alla settimana.

«Tua sorella non mi tratterebbe mai in questo modo», dice mamma.

«Vero», concordo. «Moriresti di fame prima di avere un tè e un pezzo di torta da Edie».

Mamma balza indietro come se l'avessi schiaffeggiata, poi si volta e con aria risoluta guarda il giardino fuori dalla finestra, con il canale che lo attraversa sinuoso. Gli alberi lungo la riva stanno per sbocciare e il biancospino sarà presto in piena fioritura. È bellissimo, là fuori. Ma lei resta in camera, perdendosi questo spettacolo.

«Edie potrebbe darti lezioni su come occuparsi di qualcuno, signorina».

Proprio no. Credetemi, è escluso.

Edie, la mia sorella minore nonché unica, è la stella della famiglia. È disoccupata, dedita all'alcol e alle droghe leggere, e al momento si fa mantenere da un uomo sposato, ma agli occhi di mia madre non sbaglia mai. Visto che abita a New York, mamma non ha idea di quello che combina. Per quanto ne sa lei, Edie è impegnatissima a costruirsi una carriera incredibile e sta insieme a un avvocato incredibilmente ricco. Di conseguenza, è una figlia molto migliore di me. Quando parla con mamma, mia sorella è molto parca di particolari e mia madre la vede solo attraverso un paio di occhiali rosa. Io invece mi becco il più delle volte la parte della Figlia Cattiva.

La verità è che Edie chiama di rado, a meno che non le serva qualcosa, e non viene mai a casa. Da quando mamma si è messa a letto non è mai tornata, nemmeno quando stava molto male. E diciamocelo, ormai New York è praticamente dietro l'angolo. Ci si può andare a passare un fine settimana. Non è in Australia, in Nuova Zelanda o da qualche parte all'altro capo del mondo.

Edie può essere una vera rottura di scatole, ma mi manca da morire. Vorrei che fosse qui non solo perché mi farebbe comodo un po' d'aiuto con mamma. Anche se essere l'unica a occuparsi di un genitore può essere un compito gravoso e ingrato, mi piacerebbe che Edie ci fosse per avere un'amica che sa quello che sto passando, per condividerne almeno il peso psicologico.

Continuo a insistere, anche se comincio a rendermi conto del fallimento della mia missione. «Pensavo di risistemare la tua camera mentre non ci sei».

«Non me ne vado, te l'ho detto. Hai le orecchie foderate di prosciutto?».

Dio solo sa se questa stanza non ha bisogno di una sistemata. Penso che non sia stato fatto niente dal lontano 1972. La carta da parati a fiori rosa pastello si sta arricciando in più punti e sul soffitto c'è una macchia di umidità probabilmente causata da una perdita sul tetto. Non è la prima. Ormai non oso nemmeno andare a guardare nel sottotetto. A dire la verità, tutta Canal House avrebbe bisogno di amorevoli cure. Sono anni che non ci spendiamo un soldo, semplicemente perché non ce ne sono, di soldi da spendere.

Ho quarantun anni e questa è l'unica casa che ho conosciuto. Ci sono nata, proprio in questa stanza, e se continuo di questo passo andrà a finire che ci morirò pure.

«Potrei portarti un po' di carte da parati diverse, per scegliere».

«Non ti sento». Mamma si mette le dita nelle orecchie. «Bla bla bla. Non ti sento».

Non avrei niente da dire se mamma fosse davvero vecchia, ma ha solo settant'anni e sappiamo bene che i settant'anni di oggi sono i nuovi cinquanta. Dovrebbe andarsene in giro a vivere la sua vita. Purtroppo però il concetto di università della terza età le è passato inosservato. È frustrante vederla così, come se si fosse arresa e le bastasse starsene lì sdraiata. Ancora più frustrante è il fatto che sembra andarci a nozze: passa la giornata senza far niente, a guardare soap opera e quiz televisivi. Oppure programmi in cui si ristrutturano case che non serviranno in alcun modo ad aiutare questa, di casa.

Prima di procedere con ulteriori rimostranze, sento la porta sul retro aprirsi e una voce provenire dal corridoio.

«Sono io!».

È Lija, la mia aiutante. Il locale apre solo tra qualche ora, ma Lija oggi è venuta presto per darmi una mano a scrostare le sedie e i tavoli che sono stati tutto l'inverno in giardino. La prima di una lunga lista di simpatiche operazioni per prepararci alla stagione estiva. Allora ci sarà così tanto lavoro che non avremo un attimo per queste cose.

«Devo andare», le dico.

«Il tè si è raffreddato», borbotta mamma.

Certe volte giurerei che passi giornate intere a pensare a piccoli modi per torturarmi. Se si è svegliata di umore particolarmente bellicoso, spesso aspetta che arrivi in fondo alle scale per richiamarmi perché ha dimenticato di dirmi qualcosa o perché le sprimacci i cuscini.

Prendo la tazza. «Te ne porto un altro».

«Stavolta con meno latte. Sembra crema di riso quando lo prepari tu».

Potrei suggerirle che è perfettamente in grado di alzarsi e farsi il tè da sola, almeno non avrebbe di che lamentarsi, ma lo evito. Sarebbe fiato sprecato visto che, purtroppo, ho già perso la battaglia al riguardo un po' di tempo fa. Così, prima di andarmene raccolgo la biancheria: le lenzuola che ho cambiato ieri, la camicia da notte che stamattina ho sostituito con una pulita.

È la mia vita, che mi piaccia o meno. Non mi resta che farmi forza e andare avanti.

Capitolo due

Quando vado in cucina, Lija si è già tolta la giacca e sta prendendo le uova dal frigo.

«Buondì», le dico mentre carico la lavatrice e la avvio. Posso stirare stasera, mentre guardo l'episodio di *Fuga in campagna* che ho registrato. Il mio vizio segreto. «Andiamo fuori a pulire i mobili finché il tempo è bello? Dopo è prevista pioggia, e potremo rientrare a cucinare».

Se tutto va secondo i piani, questo pomeriggio proveremo alcune ricette nuove.

«Piove sempre, cazzo», borbotta la mia aiutante. «Pioggia, pioggia, pioggia».

Lija Vilks è giovane, snella e viene dalla Lettonia. Non è l'aiutante ideale in un'attività a contatto con il pubblico, perché è piuttosto scontrosa. In particolare con i clienti. Però è affidabile, è una gran lavoratrice e sa fare praticamente tutto. Prepara torte meravigliose che a dire la verità sono molto meglio delle mie. La sua torta di carote è qualcosa di eccezionale e giuro che i suoi brownie al cioccolato sono da primo premio. Praticamente è un idolo come Mary Berry del *Great British Bakeoff*, solo in versione dark e sboccata.

«Come sta oggi Vecchia Bacucca?». Lija lancia un'occhiata sdegnosa al soffitto, oltre il quale riposa la mia cara mammina.

«Non benissimo», ammetto. «Si rifiuta di andare alla casa

di riposo, non c'è verso di convincerla. Mi toccherà chiamare e disdire».

Lija schiocca la lingua con disapprovazione. Non è esattamente una fan di mia madre. La cosa è reciproca, del resto.

«Ci ho provato», dico. «Non so più che cosa fare. Dovremo cercare di lavorare con lei qui».

«Puoi chiamare badante?»

«Non me la posso permettere, Lija. Non ci sono i soldi». Faccio un sospiro sincero. «Vorrei tanto che mi venisse ad aiutare Edie. Anche solo per un paio di settimane. Magari gliene riparlo».

«In bocca a lupo». Lija mi lancia un'occhiata cupa.

La mia aiutante adora i toni cupi: nel vestire, come negli sguardi fulminanti. Oggi non fa eccezione: indossa jeans neri con una t-shirt nera attillatissima e ha i capelli neri lisci legati in una coda. Solo la pelle è candida come la neve.

È raro che si trucchi, ma non ne ha bisogno perché è bellissima anche così, nonostante l'aspetto un po' vampiresco. Ha una frangia che le cade dritta davanti agli occhioni azzurri e a volte mi chiedo come faccia a vederci. Mangia torte da mattina a sera e ha il fisico più magro e ossuto che abbia mai visto. Sono davvero invidiosa della sua corporatura minuta. Non ha seno, non ha sedere, non ha fianchi, non ha cosce, niente cellulite contro cui combattere. Anche se non faccio che correre su e giù per le scale tutto il giorno dietro a mia madre, io sono piena di curve e le torte mi basta guardarle per mettere su qualche altro chilo.

Un'altra cosa che mi piace di Lija è che è puntuale come un orologio svizzero. Vive in città, non lontano dal nostro paese, e viene al lavoro in bicicletta percorrendo l'alzaia lungo il canale con pioggia, neve o gelo. Abita in una stanza in un appartamento in affitto che condivide con due ragazze sue connazionali. Tutte insieme bevono come spugne e fanno festini per tutta la notte, ma lei lavora con me da più di due anni e non è arrivata una sola volta in ritardo. Nelle rare occasioni in cui si prende un giorno libero una delle sue amiche si offre sempre di sostituirla, così non me ne devo preoccupare. Anche le altre due sono tipe dark e scontrose, ma un po' meno intrattabili di Lija.

Riaccendo il bollitore. «Il tè di mamma si è raffreddato», osservo. «Ne vuoi uno?».

Annuisce. «Glielo porto io a Vecchia Bacucca. Se pensa che vado io, smette di bussare su soffitto continuamente».

Ecco un altro punto a favore di Lija. Nonostante il suo borbottare, non le dispiace neanche aiutarmi con mia madre. Non sto dicendo che faccia concorrenza a Florence Nightingale, siamo ben lontani: probabilmente Jack lo Squartatore era più premuroso di Lija. Ha un modo poco convenzionale di prestare le sue cure, ma ha ragione: quando c'è lei a occuparsene, mia madre è molto più semplice da gestire. Lija non tollera i capricci di Miranda. E a me sta benissimo.

Mentre Lija se ne va di sopra con il tè per mia madre, riempio un secchio d'acqua calda e sapone e trovo due spazzole. Infilo il mio caro vecchio cardigan, mi metto le spazzole in tasca e vado in giardino.

Questa è una casa grande, solida e robusta, di mattoni rossi, costruita negli anni Venti del Novecento e ha proporzioni gigantesche rispetto alle scatolette che costruiscono oggi. Per fortuna abbiamo una cucina abbastanza grande da poter usare come cucina professionale.

Nei mesi invernali teniamo aperto Fay's Cakes, ma gli affari procedono a rilento. Continuiamo a vendere torte dalla *Maid of Merryweather* e direttamente dalla cucina, ma è solo nei fine settimana di sole che abbiamo un bel viavai di clienti. Ci sono alcuni tavoli nell'ampia sala da pranzo, decorata in modo grazioso con le tovaglie a quadretti rosa e le bandierine che ho fatto io stessa appese intorno alle cornici delle foto. È uno spazio confortevole dal gusto un po' rétro, ma solo perché gran parte degli oggetti sono qui davvero da un mucchio di tempo. Senza dubbio, la cristalleria rosa di mia madre sta vivendo una seconda vita.

Sul retro della casa c'è una bella veranda in ferro battuto che si estende per tutta la lunghezza del muro. Ora è ricoperta di glicine, i cui boccioli presto penderanno come grappoli d'uva e che più avanti, in estate, cederà il posto alla clematis viola. È un luogo delizioso e riparato, e anche lì abbiamo qualche tavolo.

Devo dire che l'attrazione principale della pasticceria, oltre alle torte di Lija, è il bellissimo giardino. Un pezzo di terra generoso da tutti i punti di vista. È lungo e largo, e si estende fino alla riva del Grand Union Canal.

Su entrambi i lati è delimitato da alte mura di mattoni rossi che lo riparano dal vicinato. Non c'è una grande clientela di passaggio, dato che Canal House si trova proprio in fondo a un sentiero sterrato che in genere scopre solo chi è determinato a scoprirlo. Non è esattamente il posto ideale per un locale, ma tant'è. Trovare una sede come questa da un'altra parte mi costerebbe una piccola fortuna. Una piccola fortuna che non ho.

Procedendo nel giardino, verso il canale, c'è un piccolo frutteto con dei meli dal tronco nodoso. È protetto dall'alto muro retrostante, attualmente tappezzato di clematis rosa che più avanti nella stagione sarà sostituita da rose rampicanti. A destra, proprio oltre la veranda, c'è una vecchia magnolia che diventa magnifica se non viene investita da una gelata. Addossati al muro ci sono diversi arbusti fioriti che in questo momento hanno tutti un gran bisogno di essere potati.

Per quanto riguarda il tempo, per ora è stato un anno tremendo. Questa è l'Inghilterra. Ha fatto un freddo incredibile e non smette di piovere da gennaio. Il giardino ne ha sicuramente sofferto. Anche se oggi non piove, gli arbusti hanno tutti i rami afflosciati, appesantiti dall'umidità. Più avanti verso il canale, i begli alberi di ciliegio con i loro delicati fiori rosa hanno subìto la sferza di vento e pioggia la settimana scorsa. Ma è pur sempre un luogo idilliaco.

Prima che si mettesse a letto, mamma adorava questo giardino, anche se era papà a fare il grosso del lavoro. È stato lui a renderlo così bello. Una volta questa era una casa modesta, poi vari boom immobiliari hanno fatto lievitare i prezzi a livelli astronomici. Mi sento davvero fortunata che i miei genitori siano stati in grado di comprarla quando si sono sposati, altrimenti non avrei mai potuto sperare di vivere in un posto come questo. E qui mi piace. Proprio tanto. È la casa della mia famiglia ed è colma dei miei ricordi. Consideratemi pure una sedentaria, ma questo è il mio piccolo angolo di paradiso e non vorrei mai vivere da un'altra parte.

Non si può negare però che mi farebbe comodo avere qualcuno a darmi una mano a starci dietro. Per una persona sola è una quantità di lavoro impensabile. Il forte vento di febbraio ha spezzato parecchi grossi rami e lungo i muri di confine ci sono mucchi di foglie enormi. Per fortuna, la fioritura dei ciliegi non ne ha risentito. Inoltre, se devo essere sincera, andrebbe tutto completamente ridipinto. Se prima era un po' vecchiotta ma incantevole, negli ultimi anni la casa è diventata proprio malandata. Essendo il primo vero giorno di sole dopo una vita, anche se fa ancora freddo e più tardi dovrebbe piovere di nuovo, stare un po' all'aria aperta mi fa un gran piacere. Quest'anno Pasqua cade alta, verso la fine di aprile, e di solito facciamo l'apertura completa quel fine settimana. Se vogliamo arrivarci preparate, dobbiamo darci una mossa.

Capitolo tre

Lascio il secchio ai tavoli e percorro il giardino verso il mio posticino preferito, il piccolo molo sul canale. Mio padre amava stare vicino all'acqua, se non direttamente dentro, e questo era anche il suo posto preferito.

Victor Merryweather era nato nel Pembrokeshire, vicino al mare, e anche se per lavoro si era trasferito in questa zona, se possibile la più lontana dalla costa, il mare gli era sempre rimasto dentro. Non gliel'ho mai chiesto, ma credo che sia questa la ragione per cui lui e la mamma hanno comprato questa casa quando si sono sposati. Certo, non sono esattamente le spiagge selvagge e le onde imponenti che amava tanto, ma un canale inglese ha un fascino quieto, delicato, dotato di un'attrattiva tutta sua.

Mi manca, mio padre. Sono già quasi vent'anni che non c'è più, ma non passa giorno in cui non pensi a lui. La passerella di legno che si snoda per tutta la lunghezza del giardino costeggiando il canale l'ha costruita lui con le sue mani e se posso cerco di venire qui ogni giorno, a guardare l'acqua per cinque minuti. Proprio come facevamo quando ero bambina. I miei ricordi più lontani risalgono a quando ci mettevamo qui, io con le gambe a ciondoloni nell'acqua, a guardare le imbarcazioni colorate che passavano o le famiglie di anitre che si vedono ancora. Papà mi ha insegnato a riconoscere i tanti uccelli che vivono lungo il canale: sterne, aironi, gallinelle d'acqua e con un po' di fortuna anche il rapido guizzo azzurro del martin pescatore.

Mia madre è un tipo difficile, ma papà era di animo gentile. Mamma è sempre stata esigente e papà generoso, pronto a dare. Non so come funzionasse il loro rapporto, ma in qualche modo sembrava filare. Papà acconsentiva a ogni desiderio della mamma. Evitava qualsiasi tipo di scontro. Lui era lo yin e lei lo yang, immagino. Dopo la sua morte improvvisa dovuta a un attacco di cuore, lei non è più stata la stessa. Nessuna di noi lo è più stata.

Prendo una sedia di legno e mi siedo, guardando una timida gallinella di mare che fa avanti e indietro lungo la riva per controllare i suoi pulcini lanuginosi. Sull'alzaia di fronte a me c'è un airone immobile con gli occhi fissi sull'acqua, in attesa di un pesce sfortunato che diventi la sua merenda. Da queste parti non succede mai niente di eclatante. La vita va avanti uguale a se stessa, anno dopo anno. Il canale è sempre così calmo e tranquillo che è facile credere che non ci sia un altro mondo fuori di qui. Due anitre balzano fuori dall'acqua e si scrollano le piume sulla passerella, poi si incamminano ballonzolanti in giardino. È il mio piccolo universo personale.

Una barca a colori vivaci avanza svogliata. È una delle nostre imbarcazioni locali, la *Floating Paradise*, e la coppia che ci vive, il signore e la signora Fenson, passa spesso per un panino o un tè coi biscotti.

«Ciao, Fay!». Dal posto di guida dietro, Ralph alza una mano.

Ricambio il saluto.

«Il caffè è aperto?»

«Sempre», grido in risposta. «Non vedo l'ora di ricevervi».

«Tieni il tè in caldo! Passiamo dopo», urla a sua volta. «Finché possiamo, ci godiamo il sole».

Ralph e Miriam hanno comprato la barca qualche anno fa, quando hanno lasciato il lavoro. Hanno un ormeggio fisso al porticciolo vicino e un appartamento in città in cui si possono rifugiare quando fa troppo freddo. Che modo meraviglioso di vivere da pensionati! È un peccato che papà non ci sia arrivato. Gli sarebbe piaciuto da matti.

Purtroppo, in questa zona del canale la loro barca è anche nota come *Floating Disaster*. Non credo che Ralph e Miriam abbiano mai posseduto o compreso fino in fondo le abilità necessarie per una vita come questa. Di loro si sente dire spesso che lasciano aperte le paratoie e svuotano la conca. O che lasciano aperti i cancelli delle chiuse. Oppure scuotono tutte le altre barche solcando l'acqua senza rispettare i limiti di velocità, Ralph con il suo berretto da capitano e Miriam con uno dei suoi tanti maglioni o magliette a righe bianche e blu. Una volta hanno fatto una festa con un sacco di amici rischiando quasi di far colare a picco la barca, tanto era sovraccarica. Non credo che vadano troppo lontano con la *Floating Paradise*, di solito sono fermi nei pressi del porticciolo, e probabilmente è molto meglio così. Parecchi dei frequentatori più rigidi del canale se ne lamentano, ma sono una coppia deliziosa e sono sempre contenta di averli nel locale perché rallegrano le giornate.

La *Maid of Merryweather* è ormeggiata qui in fondo al giardino. È una sessanta piedi tradizionale. L'orgoglio e la gioia di papà. La adorava. Non c'era giorno in cui non venisse a trovarla. Progettava sempre di dedicarle più tempo quando avrebbe smesso di lavorare.

Mamma, ovviamente, la odiava. Ne era gelosa come lo sarebbe stata di un'amante. (Sono sicura che a volte mamma sia stata davvero in competizione con la *Maid of Merryweather* per guadagnarsi il primo posto negli affetti di papà). Proprio come i Fenson, i miei non ci sono mai andati troppo lontano, anche se papà avrebbe sempre voluto. Sarebbe stato felice di lasciare il lavoro e passare il tempo viaggiando per i canali inglesi. Mamma invece aveva altre idee. Non le piaceva neanche dormire a bordo, diceva che stava stretta e lo faceva comunque a malincuore. Pur avendo a disposizione tutte le meraviglie dei canali, ci spingevamo solo fino a Berkhamsted in una direzione e a Stoke Bruerne, verso Northampton, nell'altra. Papà doveva impazzire per questo, ma non lo diceva. Si limitava a godersi ogni momento trascorso a bordo.

Anche per me queste vacanze in famiglia erano la parte migliore dell'anno. Amavo la *Maid* proprio come papà e preferivo considerarla intima piuttosto che stretta. Anche se ritrovarmi in cabina con Edie quando era piccola, soprattutto se pioveva, poteva far sembrare lo spazio molto più limitato. Dopo un'ora o due mia sorella cominciava ad agitarsi e a saltare di qua e di là. Io sono sempre stata una che poteva starsene tranquilla con un libro.

La barca era un progetto di papà, una questione d'amore. Non era mai felice come quando era sul canale ad armeggiare sulla *Maid*. Di giorno lavorava come impiegato in una delle nuove aziende stabilitesi a Milton Keynes negli anni Ottanta, ma non appena arrivava a casa si toglieva giacca e cravatta e scappava al canale. Tutte le sere e i fine settimana aveva sempre i jeans da lavoro e una maglia azzurra, le mani sporche d'olio e la faccia sorridente. Da quando è morto, la *Maid of Merryweather* non si è più mossa, e questo mi fa sentire molto in colpa. Suppongo che il motore non si accenda più. L'ultima volta che ci ho provato, non sono riuscita a farne uscire neanche un suono. A papà sarebbe dispiaciuto tanto.

L'esterno della barca è dipinto con i colori tradizionali del canale, verde scuro e rosso, ed è decorato con le rose tipiche di questo genere di imbarcazioni. Adesso forse ha un'aria un po' logora e malandata, ma ho conservato l'interno lindo e pinto. Per renderla abitabile ci vorrebbe un sacco di lavoro, ma a uno sguardo superficiale se la passa abbastanza bene. La cabina con il soggiorno e la cambusa sono arredate con pensili di rovere e una stufa a legna che ora tengo spenta. Alle finestre ci sono tendine fatte all'uncinetto.

Pur restandosene ferma, la *Maid of Merryweather* si guadagna senza dubbio da vivere. Ora è un elemento fondamentale di Fay's Cakes. La gente viene in casa per comprare i nostri prodotti, ma sono sicura che la barca sia l'elemento particolare che esercita un'attrazione formidabile sia sui turisti che sugli habitué del canale. Ho una bella serie di torte, crostate, biscotti e marmellate, tutto fatto in casa. In estate faccio anche la limonata, che va sempre alla grande. Graham Lovett, un ragazzo del paese, dipinge dei begli acquarelli di scene del posto che vendo sotto forma di cartoline e piccole stampe, dato che in questa parte del canale abbiamo un bel passaggio di vacanzieri. Il porto turistico qui vicino noleggia imbarcazioni e di solito siamo la prima fermata.

Come ho già detto, l'idea di Fay's Cakes è cresciuta un po' alla volta a partire da quel modesto inizio. Vedevo le imbarcazioni, la gente che viveva in barca, quelli che ci andavano in vacanza e le famiglie a passeggio o in bicicletta sui sentieri e mi sono resa conto che non potevano avere un tè o una fetta di torta se non andando in uno dei pub che costeggiano il canale. E non sempre si ha voglia di andare al pub, non è vero?

Il mio lavoro di direttrice amministrativa non mi faceva esattamente impazzire. Era pagato abbastanza, ma di sicuro non riempiva di entusiasmo le mie giornate. Meditavo di cambiare rotta da tempo, ma non mi veniva in mente niente che mi consentisse di sfruttare le mie limitate abilità. Poi, quando mamma ha deciso di essere invalida e di rimanerci, non potevo proprio continuare a lavorare a tempo pieno e occuparmi di lei. Sarei finita a letto pure io. Ho cercato di pagare qualcuno perché mi desse una mano, ma mamma non voleva farsi avvicinare da nessuno. In più, era molto costoso. E fare tutto per me era spossante. Alla fine ho dato le dimissioni ed è stato a quel punto che ho pensato che forse avrei potuto usare la casa e il giardino per ampliare l'attività.

Così Fay's Cakes e la *Maid of Merryweather* rappresentano ora la mia salute mentale e il mio lavoro a tempo pieno. Guardo quella bella barca con affetto e non capisco perché mia madre l'abbia sempre odiata. Come si può non volerle bene? Anche adesso, che almeno permette di portare a casa dei soldi, mamma non perde occasione per lanciarle frecciatine.

Se fosse per mamma, la *Maid of Merryweather* sarebbe andata da anni, ma è l'unica cosa su cui mi sono impuntata. Quella barca è tutto ciò che mi resta di papà e, finché avrò fiato in corpo, non andrà da nessuna parte senza di me.

Capitolo quattro

Lija mi raggiunge in giardino. Sale sulla passerella con un paio di guanti gialli di gomma e un'espressione arrabbiata.

«È vecchia strega», dice. «Se fosse mia madre, metterei cuscino su sua faccia».

«A volte sono tentata», concordo.

«Prossimo tè che porto, ci sputo dentro».

Non penso di essere necessariamente fatta per occuparmi di qualcuno, ma in confronto a Lija sono Madre Teresa.

«Cominciamo con questi tavoli?». Me ne sto qui a pensare da troppo tempo e ora dovremmo darci una mossa, prima che arrivi la pioggia prevista. Agito le spazzole con fare speranzoso.

Purtroppo qui non abbiamo molto spazio in cui tenere le cose, perciò tavoli e sedie devono restare fuori tutto l'inverno. Li impilo e li copro con un vecchio telo cerato per proteggerli dal maltempo, ma ogni volta che li scopro in primavera li trovo sporchi e macchiati di muffa.

Io e Lija andiamo verso i tavoli. Ormai l'acqua del secchio si è un po' raffreddata, ma dovremo accontentarci perché non posso perdere tempo per bollirne dell'altra. Iniziamo a spazzolare insieme.

I tavoli qui fuori sono belli, tutti di diversi colori pastello. Li ho comprati a poco prezzo all'IKEA quando ho iniziato e si chiamavano TWONK o SPLAT o qualcosa del genere.

Ufficialmente, ho avviato Fay's Cakes circa tre anni fa e il primo anno è volato via, mentre imparavo il mestiere. Sento che questa sarà l'estate in cui troverò davvero il mio ritmo. A essere sincera, visto che il locale in pratica è cresciuto da solo senza avere alle spalle un progetto preciso, mi ritengo molto fortunata che sia andata meglio di quanto avrei potuto immaginare il primo anno, in particolare nei mesi estivi. Ho cominciato ad avere clienti abituali, persone che passeggiano lungo il canale o arrivano in barca. Compravano qualcosa alla *Maid of Merryweather*, una torta, un barattolo di marmellata, una bottiglietta di limonata, poi si fermavano a prendere un tè. L'unico svantaggio era che stare qui tutto il giorno con mia madre poteva essere non solo faticoso, ma anche solitario. Mi mancava l'ambiente dell'ufficio perché qui non avevo nessuno con cui parlare, e quei clienti sono stati la mia àncora di salvezza.

Durante il secondo anno, spinta dal relativo successo, ho aggiunto alcuni tavoli in giardino e, solo perché mi piacciono da matti, ho iniziato a specializzarmi nei tè del pomeriggio. La cosa ha avuto un successo tale che di lì a poco ho dovuto assumere una persona. Ho messo un annuncio nel giornale locale, ho avuto cinquanta telefonate da parte di candidati e ho fatto tre colloqui. Lija mi è piaciuta subito, non so perché, dato che le altre due sembravano molto più accondiscendenti. Lei però è stata l'unica che si è portata una torta fatta in casa, pan di Spagna al caffè e noci, ed era la torta più buona che avessi mai assaggiato. Così Lija è diventata la mia aiutante ed è con me da allora.

Quell'anno ho trasformato la sala da pranzo in uno spazio aperto al pubblico al coperto, nonostante le lamentele di mia madre, che ancora rifiuta il fatto che la casa sia accessibile agli estranei. Io continuo a dirle che, se può farlo la regina, possiamo farlo anche noi.

Quando il tempo è brutto la sala da pranzo fa comodo, anche se può ospitare solo quattro piccoli tavoli. In estate possiamo aprire le porte-finestre che affacciano sul giardino. Tranne i pochi tavoli sotto la veranda, tutti gli altri sono alla mercé degli elementi. Significa che l'attività dipende molto dal tempo e come tale è un po' imprevedibile, ma in qualche modo funziona e bene o male riusciamo a sbarcare il lunario.

Alla fine dell'anno scorso ho comprato due nuove tende da sole utili anche come riparo dalla pioggia, ma non ho ancora avuto modo di montarle. Mi serve un uomo con un cacciavite e il mio compagno Anthony è un mucchio di cose, ma certamente non è un tuttofare.

Lija ci dà dentro di spazzola con più entusiasmo di me, devo riconoscerlo. Il sole fa capolino da dietro le nuvole e mi riscalda la schiena. Spero che sia un buon anno, per poter mettere via un po' di soldi. Sto cercando di risparmiare in modo da riparare la *Maid of Merryweather*, perché so che a papà sarebbe piaciuto. Credo che come minimo abbia bisogno di un motore nuovo, e non sarà certo economico.

Mi alzo per sgranchirmi e vedo una barca che viene verso il nostro attracco. Non la riconosco, ed è sempre bello avere un cliente nuovo. L'estate scorsa ho messo un segnale lungo il canale che attira un mucchio di gente di passaggio fra la comunità dei naviganti. Questa barca, però, è la prima volta che la vedo.

Alzo le mani per ripararmi gli occhi dal sole e la vedo accostare accanto alla barca di papà. «E questo chi è?».

The Dreamcatcher. Probabilmente il nome più comune per una barca su un canale, niente di sorprendente da quel punto di vista. Ha uno stile tradizionale ed è un po' malmessa come la *Maid of Merryweather*. Però, almeno da questa distanza, il proprietario sembra giovane. Stringendo in mano la corda per attraccare, salta sulla passerella da poppa con un gesto molto atletico.

«Sembra che abbiamo un cliente», dico a Lija.

Non ho ancora aperto. Tutte le torte appena fatte in vendita oggi sono ancora in cucina, avvolte nel cellophane. Di solito siamo più occupate al pomeriggio, quando la gente comincia a pensare a cosa mangiare insieme al tè o per cena. Anche se, a dire la verità, non faremo mai concorrenza a un supermercato con il nostro giro di vendite.

«Uffa», borbotta Lija, ancora intenta a spingere la spazzola su e giù. «Digli che abbiamo da fare».

«Non esiste. Abbiamo bisogno di clienti e ci vorrà un minuto a mettere su il tè». In realtà, ne farei uno anche per me. «Può stare in veranda, se non è un problema. Lì i tavoli sono puliti».

Ripongo la spazzola e cerco di darmi un'aria professionale. Non è facile, con un cardigan addosso. L'uomo lega la barca dietro la *Maid of Merryweather* e pochi minuti dopo è ormeggiato alla passerella. Sul lato della barca spunta la testa di un cagnolino, sembra un incrocio con un Jack Russell. È bianco con macchie marroni e nere e porta al collo un fazzoletto rosso davvero carino.

«Forza, Diggery». L'uomo schiocca le dita e il cane salta giù dalla barca, mettendosi a camminare obbediente dietro di lui.

I frequentatori dei canali in genere si dividono in due categorie: pensionati e hippy. Quest'uomo non rientra in nessuna delle due. Mentre percorre baldanzoso il giardino, noto che è alto, molto alto e slanciato. Non che sappia molto di moda maschile ultimamente, ma penso che abbia un look particolare. Indossa jeans neri stretti e grossi anfibi. Sopra ha una maglietta nera e una giacca di jeans grigia scolorita. Anche i capelli sono nerissimi, corti ai lati ma con sopra una massa ribelle che va da tutte le parti e termina con una specie di ciuffo che ricade in avanti.

Piacerebbe anche a me avere una capigliatura tanto particolare, come Lija o anche questo tizio, a dire la verità. Invece ho un caschetto di capelli biondi, facile da gestire rispetto alla cascata di ricci lunghi fino al sedere alla quale aspiro in segreto. Ma non avrei il tempo di starci dietro.

Mentre si avvicina, posso dire che la somma delle parti forma un totale piuttosto piacevole. Senza neanche pensarci, mi ritrovo a dire: «Però!».

Anche Lija si alza e smette di fare quello che stava facendo. «Jeans su jeans», è il suo giudizio sdegnoso.

Quando si trova davanti a noi, dice: «Salve, signore», rivolgendoci il sorriso più caldo che mi sia capitato di vedere da un pezzo. Forse da sempre.

Un sorriso capace di spezzare cuori. Parecchi.

«Salve», riesco a rispondere.

Si rende conto che il giardino è ancora nella sua versione invernale e che siamo impegnate a pulire i tavoli. «Siete aperte?».

Ha un accento morbido, irlandese e piuttosto sexy.

«Sì, certo», rispondo e mi rendo conto che, per la prima volta nella mia vita, sento le farfalle nello stomaco.

Capitolo cinque

Così trovo un tavolo sulla veranda per quest'uomo affascinante che si siede e stende le gambe lunghe. In genere mi lascio andare alle chiacchiere con i clienti, ma stavolta mi sento confusa e non mi viene proprio niente da dire. Credo sia giovane, probabilmente sulla trentina: almeno dieci anni meno di me. Poi mi rendo conto che lo sto fissando.

Forse ci è abituato, perché sembra non farci proprio caso.

«Sono Danny», dice quando diventa evidente che ho ingoiato la lingua. «Danny Wilde». Con i suoi grossi Doc Martens e la maglietta malconcia potrebbe sembrare un po' grezzo, ma ha una voce raffinata, educata.

Indica il cagnolino che si sta sistemando ai suoi piedi. «Questo è Diggery».

Finalmente ritrovo la voce. «Ciao, Diggery». Mi chino per accarezzare il cane sul collo e lui si lascia coccolare, felice di ricevere attenzioni. «Sono Fay. Ti porto un menu».

«Non mi serve. Vorrei solo un panino con pancetta», dice sorridendo. «Uno bello grosso. È tutta la mattina che ci penso. In barca ho finito *sia* il pane, *sia* la pancetta, perciò è stata una tortura».

«Non è tra le nostre proposte, ma in frigo un po' di pancetta ce l'ho. Vuoi pane bianco o integrale?»

«Bianco. Con un sacco di ketchup. Se ci si deve fare del male, tanto vale fare sul serio». Gli brillano gli occhi.

«Tè o caffè?»

«Una mug di tè nero bello forte».

Non sto a dirgli che i nostri servizi da tè sono delicata porcellana vintage e spaiata. Se vuole una mug, l'avrà. Vedo che Lija mi osserva con attenzione, senza togliermi gli occhi di dosso.

«Ti porto tutto in cinque minuti».

Mi allontano e lui si rilassa, chiude gli occhi e lascia che il sole gli baci il volto. Per fortuna, non ho più le farfalle nello stomaco. Purtroppo, adesso ho il cuore che batte all'impazzata.

È ridicolo ma le mani mi tremano quando metto la pancetta sulla griglia. Bisogna dire che non capita molto spesso di avere in visita dei clienti affascinanti. Di solito le nostre giornate sono piene di pensionati burberi o famiglie con bambini iperattivi che cercano di decapitare i fiori del giardino. Un Danny Comecavolosichiama a metà settimana è una bella sorpresa.

Preparo la mug di tè forte e trovo una ciotola per metterci un po' d'acqua per il cane.

Danny accoglie il suo tè con un sorriso mentre io ripongo la ciotola con l'acqua. Diggery scodinzola grato.

«Che cosa gentile», osserva lui.

«Mi piacerebbe avere un cane», dico. «Però, ecco…».

Non gli dico che mia madre non tollera animali di qualsiasi forma o dimensione e che da bambina non potevo tenere neanche un pesce rosso. Anche Anthony odia i cani, i gatti e i bambini. Non necessariamente in quest'ordine.

«Io non potrei farne a meno», commenta Danny. «Non è vero, Digs?».

A quel richiamo, il cagnolino smette di bere e si lancia in grembo a Danny, beccandosi un forte abbraccio. Dopo aver somministrato al cane una buona dose di coccole (fortunato lui), Danny alza di nuovo verso di me i suoi occhi scuri e astuti. «Sei tu la proprietaria di questo posto?»

«Sì, cioè, no... più o meno». Smettila di balbettare, ragazza, sembri un'idiota. Faccio un respiro. «La casa è di mia madre, ma sono io a gestire il caffè e la pasticceria».

«Bello», dice ammirando il giardino. Il suo sguardo si posa ancora su di me e sorride malizioso. «Anche il giardino».

Divento rossa fino alla radice dei capelli. Nessuno flirta mai con me. Soprattutto se è un uomo giovane e bello. Soprattutto quando porto il mio enorme cardigan.

La sua espressione si addolcisce nel vedere il mio disagio. «Scusa. Non volevo essere inopportuno».

«Nessun problema», rispondo. «Ci mancherebbe». Poi mi rendo conto che mi sto facendo aria con il menu.

«C'è un sacco da fare qui», osserva. «Per stare dietro a un giardino così grande. Qualcuno ti aiuta?»

«No», ammetto. «In realtà no. Faccio quasi tutto da sola». Qualche volta, se costretto, Anthony dà una passata con il tagliaerba. Il più delle volte però bisogna farlo il lunedì, che è il giorno di chiusura, e Anthony è al lavoro. Oppure la sera, quando, invariabilmente, Anthony gioca a golf. «Ci stiamo preparando per l'estate», spiego. «Siamo un po' indietro, abbiamo parecchio da fare».

«Vi serve una mano?»

«Sempre», rispondo ridendo.

«Dico sul serio», ribadisce lui. «Sono in cerca di un lavoretto. So fare praticamente tutto. Non sono il massimo con piante e fiori ma con martello e pennelli me la cavo. So usare un tagliaerba e un decespugliatore».

«Davvero?». Poi mi ricordo che la pancetta è sulla griglia e mi faccio prendere dal panico. «Oddio, la pancetta! Aspetta, ti preparo il panino poi ne riparliamo».

Mi lancio in cucina pensando a tutto quello che ci sarebbe

da fare. Danny potrebbe essere davvero utile per qualche giorno. Per cominciare, potrebbe raccogliere le foglie e i rami. C'è da tagliare il prato, come sempre, anche se adesso è troppo bagnato, e forse potrebbe montarmi quelle tende da sole. L'anno scorso ho comprato anche delle belle insegne di smalto un po' vintage con su scritte frasi buffe, del tipo: "Non voglio un amore, voglio una bella cioccolata", o "Keep calm e mangiati un cupcake". Be', sono ancora nella scatola. Potrebbe appenderle. Poi ci sono alcune parti di recinzione da riparare. Più che giorni in realtà potrebbe stare per settimane, se riuscissi a trovare i soldi. Di sicuro saprei che cosa farmene, di uno come lui. No non voglio dire quello. Certo che no. Sapete che cosa intendo. C'è un mucchio di lavoro qui da fargli fare. Questo volevo dire.

Come richiesto, metto un sacco di ketchup sul panino e lo porto fuori. Danny ci si tuffa affamatissimo.

Con un guaito, anche Diggery esprime la sua voglia di pancetta e Danny gliene porge un pezzetto.

«Potrebbe servirmi qualcuno che faccia il lavoro più pesante in giardino», ammetto. «Ma temo di non poter pagare molto».

«Forse potresti darmi in cambio dei panini alla pancetta», sorride. «Questo è squisito».

«Certamente, al mangiare ci penso io, mentre sei qui».

«Affare fatto allora. Quando comincio?»

«Puoi fermarti adesso a darci una mano? Io e Lija abbiamo una lunga lista di cose da fare». Nessuna delle quali si farà, se continuo a stare qui a chiacchierare. «Dopo, se riusciamo, vorremmo preparare delle torte, così potremmo lasciare a te quello che stiamo facendo ora».

«Torte? Mmm. Posso lavorare anche per quelle», aggiunge.

Vedo che guarda Lija dalla testa ai piedi. Perché non dovrebbe? È bella e giovane. Ed è inutile prendersi in giro, anche lui lo è.

«Lei è Lija», gli dico, seguendo il suo sguardo. «Anche lei lavora qui a tempo pieno. Le sue torte sono insuperabili».

Ride sentendo questo. «Allora siamo d'accordo. Hai un nuovo uomo di fatica, Fay».

«Fantastico». La velocità del tutto mi lascia ancora attonita. In un attimo, Danny si è trasformato da cliente a membro del personale, ma non credo di dover guardare in bocca al caval donato. «Magari quando hai finito il panino puoi aiutarci a pulire i tavoli».

«Perfetto». Danny si pulisce il ketchup all'angolo della bocca con il dorso della mano. «Quanto ti devo?»

«Offre la casa», rispondo. Poi azzardo un sorriso. «Farò in modo che te lo sia guadagnato».

«Grazie. Tutto questo mi piace moltissimo, Fay», risponde. «Davvero moltissimo».

Poi mi guarda con quegli occhi talmente marroni da sembrare quasi neri. Brillano con sincerità e un lampo di malizia al tempo stesso. Rischio di nuovo di restare senza fiato.

«Non te ne pentirai», dice Danny.

In fondo in fondo, però, nei recessi più intimi della mia mente molto razionale, mi chiedo se invece non accadrà proprio il contrario.

Capitolo sei

«È arrivato Stan Puzzone», annuncia Lija.

«Non chiamarlo così», mi sento in dovere di dire. «Non è carino».

«Puzza però».

«Solo un pochino», ribatto. «Sa un po' di stantio. A novantatré anni, ce l'avrai anche tu quell'odore. È quello che succede quando si diventa vecchi».

«Allora non diventerò mai vecchia», è la soluzione di Lija.

A me, invece, sembra di avere molte più cose in comune con Stan che con Lija, visto che mi sento già vecchia fin troppo spesso. Non sono una di quelle quarantenni giovani e alla moda che si vedono in televisione e sulle riviste patinate. Non faccio uso di botulino e non ho una finta tintarella. Non mi sono mai sbiancata i denti. Sono una quarantunenne che alle marche e alle mode non ha mai badato.

Ed ecco che il nostro cliente più assiduo tra i clienti assidui, Stan Whitwell, sta varcando il cancelletto come fa sempre a quest'ora. Vive da solo in una delle villette lungo il sentiero che porta alla nostra casa. Ha un posticino minuscolo, due stanze sotto e due sopra, ma delizioso, con le rose intorno al portone e un giardino in miniatura che Stan riempie di fiori profumati.

«Ci penso io oggi al suo pranzo», le dico. «Sono solo venuta a dirti che quel ragazzo laggiù, Danny, ci darà una mano in giardino».

Lei mi guarda perplessa. «Potrebbe essere serial killer».

«Penso che sia un tipo a posto», la rassicuro. «Mi sembra abbastanza gentile».

«Sei troppo tenera».

«C'è troppo da fare, Lija, non ci sto dietro». In effetti, il sollievo che mi ha travolta quando Danny ha detto che poteva restare ad aiutarci era palpabile. «Stava cercando un lavoretto. Vediamo come va un paio di giorni».

Alza le spalle. «Sono affari tuoi».

«Puoi mostrargli quello che deve fare?»

«Certo».

«Te lo mando tra un secondo».

Penso che si troverà bene con Lija: anche se è un po' burbera ci sa fare. Ha una lingua tagliente che potrebbe intimidire qualcuno, ma mi pare che Danny Wilde se la possa cavare. Così la lascio e torno verso la casa a salutare Stan.

«Ciao», gli dico. «Come vanno le cose oggi?»

«Non ci lamentiamo», risponde Stan.

Cosa che non fa. Mai. Vorrei che desse lezioni a mia madre a questo riguardo.

«Che ti andrebbe per pranzo?».

Da quando ho aperto il locale, Stan viene qui a pranzo ogni giorno senza eccezione. Si è trasferito nella sua villetta circa dieci anni fa e siamo sempre stati buoni amici. Ora è anche un cliente e posso capirlo, alla sua età ti passa la voglia di metterti a cucinare solo per te stesso.

Pur avendo la veneranda età di novantatré anni, Stan è ancora molto arzillo e non è per niente rimbambito. Spero che capiti così anche a me. Se è particolarmente stanco, cammina con il bastone e si siede sulla veranda senza attraversare tutto il giardino. Ha una signora che va a fargli le pulizie per qualche ora alla settimana, ma per il resto è completamente autosufficiente. A dire la verità, mi arrabbio se penso a come se la cava bene da solo, in confronto a mia madre che non fa niente pur essendo perfettamente in grado di fare tutto. Se avesse un tumore o una brutta malattia, sarei di sicuro molto più comprensiva. Invece lei, chissà per quale motivo, ha deciso di vivere così. Non scende dal letto solo perché non vuole.

«Hai della minestra?», domanda Stan. È un po' sordo perciò parla forte.

«Una buona, con pomodoro fresco e basilico», rispondo a voce alta.

«La mia preferita», dice schioccando le labbra.

«Oggi vuoi sederti vicino al canale?». È il posto preferito anche di Stan. Ma non disdegna nemmeno stare sotto i ciliegi.

«Mi piacerebbe molto».

«Abbiamo appena pulito i tavoli. Dico a Lija di preparartene uno vicino alla passerella. Sicuro che non avrai freddo?»

«Ho messo apposta il cardigan più pesante», risponde Stan. Ha un buco sul gomito e una macchia inguardabile sul davanti. È abbottonato tutto storto e devo trattenermi per non sistemarglielo.

«Guarda che sole magnifico». Allarga le braccia come se volesse abbracciare il giorno. «È bellissimo. Con il sole, non c'è un posto più bello di questo paese».

Stan ha trascorso nella RAF buona parte della sua esistenza e si vede. Adesso è un po' acciaccato e non proprio profumato, ma ci tiene ancora. Si pettina i capelli bianchi all'indietro e li fissa con la brillantina. Ha un paio di baffi cespugliosi e un pizzetto sempre molto curati. Ha la schiena un po' curva ma è ancora vispo e svelto. La sua è stata una vita incredibile e se ho un po' di tempo mi piace stare seduta con lui a sentire delle sue avventure. A volte mi ricorda il mio caro papà e non posso fare a meno di provare un piccolo slancio di affetto per lui.

Sulla veranda, Danny si alza e si toglie le briciole dai pantaloni. «Lo sposto io il tavolo, Fay». Mi piace sentire il mio nome nella sua cadenza cantilenante. «Dimmi tu quale».

«A Stan piacciono quelli verde chiaro». Ne indico uno inutilmente. Di sicuro è in grado di capirlo da solo, qual è verde chiaro. *Riprenditi, Fay*. «Gli piace sedersi vicino al canale. Se lo metti vicino agli alberi in fiore, starà anche un po' riparato dal vento».

«Danny ci darà una mano, Stan», gli spiego. «Solo per qualche giorno».

«Complimenti vivissimi», dice Stan e segue malfermo il nostro nuovo aiutante verso il fondo del giardino. Diggery si mette a inseguire le anitre vicino al canale.

«Ciao, cara Lija!», dice Stan agitando la mano.

«Salve, Stan», risponde lei.

Li guardo per un attimo, insieme a Lija. Danny prende Stan sottobraccio per sorreggerlo alla fine del sentiero, gli porge una sedia e va a cercare il tavolo del colore giusto. Già annoiato dal giochino con le anitre, Diggery viene a sedersi ai piedi di Stan, che lo accarezza di buon grado.

«Ciao, piccolo», dice Stan. «Ma quanto sei carino». Il cane scodinzola dalla felicità.

Fino all'anno scorso Stan aveva un vecchio gatto, una bestiola sporca che graffiava chiunque gli si avvicinasse. Lo odiavo perché saltava di qua dal muro e faceva la cacca nel mio giardino. Il gatto, non Stan. Ora non c'è più, è sepolto sotto una rosa nel giardino del suo padrone e, nonostante il caratteraccio, credo che a Stan manchi la sua compagnia.

Scompaio di nuovo in cucina a preparare la zuppa. Ormai sarà ora che cucini qualcosa anche per mamma, prima che cominci a bussare sul soffitto. L'odore della pancetta sulla griglia deve averla fatta impazzire. Per essere un'invalida, ha un appetito parecchio robusto.

Preparo un bel vassoio per Stan: una ciotola di zuppa fumante come piace a lui e un pezzo di pane croccante, sfornato questa mattina. Beve sempre anche una tazza di Earl Grey senza latte, accompagnato da una fetta della torta del giorno. Se prende la zuppa però, gli piace aspettare una decina di minuti per farla andare giù prima di bere il tè.

Stan è sistemato comodamente vicino al canale, sotto i ciliegi. Vado verso di lui con il suo pranzo, godendomi il tepore primaverile sul volto.

«Ecco qua, Stan. Spero che ti piaccia».

«Sono sicuro che è buonissima come sempre».

Poi, mentre sto posando la zuppa sul tavolo, qualcosa attira il mio sguardo facendomi restare di stucco.

C'è un uomo seminudo nel mio giardino.

Danny sta trasportando uno dei tavoli. Se io e Lija l'avremmo sollevato in due, lui lo sta facendo da solo. E si è tolto la maglietta. L'ha lasciata insieme alla giacca di jeans sullo schienale di una sedia. Sento un nodo in gola.

«Attenta!», dice Stan.

Mi volto e vedo che stavo quasi per rovesciare la zuppa addosso a Stan. «Scusami, scusami tanto».

«Non è successo niente», osserva Stan.

«Mi sono distratta un attimo».

Stan ride. «Me n'ero accorto, cara».

Porgo a Stan posate e tovagliolo ma i miei occhi continuano a vagare verso il punto del giardino in cui si trova Danny. Oggi fa caldo ma in realtà non questo *gran* caldo. Non dovrebbe mettersi qualcosa addosso?

Alla fine si accorge che lo sto fissando. Mi guarda e indica il petto nudo. «È un problema?»

«Ehm... io... ehm... io. No, no, no. No».

Lija mi rivolge uno sguardo impassibile. Stan se la ride come lo Stregatto notando il mio imbarazzo.

«Tutto okay», gli assicuro. «Davvero».

Danny mi sorride. «Bene».

Però non va bene. Ho caldo. Caldissimo. E la cosa più preoccupante è che è lui a incendiarmi.

Capitolo sette

Al termine della giornata tutti i tavoli e le sedie sono stati spazzolati e ripuliti dal loro strato di muschio. Danny ha riempito la carriola verde con mucchi di foglie e ha messo il resto in dei sacchi in modo che io possa portarli alla discarica in macchina.

Questo pomeriggio abbiamo avuto solo pochi clienti, un paio di coppie per il tè del pomeriggio. Li ho sistemati sulla veranda vicino alla porta-finestra e sembravano contenti. Le prime erano due signore, probabilmente del gruppo locale degli amanti dell'equitazione e non credo che fossero già venute, perciò ce l'ho messa tutta nella speranza che tornino e dicano ai loro amici che siamo fantastiche. Poi è passata una coppia in pensione che ogni tanto fa un salto, a volte portandosi i nipoti, e ho cercato di trattare al meglio anche loro.

Ora sono andati via e io e Lija siamo in cucina a provare una nuova ricetta di sua invenzione. È una torta ai mirtilli e crema al limone che intende guarnire di glassa al limone e che ha un profumo meraviglioso. Per decorarla ha fatto con la pasta di zucchero graziose viole del pensiero, giallo chiaro e lilla. Adoro guardare Lija mentre prepara le torte. La sua solita espressione sdegnosa scompare completamente ed è l'unica occasione in cui i suoi lineamenti si animano, diventano vivi.

«Mi stai fissando», si lamenta.

«Non è vero. Sto pensando solo a quanto sei brava».

Sbuffa. Lija non perde tempo con i complimenti. È fatta così.

«Ha un profumo buonissimo», aggiungo.

Stiamo entrambe rimirando i succulenti capolavori che ha appena tirato fuori dal forno, quando Danny fa capolino da dietro la porta.

«Ho finito», annuncia.

«Vieni dentro», lo invito.

«Che faccio con gli anfibi?»

«Non preoccuparti. Puliscili un po' sul tappetino. Comunque devo passare lo straccio».

Quando Lija inforna, lascia dietro di sé una devastazione totale. I pensili e il pavimento sono tutti ricoperti di un sottile strato di farina.

Danny entra seguito da Diggery. Si appoggia ai pensili, incrociando braccia e anfibi. Almeno adesso ha la maglietta. Però è stretta, nera e aderente al petto che ora so fin troppo bene quanto sia muscoloso. Accidenti. Ecco che vado di nuovo in agitazione. Mi sembra che riempia tutta la cucina anche se sta in un angolo e non occupa tanto spazio. È una cucina grande, professionale, eppure la sua presenza si espande a dismisura. Non so dove guardare. È come la *Gioconda*: i suoi occhi scuri e il sorriso enigmatico sembrano seguirmi ovunque.

«Sono venuto solo a chiederti se vuoi che torni domani».

«Sì, grazie». Prendo quaranta sterline dal cassetto e gliele passo. «Non abbiamo fissato una tariffa. Va bene così?»

«È troppo», osserva. «Ho fatto ben poco e sono anche in debito per il panino alla pancetta». Mi rimette in mano un biglietto da dieci. «Va bene trenta più una fetta di quella torta».

Rido. «È la prima volta che la facciamo. Ricetta segreta di Lija».

«Sembra ottima».

«Vuoi restare un attimo e mangiarla adesso?»

«Volentieri».

«Però mancano le decorazioni».

«Posso farne a meno».

Gli taglio una fetta e gliela porgo in un piatto. Lija prepara un tè e quando è pronto sbatte sul tavolo una tazza per me e una per Danny.

Danny azzanna la torta. Sembra avere un grande appetito. «È buona», dice. «*Davvero* buona».

Lija accetta impassibile il suo verdetto. Reagirebbe allo stesso modo se fosse accusata di omicidio.

Mentre Danny mangia, Diggery gli si accoccola ai piedi sperando di avere qualche briciola. Con un pollice, Danny indica il giardino. «Alla porta del bagno serve una serratura nuova»

Abbiamo ancora il bagno esterno originale di quando la casa è stata costruita. Si trova in una di due costruzioni di mattoni piccole e malmesse ed è stato ristrutturato una decina di anni fa. È tornato molto utile per il locale, dato che mamma impazzirebbe ad avere la gente che vaga in casa per usare i servizi. L'altra vecchia costruzione di fianco viene usata come magazzino.

«Ti serve anche qualche paletto nuovo per la recinzione. Ce ne sono due o tre che sono marci alla base».

Me n'ero scordata, anche se erano cose che volevo sistemare da anni. Sono felice che Danny, chissà come mai, sia arrivato proprio al momento giusto.

«Grazie», dico. «Se mi fai sapere quello che serve, te lo procuro. È bello vedere il giardino già più in ordine».

Lija mi dà un'altra occhiataccia. È chiaro che pensa che sto flirtando con lui. Ma invece *non è vero*.

«Che fai da queste parti?», domanda Lija.

Sono contenta che l'abbia chiesto lei, io non ne avrei avuto il coraggio.

«Sei di passaggio?», insiste.

«Non ne sono sicuro», risponde Danny con una scrollata di spalle. «Ho la barca da poco. Sei mesi in tutto. In realtà sto ancora testando la situazione, per capire come va».

«Vivi sul canale?», intervengo.

«Per ora», risponde.

L'avevo immaginato.

«Ho mollato la vita d'ufficio», continua. «Volevo vedere se mi piace essere un vagabondo indipendente».

«E com'è?», chiede ancora Lija.

«Per ora, va bene. Adesso sto bene sulla *Dreamcatcher*. Ci ho impiegato un po' ad abituarmi, ma credo di avercela fatta».

«Hai un gran coraggio», dico. «Io non ci riuscirei mai».

«Diciamo che sono stato costretto», ammette.

«Oh».

«È una storia lunga. Se una sera sali a bordo te la racconto davanti a un paio di bottiglie di vino scadente».

«Oh». La proposta mi fa arrossire.

«Alla fine però si è sistemato tutto», aggiunge con un sorriso.

Così di rado siamo artefici del nostro destino. Io stessa, per esempio, farei questo se non fosse per mamma? Non che il caffè e la pasticceria non mi piacciano, anzi, li adoro, ma adesso devo andare avanti per forza, che lo voglia o meno. Talvolta si devono solo accettare le cose che la vita ti presenta e cercare di trarne il meglio.

Danny finisce la torta.

«Grazie», dice. «Me ne vado. Ci vediamo domani. Arrivo per le otto, se può andare».

«Va bene. Comunque sono sempre in piedi per le sei, perché voglio fare alcune cose prima di dovermi occupare di mia madre». Mi rendo conto troppo tardi di avere un'espressione mesta. «Chi dorme non piglia pesci».

«Pensavo di stare ormeggiato alla tua passerella mentre sono qui. Si può fare?»

«Certo. Nessun problema».

«Buona serata, signore. Ottima torta, Lija». Le fa l'occhiolino. «Andiamo, Diggery».

E con questo se ne va. Il cane gli trotterella dietro e sia io sia Lija guardiamo le ampie falcate di Danny che attraversa il giardino e salta sulla barca.

Sapere che è proprio lì, in fondo al giardino, è una cosa inquietante e confortante al tempo stesso.

Lija arriccia il naso. «Guai».

«È carino». Sento un calore dentro di me che non riconosco esattamente. «Mi piace».

Mi guarda negli occhi. «Guai».

Capitolo otto

Quando Lija va a casa, sfrecciando in bici sull'alzaia incurante dei proprietari di cani che si sparpagliano al suo passaggio, mi dedico alla cena di mamma. La sera vuole qualcosa di leggero. Stasera le propongo una fettina di quiche al pomodoro fatta da me e insalata verde per contorno. Mi accerto che ci siano tutte le pastiglie, poi controllo e ricontrollo che non ci sia niente di cui si possa lamentare.

Non so esattamente quando mia madre sia diventata così. Non abbiamo mai avuto un gran rapporto, ma lei non era nemmeno tanto critica e moralista come adesso. Il suo istinto materno è sempre stato ben nascosto e non penso di sbagliare dicendo che secondo me per lei la maternità non è stata come si aspettava. Credo che possa accadere. So che una madre dovrebbe in teoria provare amore incondizionato per le proprie creature, ma ci sarà pure qualche eccezione.

Non è che mamma abbia trascurato me e Edie, non fraintendetemi. Però non è mai stata una madre affettuosa. Se ci facevamo male e avevamo bisogno di comprensione e di un cerotto, era sempre meglio andare da papà.

Tra me e Edie, mamma è sempre stata più vicina a mia sorella. Credo che mi trovasse strana, troppo timida. Edie era quella estroversa, l'intrattenitrice, sempre pronta a cantarci una canzone o fare un balletto. La primadonna. Mi stupisce che non sia finita su un palcoscenico.

Io ero più la cocca di papà. Papà era taciturno come me. Ci sedevamo sul divano e lui mi leggeva delle storie. Oppure andavamo al canale e ci sedevamo sulla passerella, uno accanto all'altra, a fare niente per ore. Mamma e Edie volevano sempre avere qualcosa da fare. Per questo la situazione attuale di mamma è ancora più incomprensibile. Vorrei solo che scendesse dal letto e partecipasse a quello che succede in paese: le attività del Women's Institute, la chiesa, il gruppo delle torte, quello dei fiori, il tai chi. C'è tutto un mondo di cose da fare, basta varcare quella porta. Potrebbe partecipare a tante iniziative, solo che non vuole.

Salgo le scale con il cuore gonfio, portandole il vassoio. Non devo pensare troppo, altrimenti mi deprimo.

Lei è a letto che guarda la televisione. Un paio di anni fa, per il suo compleanno, le ho preso una bella TV con lo schermo piatto da tenere in camera. Prima ne aveva una vecchia, portatile, e a volte mi dico che forse non avrei dovuto farlo, dato che questa è molto più comoda. Forse sono io a incoraggiarla. Se mi rifiutassi di cucinarle pranzi e cene, farle il bagno, assecondarla in tutto, magari sarebbe costretta a scendere dal suo letto di malata immaginaria? Ha uno spirito forte, anche troppo, ma visto che non fa nessun tipo di esercizio fisico la vedo che comincia a deperire, i muscoli si atrofizzano. Di sicuro non le fa bene al cuore. I dottori non sembrano poter fare niente di più per lei. La riempiono di pastiglie, ma a parte questo se ne sono lavati le mani. Immagino che pensino di avere casi più urgenti cui dedicarsi.

Essendo in pratica il suo unico contatto con il mondo, indosso una faccia sorridente e dico allegra: «Ciao, mamma. Ecco la cena».

Non posso permettermi di essere triste anch'io.

«Grazie, Fay. Sembra buona». Spegne la TV. «È del supermercato?»

«No, mamma, è fatta in casa». Come se mangiasse mai cose già pronte. «Che c'è stasera di bello? Ho un mucchio di biancheria da stirare».

«Niente di che», risponde. «Non c'è mai niente».

Le sistemo i cuscini per farla stare comoda con il vassoio in grembo.

«Anthony passa di qua?», mi chiede.

«Sì. Più tardi, penso». Di solito si presenta in serata, a una certa ora.

«Mi sembra ora che quell'uomo faccia di te una donna onesta».

«Forse un giorno».

«Non è che trovi di meglio, sai?»

«Anthony è una persona deliziosa», concordo. «Però... ecco... stiamo bene così».

Mamma disapprova. «Non ti mettere *troppo* comoda, Fay Merryweather. Agli uomini piace un po' di pepe».

«Ah, sì?». Come se mia madre sapesse qualcosa degli uomini. Mio padre era tutto per lei e la famiglia. Tra l'altro, non credo che il rapporto tra me e Anthony abbia mai avuto del «pepe», così adesso non ne sentiamo certo la mancanza.

Poi cerco di trattenere uno sbadiglio, che però viene fuori lo stesso.

«È questo che voglio dire, Fay. Nessuno vuole tornare a casa da una che sembra essere stata investita da un camion e non fa che sbadigliare».

«Grazie, mamma. Ho avuto una giornata pesante».

Forse capisce di essere stata un po' troppo dura, così si addolcisce un po' e domanda: «Che cosa hai fatto?».

Non succede spesso che mamma abbia voglia di chiacchierare, ma visto che è dell'umore, mi siedo sul letto.

«Io e Lija abbiamo ripulito i tavoli del giardino, poi abbiamo provato alcune torte nuove». Non è esattamente una conversazione brillante, ma è il meglio che posso offrire. «È passato un ragazzo simpatico, uno che vive sul canale». Non so perché mi ritrovo a parlare di Danny, ma ne sento il bisogno. «Si occuperà di una serie di lavoretti. Cose che non riesco a fare io».

«Questa casa è un peso», nota mamma. «Troppo grande. Troppo vecchia».

«È fantastica». Mi spavento sempre quando si mette a parlare così: ho paura che pensi di venderla. «Non potrei pensare di vivere da nessun'altra parte. È solo che non ci sono stati spesi soldi per un bel po' e avrebbe bisogno di una sistemata. Il giardino però comincia ad avere un aspetto magnifico. Il glicine quest'anno è splendido. Un pomeriggio dovresti scendere giù, a vedere che cosa abbiamo fatto».

«Lo vedo dalla finestra, grazie mille». Fa un cenno della testa verso il canale. «Vedo anche quel vecchio relitto».

La *Maid of Merryweather*.

«È ancora in gran forma», ribatto. «A papà piacerebbe tanto sapere che la sto usando per vendere le torte. Non credi?».

Ma sono sicura che sarebbe deluso dal fatto che non la stiamo sfruttando in tutte le sue potenzialità.

«Sei sempre stata la cocca di papà».

«Eravamo più simili, penso».

Disapprova anche stavolta. «Entrambi volevate solo perdere tempo con quel rottame». Si rivolge ancora con la testa alla *Maid of Merryweather*. «Era Edie la mia principessina».

E io l'ho sempre saputo bene.

Mamma prende le posate e riaccende la televisione.

La nostra breve chiacchierata è finita. «Bene», le dico. «Ti lascio alla cena».

«Quando puoi, vorrei una tazza di tè».

Il che significa adesso. Così vado di sotto, accendo il bollitore e le porto il tè. Stavolta ha gli occhi saldamente incollati allo schermo.

Capitolo nove

Mangio anch'io un po' di quiche poi prendo l'asse da stiro, sistemandola in soggiorno. Il grosso delle cose da stirare sono le lenzuola, più le tovaglie rosa a quadretti per la sala da pranzo e i tavoli della veranda. Poi ci sono le camicie di Anthony. È pignolo e vuole che gliele lavi e stiri io perché a suo dire lo faccio meglio di lui.

Da vecchia zitella triste quale sono, registro ogni giorno *Fuga in campagna*. È il mio vizio privato. Adoro guardare tutte quelle case meravigliose e anche Jules Hudson, il presentatore, con la sua faccia tonda non è un brutto spettacolo. Non ho intenzione di fare fagotto. *Adoro* questa casa. Non ne ho avute altre. Ma quando guardo quei posti con gli interni eleganti e i giardini impeccabili mi immagino come potrebbe essere Canal House, con un po' di cura e una bella somma di denaro da spenderci.

Con un tè a portata di mano, comincio a stirare e lascio che le immagini mi passino davanti agli occhi. Appendo le camicie di Anthony alle grucce chiudendo i tre bottoni in alto, come piace a lui. Poi, proprio mentre il programma e la biancheria da stirare stanno per finire, sento bussare come al solito alla porta e vado ad aprire a Anthony.

Stiamo insieme ormai da dieci anni e anche se non sono sicura che sia l'amore della mia vita, io e Anthony Bullmore siamo abbastanza felici.

Mi bacia rapidamente la guancia poi mi precede in soggiorno, appena in tempo per vedere i titoli di coda di *Fuga in campagna*.

«Che mucchio di sciocchezze!», commenta sdegnoso guardando la televisione.

Io e Anthony ci siamo incontrati a una riunione di pianificazione in Comune, il top del romanticismo. La persona che doveva stendere il verbale era malata e all'ultimo minuto è stato chiesto a me di farlo. Quando alla fine hanno portato il caffè ci siamo ritrovati vicini. Non ricordo neanche che mi abbia chiesto ufficialmente di uscire, ma è finita che siamo andati a cena fuori e a teatro un paio di volte. Dopo di ciò eravamo una coppia, per un reciproco tacito accordo. E abbiamo continuato, senza che nessuno dei due se ne chiedesse il motivo.

«Sogni ancora a occhi aperti, Fay?», mi chiede come se fosse una brutta cosa.

«Non proprio. Mi piace vedere le case, tutto qui».

Anthony si butta sulla sua poltrona preferita e si allenta la cravatta. «Ho avuto una giornata infernale», sospira. «Non ci crederesti».

Il mio compagno di vita lavora all'Ufficio edilizia del Comune. Secondo Anthony è il lavoro più faticoso del pianeta, per il quale riceve di rado del credito e di certo non uno stipendio all'altezza. Anthony – non chiamatelo Tony – crede di essere ambizioso e motivato. Però ha quarantacinque anni e non ha nemmeno un ruolo di responsabilità nel suo ufficio. Ritengo che probabilmente sia già all'apice della carriera, ma non intendo dirglielo e distruggere le sue illusioni.

«C'è per caso un tè in preparazione?». Prende il telecomando e cambia canale.

«Accendo il bollitore».

Certe persone invecchiano prima del tempo, credo. Anthony è uno di queste. Probabilmente anche io. Posso immaginarlo nei prossimi anni, neanche troppi, che taglia l'erba in camicia e cravatta. Anche quando viene qui, la sera, spesso ha ancora addosso giacca e cravatta dal lavoro. Anthony non è propriamente una persona informale. Porta sempre i pantaloni e le scarpe con i lacci. Non si è mai concesso un paio di jeans. Mi viene spontanea alla mente un'immagine di Danny, lungo e sottile con le cosce fasciate dai jeans e sento una vampata di calore. Solo calore. Niente di più.

Respingo quei pensieri e torno sul più sicuro terreno di Anthony. Penso che il mio compagno doveva nascere negli anni Quaranta. Sarebbe stato molto più adatto a quel periodo.

Non è un uomo poco attraente. Direi che è nella media. Aspetto medio. Altezza media. Mister Medio. E in questo non c'è niente che non va. Anch'io con ogni probabilità sono una Miss Media. Ecco perché insieme andiamo bene. Ha i capelli castani e li porta lunghi davanti per nascondere la stempiatura incipiente e il broncio perenne.

È un po' più robusto di quanto vorrebbe, soprattutto a causa delle mie torte, ma si mantiene in forma giocando a golf. Un sacco. Ogni fine settimana, senza eccezione, gioca a golf. Il sabato e *pure* la domenica. Nel momento in cui mette piede al club per bere qualcosa con gli amici, ecco che entrambi i giorni sono andati. Sta cercando di diventare capitano del circolo di golf per l'anno prossimo, e a quel punto so già che non lo vedrò più. Ma il suo è un circolo costoso e sapete com'è, deve sfruttarlo, con quello che paga.

Oltre a giocare a golf, Anthony è l'organizzatore e direttore del gruppo locale di suonatori di campanelle, le Village Belles. Fidatevi, sulle campanelle so molto di più di quanto si dovrebbe sapere in una vita intera. Nonostante i suoi ripetuti tentativi di coinvolgermi nel rutilante mondo dei suonatori di campanelle, fino a questo momento sono riuscita a resistere. Le Village Belles fanno le prove un paio di sere alla settimana. In particolare se c'è un «grosso» concerto in vista, diciamo alla festa della parrocchia o cose del genere.

Ho provato a interessarmene, davvero. Ma c'è qualcosa nel suono delle campanelle che mi fa venire voglia di prendere a morsi le persone. Anthony lo trova rilassante, ma temo che su di me abbia l'effetto opposto, stimolando solo il desiderio di uccidere qualcuno in un modo parecchio efferato.

Porto a Anthony il tè e un pezzo del tiramisù al cioccolato di Lija, perché penso che storcerebbe il naso di fronte alla torta al limone e mirtilli. "Troppo pasticciata", direbbe.

«Grazie, Fay». Anthony prende il tè e il piatto e si rimette a guardare la televisione. «Stasera vado via presto».

«Ve bene». Dovrei preoccuparmi per il fatto che in realtà sono piuttosto contenta che Anthony si mangi il tiramisù e se ne vada? Potrei riuscire a guardarmi un'altra puntata di *Fuga in campagna* prima di andare a letto.

Mentre richiudo l'asse da stiro, mi chiedo perché non ci sia mai venuto in mente di vivere insieme. Anthony ha una casa a Stony Stratford, un posto assolutamente piacevole per vivere. Ha una villetta bifamiliare degli anni Settanta che non ha niente che non va. A lui però piace avere i suoi spazi e non è mai stato suggerito che io mi potessi trasferire da lui, lui da me o che prendessimo una casa dove stare come coppia. Non credo che Anthony abbia alcuna fretta di sconvolgere le sue abitudini. Gli piace andare e venire quando vuole e, finché devo occuparmi della mamma, va bene anche a me.

È un discorso che non abbiamo mai affrontato e a dire la verità adesso mi risulterebbe difficile. Se mi chiedesse di trasferirmi da lui? Non avrebbe senso. Non potrei lasciare mamma da sola. Come farei? Forse sto trascurando un po' la mia vita per lei, ma che cos'altro posso fare? In più, in tutta sincerità, lasciare Canal House mi spezzerebbe il cuore. Mi mancherebbe troppo vivere vicino all'acqua.

Così, ci trasciniamo in questa maniera. Anthony mi viene a trovare le sere in cui non è impegnato con le campanelle o con il golf. Ora che le giornate sono più lunghe può farsi nove buche dopo il lavoro. Quando invece viene qui, è raro che facciamo qualcosa di più che guardare la televisione. Quando vogliamo un po' di intimità per fare, ecco, avete capito cosa, senza mamma che bussi sul soffitto, andiamo a casa sua. Di tanto in tanto, Anthony prepara la cena da lui. Adesso che ci penso però, è da un bel po' che non lo facciamo. E intendo proprio *un bel po'*.

«Dovremmo fare qualcosa, una sera», dico a Anthony. «Fare qualcosa».

A volte mi sento reclusa in questa casa come mia madre. Sono qui tutti i giorni, ventiquattr'ore su ventiquattro.

Distoglie lo sguardo dallo schermo. «Per esempio?»

«Non lo so». Ci penso su un istante. «Potremmo guardare un film. Farci una pizza dopo».

Anthony alza le spalle. «Se vuoi».

A questo punto insisto. «Che ne dici di domani sera?»

«Abbiamo delle prove extra con le campanelle», dice Anthony. «Tra poco c'è il Canal Festival».

«Ah, è vero».

«Mi stupisce che tu te ne sia dimenticata».

«Anche a me».

«Deve essere un'esecuzione perfetta».

«In realtà mancano due mesi».

«Sono cose che non si possono improvvisare dall'oggi al domani». Anthony gonfia il petto. «Siamo l'evento clou *sia* del sabato, *sia* della domenica pomeriggio».

Che Dio ci aiuti.

«È una gran responsabilità», continua. «Le signore avranno delle camicette nuove. Bianche».

«Non le hanno bianche anche adesso?»

«Sì», risponde Anthony come rivolgendosi a una bambina. «Queste però saranno bianche e *nuove*».

In verità, nonostante gli intermezzi con le campanelle, il Canal Festival in estate è un evento molto seguito, uno dei più importanti del calendario locale. Si svolge ogni anno e c'è tutta una serie di bancarelle che propongono artigianato e cibarie. Di solito c'è anche dell'ottima musica che non mi fa venire voglia di azzannare nessuno.

A causa dei tanti visitatori che attira, porta anche un sacco di lavoro alla pasticceria e di solito per noi è un fine settimana frenetico. Essendo in Inghilterra, dobbiamo solo cominciare a pregare da subito che ci sia il sole.

Anthony ha finito la torta e ripone la tazza. Finge di stiracchiarsi, segno che sta per andare via. Dopo tutto questo tempo, conosco a memoria ogni sua piccola mania e ogni suo rituale.

«Ti è piaciuto il tiramisù?»

«Ottimo».

«È una delle ricette nuove di Lija. L'abbiamo inserito nel menu solo da questa settimana».

«Ha talento, quella ragazza», commenta Anthony. «Peccato che abbia quel caratteraccio».

Da che pulpito.

«Hai l'aria stanca», dico.

«Sì. Meglio che vada». Un'altra stiracchiata. «A letto presto, stasera».

Si alza e torna a darmi un bacetto sulla guancia.

«Siamo ancora innamorati, Anthony?», domando a bruciapelo.

«Come?». Anthony ha una faccia terrorizzata. «Certo che sì».

«Me lo stavo chiedendo».

«Se è per andare al cinema», replica, «possiamo farlo la

settimana prossima. Sono libero martedì, penso. Devo controllare l'agenda. Forse ci toccherà qualche prova in più. Deborah, la nuova arrivata, sta facendo molta fatica a cogliere alcune intonazioni. *Congratulations* è un pezzo davvero critico ed è uno di quelli che il pubblico apprezza di più».

«Non si tratta del cinema».

«Allora che problema c'è?»

«Niente». Non ne sono sicura nemmeno io. «Non badarci».

Anthony guarda l'orologio. «Ho un mucchio da fare domani».

Il che significa che non vuole litigare. Ma tanto dovrebbe saperlo che non litighiamo mai perché non parliamo mai di niente di serio.

«Ci vediamo domani».

«Dopo il lavoro gioco a golf», dice Anthony. «Solo nove buche, però mangio al circolo. Così non devi cucinare».

«D'accordo. Va bene».

Va alla porta. «Sicura che è tutto a posto, Fay?»

«Sì. Probabilmente sono solo stanca anch'io».

Mamma batte sul soffitto. Vorrà la sua cioccolata calda prima di dormire.

«Eccomi!», grido.

«Ti lascio andare». Un altro bacino sulla guancia. «Ciao, Miranda!», urla verso le scale.

Anthony si volta e saluta con la mano mentre si avvia lungo il sentiero. L'unica cosa che riesco a pensare è che, se una fosse la ragazza, poniamo, di Danny Wilde, lui si accontenterebbe di darle giusto un bacino della buonanotte?

Capitolo dieci

Porto la cioccolata alla mamma.

«Come sta Anthony?»

«Bene», rispondo.

«Non è salito a salutarmi. Lo sai che ho piacere di dirgli ciao».

«Stasera non mi sembrava tutto in sé». Era *perfettamente* in sé. «Credo fosse stanco. Ha un sacco di lavoro». Poi, da sotto, sento il cellulare segnalare che mi è arrivato un messaggio. «Vado a vedere chi è». Anche se posso azzardare un'ipotesi.

Infatti, quando trovo il cellulare sepolto in fondo al cesto della biancheria, trovo un messaggio di Edie che mi chiede di chiamarla su Skype. Sono le dieci di sera, a New York è solo pomeriggio. Ho la forza per parlare con mia sorella, stasera? In un modo o nell'altro mi sembra di avere avuto una giornata spossante, anche se non posso dire esattamente perché.

Non oso dire a mamma che è Edie, altrimenti vorrebbe monopolizzarla. So anche in che stato può essere mia sorella quando chiama dopo pranzo. A volte non è una cosa bella da vedere.

Dopo pochi minuti sono seduta sul divano con il portatile acceso sopra al tavolino da caffè di fronte a me. Grazie al miracolo di Skype, mi collego con Edie. Me la ritrovo davanti che sta piangendo. Cosa che mi aspettavo. In questo periodo piange sempre, ogni volta che le parlo. Mi spezza il cuore.

Cerco di avere un'aria il più possibile allegra. «Ciao Edie».

«Non potrai credere che cosa ha fatto stavolta», dice senza preamboli.

Mia sorella è sempre stata una ragazza difficile. Era lei che, da ragazzina, scappava di casa per andare a bere il sidro con amici poco raccomandabili alla fermata dell'autobus del paese. Era lei che a quattordici anni fumava, sigarette e altro. Era lei che ha avuto una fase dark piuttosto lunga. Mamma faceva finta di non vedere oppure negava completamente che avesse cresciuto un'adolescente problematica, inquieta. Allora mi mancava tanto papà. Edie aveva bisogno della sua mano ferma e io avevo bisogno di una guida per imparare a gestire la mia sorella ribelle. Credo che la sua morte abbia avuto un effetto diverso su di me e su Edie.

Papà è morto all'improvviso d'infarto quando avevo appena compiuto vent'anni. Edie allora stava per entrare nell'adolescenza e forse per lei è stato un colpo molto più pesante. In più, con la morte di papà abbiamo perso il nostro paraurti. Era lui a intervenire quando mamma aveva le sue stranezze. Senza di lui, eravamo indifese a fronteggiare tutta la sua collera. Soprattutto io.

Le persone reagiscono al lutto in modo diverso, non è vero? Mamma praticamente ha nascosto la testa sotto la sabbia e ha lasciato che mi occupassi io di tutto. Non parlava mai di quanto stesse bene con lui e non permetteva a noi di parlarne. Ancora adesso, quando tira fuori l'argomento, è sempre per lamentarsi di qualche sciocchezza spesso immaginaria. Ma loro due hanno avuto dei periodi felici, ne sono *sicura*. A quanto pare adesso lei preferisce pensare soprattutto alle loro incomprensioni. Mamma è sempre stata infastidita dal rapporto stretto che avevo con papà e quando lui se n'è andato, è stato come se volesse punirmi ancora di più.

Alla fine, nonostante i miei sforzi, Edie ha reagito alla perdita assumendo comportamenti negativi. Andava a letto con chiunque glielo chiedesse e spesso domandava a me di coprirla perché restava fuori tutta la notte. Beveva troppo, fumava troppo, diceva sempre parolacce e in generale era ingestibile. La situazione ha cominciato a cambiare solo quando ha iniziato a lavorare. Per fortuna. Però, ancora adesso che ha trentatré anni, quell'adolescente tormentata continua a spuntare fuori.

E io? Come ho fatto fronte a tutto questo? Dovevo essere presente per Edie, mantenere una stabilità. Credo di essermi chiusa in me stessa e probabilmente da allora non mi sono mossa di là. Non mi piacciono i conflitti. Non mi piace creare problemi.

Mi volto di nuovo a guardare lo schermo, dove Edie sta bevendo una bottiglia di Bud. Non si direbbe che siamo sorelle, siamo così diverse fisicamente. Lei è piccola e mingherlina, e la fase dark le è passata da un pezzo. La cresta tinta di nero che si faceva da sola è stata sostituita da lunghi riccioli castani che le scendono sulle spalle e al momento ha uno stile chic e tutto firmato. Ogni capo deve essere di marca. Forse ha cominciato a vestirsi così perché sentiva di dover essere all'altezza dello studio legale in cui lavora. Armani, Gucci e Prada però le scombinano i conti. Gusto per lo champagne e soldi per la birra, direbbe mamma. Se solo sapesse.

Una volta Edie rideva con facilità. Ora ha l'aria tesa e il mascara colato sulla faccia. Mi fa stringere il cuore.

«Che è successo stavolta?», le chiedo trepidante.

«Non è il caso di fare così, Fay», si lamenta Edie. «Lo so che non posso competere con te e la tua vita perfetta».

Non credo che considererei «perfetta» la mia vita, ma lascio correre. «Te lo sto solo chiedendo, Edie. Sei triste. Sei tu che volevi che ti chiamassi».

Appena compiuti ventotto anni, poco prima che mamma si mettesse a letto, Edie si è trasferita negli Stati Uniti. Dopo avere cambiato diversi lavori da quando si è laureata, è riuscita a trovarsi un impiego come assistente personale nella sede newyorkese dello studio legale per cui lavorava a Londra. Era un ottimo lavoro, un vero salto in avanti rispetto a quello che faceva prima, e credo che con qualche manovra poco chiara fosse riuscita a garantirsi una carta verde.

Non è passato molto tempo ed è venuto fuori che aveva una relazione con uno dei suoi capi, conosciuto quando era venuto in visita alla sede di Londra. Sposato, ovviamente. Pensavo che non sarebbe durata, invece eccoci qui cinque anni dopo e sono ancora insieme. Anche se, mi verrebbe da dire, nel senso più vago della parola.

«Brandon mi ha detto che non lascerà mai la moglie», dice d'un fiato mia sorella. «Tu cosa ne pensi?».

Sono combattuta. Sono solidale oppure metto mia sorella davanti alla realtà dei fatti? La verità è che Brandon Ryan non ha *mai* avuto intenzione di lasciare sua moglie. Ormai sono cinque anni che tiene mia sorella in sospeso. Questo non è il comportamento di un uomo che ha fretta di chiudere il suo matrimonio, no?

«Se n'è andato», dice Edie singhiozzando. «È tornato da lei. Mi ha lasciata sola».

Ogni giorno, dopo il lavoro, Brandon va da Edie. Si bevono un paio di bicchieri, si fumano una canna, fanno sesso poi lui torna a casa dove l'aspettano moglie e figli.

«Ho rinunciato a tutto per lui».

A essere sincera, credo che la loro tresca fosse il segreto di Pulcinella tra i colleghi, ma quando un giorno hanno fatto una litigata furiosa a causa della moglie di Brandon nel bel mezzo dell'ufficio, Edie è stata licenziata in tronco. Questo è accaduto sei mesi fa e da allora non ha più lavorato.

«Potresti trovarti un altro lavoro, Edie».

«Ci ho provato», risponde con un altro singhiozzo. «Davvero. Ma è tanto difficile. E Brandon ha bisogno di me. Qui lavorano tutti fino a tardi. Se non riesco a tornare a casa per le sette, o più tardi magari? Lui non potrebbe più venire a trovarmi alla sera. Non lo vedrei mai».

Mi chiedo come faccia a passarla liscia ogni sera, ammesso che accada. E non credo che sarebbe un male se non potessero vedersi così facilmente, ma non lo dico a Edie. Se lei fosse meno disponibile, magari il loro rapporto si esaurirebbe. Forse incontrerebbe qualcun altro in un nuovo posto di lavoro. Qualcuno di libero, con meno bagaglio al seguito.

Da quando si è trasferita a New York, Brandon contribuisce a pagarle un appartamentino nella Lower East Side di Manhattan. Non sono mai andata a trovarla, ma Edie mi dice che è grande come un ripostiglio. È comunque inarrivabile per lo stipendio di una segretaria personale e ora che non lavora il suo amante la sta mantenendo del tutto.

«Vieni a casa», le dico con dolcezza. «Forse è ora di cambiare aria».

«Come puoi dire così? Lo amo».

«Tieni in sospeso la tua vita solo per aspettare lui».

«Che cos'altro potrei fare?»

«Torna a casa per un po'», insisto. «Finché non ti chiarisci le idee». Mi preoccupa anche il fatto che ultimamente, ogni volta che ci parlo, Edie ha una bottiglia in mano. Certi giorni ha le pupille troppo dilatate, i movimenti troppo animati.

«Come potrei?»

«Mi manchi», le dico. «Manchi alla mamma».

Edie schiocca la lingua. «Alla mamma non manco. Lei vuole solo un'altra persona che si occupi di lei. Se torno devo starle dietro, Fay. E io non sono te. Non potrei farlo».

«Qualcosa troveremo».

«È maniaca del controllo, Fay. Lo sai. Sono già scappata dalle sue grinfie. Non esiste che ci torno».

«Solo per una vacanza».

«Non ho nemmeno i soldi per il volo», ammette.

Aspetto che pianga ancora un po'.

«Adesso devo contare su Brandon per tutto. Paga l'affitto, mi dà i soldi per la spesa. Per qualsiasi cosa, devo chiedere a lui».

«Tesoro mio», rispondo. «Sembri più la sua prigioniera che la sua amante».

«Tu sei fortunata, hai Anthony».

«Non è tutto rose e fiori». Non le confesso i pensieri bui che stavo facendo stasera. «Nessun rapporto lo è».

«Noi scopiamo e basta», mi dice brusca. «Non usciamo mai per non rischiare di incontrare qualcuno che conosce la moglie. Scommetto che il vostro rapporto non si basa solo sul sesso».

Questo è vero, anzi in realtà io e Anthony abbiamo l'opportunità di fare l'amore così di rado. Non siamo mai stati una coppia molto appassionata: Anthony non è esattamente la persona più fisica del mondo. Ma sto cominciando a pensare che la frequenza della nostra intimità, o la sua completa mancanza, dovrebbe preoccuparmi.

«Ti mando io i soldi per il biglietto», propongo a Edie. Sarei tanto felice se chiudesse quella storia. Sembra non portarle che infelicità. È vero che io e Anthony non ci appendiamo ai lampadari tutte le sere, ma siamo affiatati. «Stare qualche settimana lontana da quel rapporto potrebbe aiutarti a vederci più chiaro. Ho dei soldi da parte che avevo tenuto per mettere a posto la *Maid of Merryweather*. Posso usarne un po' per te».

«Oh, quella cavolo di barca», borbotta. Come ho anticipato, né Edie, né la mamma condividono il mio entusiasmo per la barca. «Mi fa solo ricordare quanto non mi piaccia tornare a casa. Quella casa non la sopporto, Fay. È così trasandata. E quel canale puzzolente. Lo odio. Quel posto e quella vecchia bagnarola piacevano solo a te e a papà. Adesso la mia casa è a New York. È così piena di vita, eccitante. E Brandon è qui».

Il che mi spezza il cuore. Io non sono nemmeno voluta andare fuori per l'università, per non allontanarmi da qui. Ho scelto una facoltà che fosse abbastanza vicina, per poter restare a vivere a casa. E per la cronaca, il canale non puzza *per niente.*

«Non so che cos'altro suggerirti, Edie».

Vorrei che io e mia sorella fossimo cresciute più vicine, ma gli otto anni che ci separano talvolta sembrano un abisso incolmabile più che una differenza d'età. Sono sicura che mi consideri una babbiona e io a volte dimentico che è una donna adulta, non una bambina difficile.

«Andrà tutto bene», dice Edie con una sicurezza che chiaramente non ha. «Devo continuare a sperare». Fa un gesto con la mano. «*Lascerà* la moglie. Lo so. Deve solo aspettare che i bambini crescano».

Credo che ci sarà sempre qualcosa. Un motivo per cui non possa accadere.

«Mi fai preoccupare».

«Non dovrei buttarti addosso tutto questo». Edie fa la sentimentale. «Hai già abbastanza di cui occuparti».

Sono preoccupata per mamma, ma non lo dico a Edie. Forse quando si è messa a letto non stava tanto male, ma penso che fisicamente si stia indebolendo. Una visita di mia sorella servirebbe proprio a tirarla un po' su.

«Devo andare», annuncia Edie alla fine.

«Ti voglio bene», le dico. «Voglio che le cose si sistemino. Voglio vederti di nuovo felice».

Edie si addolcisce. «Anche io ti voglio bene, sorella. Mi manchi. Dovresti venire a fare un giro qui. Mi piacerebbe tanto mostrarti la mia New York».

«Lo farò», le prometto.

Dentro di me però so che le possibilità che ci vada sono le stesse che Edie torni a casa a occuparsi di mamma. Forse sono prigioniera, proprio come lei.

Capitolo undici

Stanotte non ho dormito bene, ero preoccupata per Edie. Mi sono girata e rigirata fino all'alba. Vorrei fare qualcosa di più per aiutarla, ma non sono certa di esserne in grado.

È troppo presto per svegliare mamma. Se si sveglia prima delle otto si lamenta che la giornata è troppo lunga. Perciò faccio una colazione veloce, incarto nel cellophane le torte che ha fatto Lija ieri, aggiungendo un nastro colorato e un'etichetta scritta a mano. Poi mi avvio verso la *Maid of Merryweather* per rifornire gli scaffali. È una mattina fresca, con un venticello giocoso. Il fruscio degli alberi è incessante.

Apro il portello laterale per consentire al vento di rinfrescare gli interni. Con tutta la pioggia che c'è stata, la finestra perdeva e penso che ormai la guarnizione si sia staccata del tutto, dopo essere stata lì lì per un bel po' di tempo. Un altro lavoretto da aggiungere alla lista. Bisognerà toglierla e sostituirla prima dell'inverno.

Sbircio fuori osservando le increspature create dal vento sulla superficie dell'acqua. Passano un paio di anitre, fermandosi a vedere se oggi ci sia del pane in arrivo, ma non ho portato avanzi con me. Si allontanano deluse, starnazzando un po' scontrose.

Quando sono sulla barca mi sento sempre più vicina a papà e mi chiedo che cosa penserebbe lui della situazione attuale di Edie. Forse non sarebbe contento del fatto che nessuna delle sue figlie si è sposata e si è creata una famiglia. So che gli sarebbe piaciuto tanto avere dei nipoti e sarebbe stato un nonno magnifico.

A parte il vento, stamattina la temperatura è calda e piacevole e so di non avere bisogno del fidato cardigan che indosso sempre. È presto e c'è ancora un filo di nebbia sull'acqua, ma se ne andrà a breve. Una coppia di cigni avanza maestosa, rivolgendomi uno sguardo interrogativo. A chi potrebbe non piacere tutto questo?

Mi allontano dal portello e sistemo le torte. Poi passo con uno spolverino sulla cambusa, dove gli scaffali sono occupati da vasetti di marmellata e salse. Stanno finendo anche questi; io e Lija dovremmo farne scorta. Tra poco bisognerà ricominciare a preparare la limonata e prima di restare sguarnite mi toccherà fare quel giro dal grossista che rimando da troppo tempo. Sta arrivando l'alta stagione per l'attività e la *Maid of Merryweather* avrà molti più clienti, gente che vive in barche ormeggiate qui vicino che ama fare incetta di torte o marmellate. Poi ci saranno anche quelli che viaggiano su imbarcazioni a noleggio che cercano qualcosa per il tè del pomeriggio o da portare a casa come ricordo della vacanza sul canale. Da adesso fino a ottobre ci sarà da fare.

Devo ammettere che la barca di mio padre ha l'aria un po' malmessa. Bisognerà tirarla fuori dall'acqua presto e ridipingere lo scafo con del lucidante perché non arrugginisca, ma è una spesa che posso evitare. Non dispongo ancora di fondi sufficienti per affrontare lavori grossi. Mi piacerebbe tanto ripristinarla per farla tornare a navigare, un giorno. Anche se adesso più che costarmi mi porta dei soldi e lo spazio è sfruttato al massimo, mi dispiace utilizzarla solo come negozio galleggiante. La *Maid of Merryweather* merita qualcosa di più.

Una volta pensavo che avremmo potuto ristrutturarla io

e Anthony insieme, ma lui non sa fare niente che richieda un martello, un trapano o un pennello. Anche se vivo lungo un canale, non esco in barca da anni e mi manca. Stare qui sulla *Maid of Merryweather* è l'attività che ci somiglia di più. A volte vorrei davvero che Anthony condividesse i miei sogni di languidi pomeriggi sull'acqua, ma non è così. Non posso dire di non averci provato. Una volta abbiamo preso una barca per una settimana, ormai qualche anno fa. Invece di essere una vacanza rilassante però, per lui guidare e occuparsi delle chiuse era troppo stressante. L'argano era diventato il suo nemico giurato. A Anthony piace avere il controllo di tutto e credo che si trovasse completamente al di fuori del suo elemento. Ma spero ancora che un giorno gli possa piacere.

Mentre sogno a occhi aperti, vedo Diggery con il suo bel fazzolettino che balza giù dal fianco della barca di Danny, la *Dreamcatcher*, e viene verso il giardino trotterellando sulla passerella. Esco in coperta. Quando il cane raggiunge la *Maid of Merryweather*, si ferma e scodinzola, aspettando una carezza. A quanto pare siamo già buoni amici.

Mi chino per accarezzarlo. «Ciao, Diggery».

Dietro al cane arriva Danny.

«Ciao», dice. «Buongiorno, Fay. Sembra che sarà una gran bella giornata».

«Già».

«Mi piace la barca».

«Sali a bordo e vieni a dare un'occhiata. È qui che ho iniziato l'attività, a dire il vero».

Mi sposto dal ponte in modo che Danny possa salire. Entra nella cabina.

«Bellissimo», dice osservando il mio negozietto. «Molto intraprendente».

«Quando ci vuole, ci vuole», commento. «O così, o avrei

dovuto venderla. Non avrei mai potuto. Era l'orgoglio e la gioia di mio padre».

«Non mi sorprende».

«Ormai è l'ombra di se stessa», ammetto. «Il motore non va più e un po' come in casa, la lista delle cose da sistemare si allunga di giorno in giorno». Sfioro la superficie calda dei suoi interni di rovere. «Un giorno però lo farò».

«Non ne dubito», dice.

Questo mi fa sorridere. «Allora hai più fiducia in me di quanta non ne abbia io stessa».

«Se posso fare qualcosa per aiutarti…».

«Grazie, sei gentile. Questa barca è molto importante per me. A papà sarebbe tanto piaciuto vivere sul canale come fai tu».

«Lo consiglierei a chiunque».

Sospiro, riluttante a lasciare questa piccola oasi di pace. «Meglio che torni in casa. Ormai mamma sarà sveglia».

«Dammi una lista e mi metto sotto. Ieri ho visto dei graticci da riparare. Sembra che il vento abbia colpito forte durante l'inverno».

«Vieni in cucina. Metto su un tè e diamo un'occhiata a che altro c'è da fare. Hai fatto colazione?»

«Sì», risponde.

Scende dal ponte sulla passerella. Mi porge la mano e io la afferro. Anche se non dovrebbero, la forza e il calore della sua presa mi sorprendono.

Ci avviamo insieme verso casa. Dopo avere distrattamente abbaiato ad alcune anitre, ci raggiunge anche Diggery.

Nel momento in cui apro la porta, mamma sta bussando sul soffitto. «Fay! Fay!».

«Arrivo! Arrivo!», le grido in risposta mentre prendo il vassoio della sua colazione che ho già preparato.

«Hai bisogno di una mano?», domanda Danny.

«No. È la mia routine quotidiana. Vado un attimo su», gli dico voltandomi per salire. «Quando ha fame diventa insofferente».

«Preparo un tè nel frattempo?»

«Sì, ottima idea. Metti anche del pane a tostare, per favore. Mi andrebbe un'altra fetta».

Salgo le scale con un grugnito, così mamma sa che sto arrivando.

«Con chi parlavi?», domanda mentre entro. C'è aria viziata.

È già seduta e le metto il vassoio in grembo. Poi vado ad aprire le tende. Si intravede la linea grigia sottile e sinuosa del canale che scintilla al sole e apro la finestra per far entrare un po' di aria fresca.

«Non spalancare», mi rimbrotta. «Non voglio raffreddarmi a morte».

«È una giornata splendida», replico. È bellissimo là fuori».

«Allora», riprende. «Chi era?»

«Oh. Era Danny. L'uomo di cui ti dicevo ieri. Farà degli altri lavori in giardino».

Mi osserva attentamente. «Mi è sembrato di sentire delle voci anche ieri sera, dopo che Anthony è andato via. Era sempre quel tipo?»

«Certo che no», la rassicuro. «Era Edie. Abbiamo parlato su Skype».

«Oh. Perché non mi hai detto niente? Sei tremenda, Fay. Voglio parlarle. Mi manca».

«Non poteva stare tanto. Lo sai com'è, ha un sacco da fare, deve vedere gente. Ma ti saluta e di sicuro richiama presto».

Devo convincere Edie a parlare con mamma, perché cerca in tutti i modi di evitarlo.

«Ha un lavoro molto impegnativo», dice mamma orgogliosa.

«Sì». Mamma non sa che Edie non lavora più da mesi. Non

sa che non ha un soldo e che ha un amante sposato che la tratta male. Crede che per Edie sia tutto rose e fiori.

«Le ho chiesto se veniva a farsi una vacanza qui».

«Oh, quanto mi piacerebbe. L'ultima volta che abbiamo parlato mi ha detto che andava alle Sei Celle».

«Seychelles», la correggo. «Non credo che ci sia andata però». Soprattutto perché Brandon non poteva trovare una scusa con la moglie per assentarsi a lungo, immagino. «Mi è sembrato che avesse bisogno di una pausa».

Questo è quanto di più vicino alla verità io riesca a dire a mamma.

«Succede così quando si vola alto. È sempre stata ambiziosa, la mia Edie». Poi un singhiozzo le spezza la voce. «Questo posto è sempre stato troppo piccolo per contenerla».

«Non ti intristire», le dico con dolcezza. «Lo sai che se potesse arriverebbe a casa di corsa». Quella bugia mi scappa troppo facilmente di bocca. Ma che cos'altro posso fare? Dirle che in effetti alla sua figlia preferita non importa un cavolo di niente? Adesso mi sembro Lija. «Ecco il tè e il pane tostato. Ti farà sentire meglio».

Non le dico neanche che se si alzasse dal letto potrebbe prendere un aereo e andare da Edie. Però in quel caso verrebbe fuori tutta la verità sulla vita di mia sorella. Forse è meglio che mamma resti nella sua beata ignoranza.

«Ora devo andare».

«Non scordarti la mia merenda di metà mattina!», mi avvisa.

«Non lo faccio mai, mamma», rispondo. Probabilmente sono la persona più solerte e affidabile del mondo. Qualche volta penso che non sia una buona cosa.

Capitolo dodici

Prima di tornare in cucina, faccio in modo di togliermi dalla faccia l'espressione abbattuta che ho in volto.

Eppure, non appena mi sente arrivare, Danny propone: «Siediti. Ho fatto un tè».

Sospiro. «Mi salvi la vita». Mi siedo al tavolo in cucina e Danny si siede di fronte. Tra di noi mette il piatto con due fette di pane imburrato.

«Tua madre è malata?».

Come glielo spiego? «È allettata». Questo potrebbe bastare. Danny è un estraneo e non è tenuto a conoscere le complicazioni della mia vita. «Ora me ne occupo io a tempo pieno».

«Deve essere dura».

«Direi che ci sono abituata. È da un po' che lo faccio. È uno dei motivi per cui ho aperto la pasticceria e il locale. Così posso lavorare da casa».

«Questa casa è bellissima. Ci credo che ti piaccia così tanto».

«È vero. Non potrei pensare di andarmene. È l'unica casa che ho avuto. Per fortuna sono riuscita a organizzarmi per poter badare alla mamma qui».

«Che cos'ha?»

«Be'...», rispondo. «È complicato».

«Non sono affari miei», dice alzando una mano. «Non voglio ficcanasare nella tua vita. Non devi parlarmene».

Invece improvvisamente mi sembra una buona idea condividere tutto questo con qualcuno. «Niente di grave, in realtà», ammetto mesta. «Ha avuto la polmonite qualche anno fa, poi si è rotta un'anca. In seguito ha deciso semplicemente di restarsene a letto. Adesso si rifiuta di alzarsi, tranne che per andare in bagno. Non scende nemmeno più qui».

«Sarà difficile per te».

«Anche per lei. Ho cercato di convincerla in tutti i modi, ma è una donna molto ostinata. Ormai sta lassù da talmente tanto tempo che ho paura che la sua salute ne abbia risentito. Stare chiusi in casa così a lungo non fa bene a nessuno».

Danny scuote la testa. «Che brutto. Soprattutto quando qua fuori avrebbe tutto questo». Indica il giardino e il canale al di là. «La cosa che preferisco di questa mia vita sul canale è che sto all'aperto tutti i giorni, anche se il tempo non è bello. Penso che ormai non potrei più tornare a lavorare in un'azienda e rinchiudermi in un ufficio».

«Hai detto che mi avresti raccontato la storia, una sera, davanti a una bottiglia di vino».

«È vero», dice sorridendo. «Devo vedere quando trovo una sera libera, vista la mia intensa vita sociale». Guarda Diggery. «Quand'è che siamo liberi, Digs?».

Il cane piega un orecchio e abbaia.

«Dice che va bene una sera qualsiasi della settimana».

«Stasera no», ribatto. «Viene Anthony», mi affretto ad aggiungere. «Quasi tutte le sere». Arrossisco mentre lo dico.

«Il tuo ragazzo?»

«Non proprio un ragazzo, alla mia età», dico ridendo. «Il mio compagno».

«Da tanto tempo?»

«Dieci anni».

«Wow. Io non ho mai avuto un rapporto più lungo di sei mesi».

«Sei giovane», replico.

Sorride. «Anche tu non sei così vecchia».

«E sei spensierato, invece io no».

Chissà perché, mi vengono le lacrime agli occhi ma le respingo rapidamente. Distolgo lo sguardo da Danny.

Lui si concentra sul piatto ormai vuoto tra di noi, guardandolo con nostalgia.

«Ci siamo spazzolati tutto il pane, Fay Merryweather, e io avevo già fatto colazione. Non ho più scuse per starmene con le mani in mano». Si alza. «Bene, se non stasera, consideralo un invito aperto per un bicchiere e uno stuzzichino sulla *Dreamcatcher*. Dimmelo solo un po' prima, così il vino lo metto in fresco».

Gli sorrido. «Va bene».

Si strofina le mani. «Sento il richiamo degli attrezzi. Vuoi farmi vedere di che cosa c'è bisogno oggi?»

«Vai e comincia. C'è di che scegliere».

«Allora per iniziare vedo che cosa posso fare con i graticci».

«Sì. Buona idea. Sistemo la cucina e metto in forno degli *scones*, poi vengo fuori a preparare una lista di cose da fare».

«Non dimenticare di infornarne uno in più per me. Non vedo l'ora di mangiarmi lo stipendio». Mi fa l'occhiolino ed esce a grandi passi, fischiando a Diggery.

Lo guardo finché non è a metà del giardino, poi distolgo gli occhi. Spero davvero che oggi tenga la maglietta. Confusa, raccolgo le tazze e il piatto.

Non sono sicura che sia saggio andare a bere un bicchiere sulla barca di Danny. Di certo vorrei vederla. Però. Però. Non credo che Anthony apprezzerebbe. Non credo che apprezzerebbe, neanche un po'.

Capitolo tredici

Lija mi guarda in cagnesco. «Porta tu pranzo a Strafico. A Stan Puzzone ci penso io».

«Non chiamarlo così, Lija».

«Strafico o Puzzone?»

«Nessuno dei due».

Poco dopo le dieci è uscito un bel sole. Poco dopo le dieci e cinque, Danny si è tolto di nuovo la maglietta.

È sconcertante avere un uomo seminudo nel mio giardino. Ancora più sconcertante è esserne consapevole. Lo so che ha attirato i miei sguardi per tutta la mattina. Mi sento una di quelle donne della pubblicità della Coca-Cola che non riescono a lavorare a causa dei gentiluomini svestiti che falciano il prato, puliscono le finestre, fanno qualsiasi cosa.

«No, no», dico. «Glielo porti tu».

Per qualche istante facciamo il tira e molla con i panini al formaggio e lattuga che gli ho preparato. Siccome sono più vecchia e più saggia, vinco io. Incrocio le mani dietro alla schiena e tocca a Lija portare il cibo.

«Portagli anche una fetta della tua torta», la istruisco.

«Portala tu». Sbatte i panini sul tavolo e prende la zuppa di Stan. Oggi carote e coriandolo. Non è la sua preferita.

Lija balza fuori prima di me. Sospiro e prendo i panini di Danny.

«Ciao, Stan», dico passando davanti al suo tavolo. «Sei in forma oggi?»
«Un vero campione, mia cara».
«Ti va carota e coriandolo?»
«Buonissima», risponde. «La mia preferita».

Alla fine, non ho avuto il tempo di andare a dire a Danny quello che c'era da fare. Ha fatto tutto da solo. Solo stamattina è riuscito a riparare i graticci, poi in fondo al garage ha trovato il decespugliatore e prima che arrivasse il primo cliente ha tagliato tutti i bordi del prato in cui l'erba era cresciuta troppo lungo la recinzione. Quindi ha potato un po' di rami secchi dei ciliegi. Non ho idea se sia il momento giusto per farlo, ma come tutto il resto del giardino anche i ciliegi devono accontentarsi di una buona dose di amorevole incuria.

Ora sta impilando la legna dietro al magazzino e mi ricordo che da qualche parte in garage ho un braciere che ho usato pochissimo. Sarebbe carino se quest'anno, nelle sere estive, io e Anthony potessimo accendere il fuoco e stare all'aperto sotto le stelle. Un'altra delle cose che non facciamo da tanto tempo.

Mentre mi avvicino, Danny smette di lavorare e si asciuga il sudore dalla fronte. Non so proprio dove guardare. È molto tonico. L'unico corpo che vedo da quando ho circa trent'anni è quello di Anthony, che è bianchiccio e un po' molle sotto la camicia. L'addome di Danny è sodo, muscoloso e, oddio, mi sa che quella è proprio una tartaruga. Non credo di averne mai vista una dal vivo.

Si lava le mani versando dell'acqua da una bottiglia e prende i panini che gli porgo.

«Che servizio magnifico», dice mentre ne addenta uno. «A lavorare con te certo non resto affamato. Qui i vantaggi sono notevoli».

Anche per me, mi viene da pensare.

Siede all'ombra del ciliegio, sistemandosi vicino a Diggery che sonnecchia anche lui al riparo dal sole. La temperatura continua a salire con costanza e si preannuncia uno splendido pomeriggio di primavera.

Danny si mette le mani davanti agli occhi e alza lo sguardo. «Fammi compagnia».

«Non posso», replico. «Ho da fare. Devo anche andare a scambiare due parole con Stan».

«Mi sembra un vecchietto arzillo».

«Lo è. Ha novantatré anni e ha girato il mondo. Gira molto anche in questo locale», aggiungo. «È un nostro vicino». Faccio un cenno in direzione della casa di Stan, nel vicolo. «Abita in una di quelle villette. Viene qui a pranzo ogni giorno».

«Mi piacerebbe farci una bella chiacchierata. Sai, se non vuoi venire a vedere la *Dreamcatcher* da sola, portati Stan. Sarebbe divertente».

«Oh, non è per quello».

«Ho pensato solo che mi sembravi un po' restia».

Ha ragione. Ma perché dovrei avere *paura* di parlare con quest'uomo? Perché il pensiero di restare sola con lui mi terrorizza così tanto? Sta cercando di essere gentile e io mi sto rendendo ridicola. In un certo senso la vita sul canale può essere molto sociale eppure, se sei un viaggiatore, è raro vedere le stesse persone e deve essere difficile stringere conoscenze un po' meno superficiali.

«Ci vengo», prometto. «Domani sera».

Mi sorride. «Bene».

«Se trovo qualcuno che fa compagnia alla mamma, però».

«Ma sarai qui, in fondo al giardino», mi ricorda. Fa un cenno con la testa in direzione della *Dreamcatcher*. «Se le serve qualsiasi cosa, puoi essere a casa in meno di due minuti».

«Ma certo». Sono così legata a quella casa da dimenticarmi a volte che in realtà *posso* uscire. «A che ora?»

«Vieni quando puoi. Io non vado da nessuna parte». Lo dice con una specie di sguardo di sfida. «L'abbigliamento richiesto è informale».

«Lascio la tiara nel cassetto allora». Indico con il pollice alle mie spalle, verso l'altra parte del giardino. «Meglio che vada da Stan».

«Okay. Grazie ancora per il pranzo, Fay».

«Prego». Mi volto per andarmene, con il cuore a mille.

Stan ha finito la zuppa quando arrivo al suo tavolo. Ne ha un po' sul davanti del cardigan.

«Stan», gli faccio notare. «Ti sei sbrodolato».

Prende il tovagliolo e si pulisce. «Povero me. Sto diventando un vecchio rimbambito».

«Ma che dici. Faresti mangiare la polvere a gente che ha la metà dei tuoi anni».

«Davvero?». Stan mi guarda perplesso. «Non penso di poter competere a braccio di ferro con quel tuo giovanotto laggiù».

Mi volto a guardare Danny. Ha fatto fuori i panini e ora è steso a occhi chiusi, con la mano posata con dolcezza ad accarezzare Diggery. Non sono neanche lontanamente una fotografa, ma se avessi una macchina o un telefono sarebbe uno scatto bellissimo.

«Potrebbero farlo in pochi, credo». Anche le spalle e le braccia sono ben definite. Cerco di distrarmi dalle bellezze del corpo di Danny Wilde per tornare alla nostra conversazione. «Fa comodo avere un aiuto. Non riesco a stare dietro a tutto, Stan».

«Tua madre ti sfinisce».

«Questo è vero. Danny non avrebbe potuto presentarsi in un momento migliore».

«Di sicuro ti ha illuminato lo sguardo», osserva Stan.

Rido. «Ma dai! Non è vero».

Mentre parliamo, vedo Lija che esce dalla cucina con un pezzo di torta e una tazza di tè. Li porta a Danny, che vedo tirarsi su a sedere al suo arrivo. Ovviamente non sento quello che si dicono, ma posso immaginare fin troppo bene quel suo impudente fascino irlandese. Infatti eccoli che ridono tutti e due e Lija è una che non ride spesso. In realtà, essere costretta a ridere la considera una violazione dei suoi diritti umani.

«Mmm», nota Stan che li sta guardando come sto facendo io. «Sembra che non succeda solo a te».

Provo un pizzico di gelosia. Lija ha venticinque anni, un'età molto più vicina a quella di Danny rispetto a me. Ed è decisamente single. Eppure lui ha un modo di fare così rilassato e affascinante che a quanto pare le donne non resistono alle sue chiacchiere. Non pensavo che Lija fosse così impressionabile. Evidentemente mi sbagliavo.

Capitolo quattordici

Anthony mi chiama. «Le signore hanno richiesto una prova extra», annuncia. «Vado direttamente alla sala comunale dopo il golf».

«Oh. Allora non ci vediamo». Non so perché, ma sento improvvisamente il bisogno di stare con Anthony. Sono un po' scombussolata.

«No. Ma ci vediamo domani sera».

«Domani sera esco», mi scappa detto prima ancora di pensarci. Ormai l'impegno è preso.

Stavolta è Anthony che esclama: «Oh».

«Vado solo a vedere la barca di Danny».

«Danny?»

«Il tipo che mi sta aiutando con alcuni lavoretti. Sono sicura di avertene parlato».

«Non mi sembra».

«Viene anche Stan». Questa bugia mi fa arrossire. Non gliel'ho nemmeno accennato, a Stan. Tra l'altro, non avrà alcuna voglia di uscire la sera. Dopo cena gli piace starsene tranquillo con un libro. Ma che cosa mi salta in mente? «Sono sicura che se vuoi puoi venire anche tu».

«Non vorrai che vi rovini la festa», risponde Anthony con un tono leggermente petulante.

«Capisco. Allora forse posso venire io alle prove stasera?», propongo per tranquillizzarlo.

Mi sento in colpa per tutte le immagini di Danny a torso nudo che mi passano davanti agli occhi. Anthony è un bravo compagno. È forte, solido, affidabile. Dovrei apprezzare di più queste qualità. Che sarà mai se ha la pancia un po' molle? Anch'io del resto non posso certo esser scambiata per un'atleta di prima categoria. Magari Anthony non mi fa tanto ridere e non ha mai avuto un luccichio negli occhi, ma la vita non è mica solo ridere e scherzare.

«Non vieni mai alle prove», afferma.

Questo succede soprattutto perché non sopporto il suono delle campanelle.

«Allora sarà ora che venga».

«Va bene», risponde. «Se vuoi».

Non posso dire che mi sembri felicissimo all'idea della mia presenza. Forse pensa che non lo lasci esprimersi al meglio.

«Vengo verso le otto?»

«E come fai con tua madre?»

«Spero che se ne stia tranquilla per un'ora. Dovrei prendermi un po' di tempo per me stessa. Per noi».

«Va bene». Anthony sembra rabbonito. «A dopo».

Chiudo la telefonata e mi chiedo se nell'armadietto dei medicinali di mamma ci sia del Valium in più che posso prendere.

La sala comunale odora sempre di umidità. Credo che abbia dei problemi con le canaline di scarico, il tetto e diverse altre cose. È piccola, ha bisogno di una riverniciata e ha un pavimento di legno che sembra ancora quello risalente agli anni Venti, quando è stato costruito l'edificio.

Eppure, a guardare Anthony, si direbbe che sia alla Royal Albert Hall. Che Dio lo benedica. Le Village Belles sono già schierate in attesa delle sue istruzioni, con il fiato sospeso. Lui batte con la bacchetta da direttore sul leggio.

«Siamo pronte, signore?».

Le signore in questione sono tutte di una certa età e sono lì che guardano piene di aspettative la mia metà da dietro un tavolo, con le campanelle ordinatamente posate davanti a loro. Tranne una, sono tutte paffutelle e hanno i capelli bianchi e corti oppure quei riccioli stretti da bigodino che andavano di moda negli anni Cinquanta. Portano tutte guanti bianchi, tranne quella che non è paffuta e non ha i capelli bianchi. Lei ne esibisce un paio rosa fucsia.

Dato che sto guardando da dietro la porta a vetri, a questo punto potrei filarmela e nessuno saprebbe mai della mia presenza. Invece, essendomi ripromessa di sostenere Anthony, cerco di sgattaiolare dentro senza farmi notare. Purtroppo la porta scricchiola alle mie spalle. Anthony si volta.

«Ciao, cara», mi accoglie sorridendo. «Sono contento che tu sia venuta».

«Mi dispiace aver fatto tardi». Per spiegarmi alzo gli occhi al cielo e dico: «La mamma».

«Non preoccuparti, hai perso solo la fase di riscaldamento. Iniziamo adesso le prove vere e proprie».

«Ciao», saluto timidamente con la mano le signore. Sembrano tutte *entusiaste* di Anthony e mi sembra quasi di invadere il loro territorio.

«Ciao», rispondono un po' esitanti.

«Non conosci la nostra nuova arrivata, Deborah», annuncia Anthony.

Quella con i guanti rosa fucsia mi fa un piccolo cenno di saluto.

«Ciao, Deborah». È una bionda sulla cinquantina ma porta bene la sua età, e di sicuro è più attraente di tutte le altre. Ha un rossetto rosa fucsia intonato ai guanti. Mi chiedo che cosa ci trovi in quelle terribili campanelle. Mi chiedo pure se sia una Debbie o Debs e non una Deborah.

Anthony batte di nuovo sul leggio. Prendo una sedia dietro di lui appoggiata al muro in fondo, badando a tenermi il più possibile in disparte, e mi preparo alla tortura.

«Pronte, signore? Partiamo subito con *Congratulations* per Deborah». Anthony le rivolge un sorriso comprensivo. «Non temere cara, ti aiutiamo noi».

«Grazie, Anthony», ribatte lei in un soffio.

«Campanelle al petto. Su dritte. Si parte. Uno, due. Uno, due».

Ecco che risuona quel tintinnio che conosco bene. L'ho sentito troppe volte in vita mia e mi infastidisce ancora. Però sono la compagna di Anthony, la persona che ama, e come tale dovrei sostenerlo. Anche se sentirlo mi risulta piacevole come le unghie che raschiano una lavagna o il miagolio di un gatto in amore. Mi siedo sulle mani per evitare di graffiarmi la faccia o cavarmi gli occhi.

Anthony, al contrario, è nel suo elemento.

«Piano, piano», intona. «Con dolcezza. Dolcezza».

Le signore scampanellano. Quasi all'unisono. Siamo solo all'inizio e mi sembra già che mi sanguinino le orecchie. Chi diavolo l'ha inventata questa musica tremenda?

«Ora forza. Crescendo. *Crescendo*. E arriviamo. Arriviamo e torniamo indietro. Arriviamo! Arriviamo!».

Vorrei tornare indietro pure io, ma non nel senso che intende Anthony.

«Forza. Forza. Ecco. Sì!».

Chiedo scusa a Cliff Richard, ma questa canzone non mi è mai piaciuta tanto, mi fa pensare alle giornate piovose di Wimbledon. Ma devo comunque sentirmela massacrare in questo modo crudele. Anthony e le sue signore non sono proprio il mio genere.

«Dateci dentro con quelle campanelle!». Anthony invece in questo momento è in estasi. «Sì! Sì! Sì!».

Agita la bacchetta con uno svolazzo finale e per fortuna le campanelle si zittiscono. Potrei saltare in piedi e mettermi ad applaudire solo per questo.

Le signore sono su di giri per l'esibizione.

«Ottimo lavoro, Deborah». Anthony si asciuga una gocciolina di sudore dalla fronte. «Ce l'hai fatta».

Deborah ha le guance rosa fucsia per l'orgoglio.

«Brave, tutte quante. La nostra interpretazione farà *impazzire* il Festival». Anthony è rosso in faccia e ha gli occhi lucidi per l'eccitazione. «Ora proviamo *My Heart Will Go On*».

Però se vi scaricassi addosso l'intero caricatore di un Uzi 9mm non credo che lo fareste, no.

«Campanelle pronte!».

Do un'occhiata di sbieco all'orologio e mi domando quando potrò andarmene a casa.

Capitolo quindici

Anche se l'ho lasciata sola per due ore, non sembra che mamma abbia patito. Ha l'aria un po' pallida, direi, ma quando le porto la cioccolata calda è seduta sul letto a guardare la televisione. I biscotti appena sfornati che le avevo lasciato sono spariti.

«Com'erano le prove di Anthony?», chiede mentre sorbisce la sua bevanda della sera.

«Fantastiche».

«È così intelligente, quel ragazzo».

«Sì».

«Dovresti accaparrartelo, sai, Fay. Alla tua età non avrai tante altre possibilità di essere felice».

«No». Ha ragione, ovviamente, eppure il pensiero mi fa rabbrividire.

Forse è perché sono appena rientrata da quelle assurde prove che mi hanno fatto venire voglia di cavarmi gli occhi e mangiarmeli, ma a volte guardo Anthony e mi chiedo perché stiamo insieme. È lui l'amore della mia vita? Oppure mandiamo avanti questo rapporto solo per abitudine? Penso al matrimonio dei miei genitori e mi chiedo se siano stati davvero felici insieme. Succede a molti? Non sono mai stati molto affettuosi l'uno con l'altra, ma nemmeno litigavano come cane e gatto. Allora amore significa solo trovare qualcuno con cui si va d'accordo? Non ho mai voluto una vita amorosa infarcita di drammi e fuochi d'artificio. So che odierei un rapporto come quello che ha Edie, sempre così angoscioso e pieno di alti e bassi in cui però i bassi sono molto più frequenti degli alti. Io e Anthony tiriamo avanti decentemente. E a me va bene così.

Tirare avanti è bello.

Credo.

Quando mamma ha finito, prendo la tazza e rimetto il piatto sul vassoio per riportarlo di sotto. Lei si accoccola nel letto e le rimbocco le lenzuola come se fosse una bambina. La bacio sulla fronte e le accarezzo i capelli.

«Non esagerare». Mi toglie la mano.

«Ti voglio bene», le dico. «Vorrei farti stare comoda. Sicura che è tutto a posto?»

«Sto bene», risponde. «Sono solo stanca».

«Buonanotte, mamma».

Si gira dall'altra parte.

Prendo il vassoio e mi dirigo alla porta. Poi, prima di uscire, mi volto. «Lo amavi, papà?».

Mamma solleva di scatto la testa dal cuscino. «Questa che domanda sarebbe?»

«Non lo so. Eravate felici insieme?»

«Siamo stati sposati per più di quarant'anni».

«Ma stavate bene?»

«Perché me lo stai chiedendo?»

«Niente». Mi domando se sia possibile essere ancora felici e innamorati anche se si sta insieme da tanto tempo. «Buonanotte, mamma».

Dovrei andare a letto anche io, ma non ci riesco. Mi faccio una tazza di cioccolata calda, prendo due biscotti, mi butto il cardigan sulle spalle ed esco in giardino. È una serata mite. Il cielo è ormai di un azzurro scuro e qualche leggera nuvola grigia oscura le stelle. Qui siamo lontani dal bagliore notturno della città e abbiamo pochissimo inquinamento luminoso, perciò adoro guardare le stelle: un'altra cosa che facevo con papà. Mi stringo nel cardigan e mi dirigo verso la passerella.

Mi siedo sull'impiantito di legno, appoggio la schiena sulla sponda erbosa e, sorbendo la mia ricca cioccolata, penso a questa sera. A dire la verità, Anthony mi è sembrato un essere alieno. Lo conosco da così tanto tempo ma credo di sapere così poco di lui. Non sono sicura nemmeno che lui sappia chi sono io.

Il calore della tazza sulle mani è una sensazione confortante e sento che mi sfugge un sospiro mentre comincio a rilassarmi. Che cosa c'è nella vita che non si possa risolvere con un po' di dolcezza cioccolatosa? Le foglie degli alberi sono scosse da un vento leggero e sento il verso di un gufo, ma a parte questo il canale è silenzioso. Di tanto in tanto, la luna spunta fuori da dietro le nuvole e danza sull'acqua.

Più in là lungo la passerella vedo dove è ormeggiata la *Dreamcatcher*. Le luci all'interno sono accese e brillano nella notte in modo invitante. Se mi concentro, riesco a sentire nella quiete il ronzio lieve di un generatore.

Un attimo dopo sento un colpo sordo e dall'oscurità emerge la sagoma bassa di Diggery che trotterella verso di me. Mi strofina il muso sulle gambe.

«Ciao, Diggery», lo saluto arruffandogli il pelo. «Sei venuto a vedere che cosa sto facendo?».

Il cane scodinzola, sbattendo la coda contro la mia gamba. Dovrei prendermi un cagnolino, mi farebbe compagnia. Poi mi viene in mente che ho un compagno, una sorella, una madre che ha bisogno di me, eppure mi sento sola.

«Mi piango addosso, ecco che cosa faccio», confesso a Diggery.

Il cane si siede e mi guarda chinando il capo. «Vuoi un pezzetto di biscotto?».

Potrei giurare che abbia annuito. Allora ne spezzo uno. Ci si avventa con entusiasmo, per poco non si porta via anche il mio dito. Colmo di aspettativa, striscia le zampe a terra.

«Pensi che questa sia la chiave della felicità, eh?», domando al suo muso speranzoso. «Una barboncina fedele che ti ami incondizionatamente?».

Il suono della voce di Danny interrompe le mie meditazioni.

«Diggery! Digs! Dove sei, piccolo? Diggery!».

«È qui», rispondo. «È venuto solo a salutare».

Sento risuonare gli stivali di Danny sulla passerella e anche il mio cuore comincia a battere forte.

«Gli ho dato un biscotto», confesso a Danny che viene verso di me. «Solo un pezzetto».

«Ci credo che sei la sua nuova migliore amica». Danny si siede accanto a me e accarezza Diggery, che è felice di infilarsi in mezzo a noi e sonnecchiare con la testa poggiata sulle zampe. «Bella serata».

«Sì».

«Anche se tu hai l'aria di una che ha il peso del mondo sulle spalle».

«Non riuscivo a dormire», ammetto. «Troppi pensieri. Ho pensato di venire un po' qui fuori. Mi piace tanto stare seduta a guardare il canale, le stelle», affermo con un brivido. «Anche se adesso si è fatto un po' freddo».

«Vieni sulla *Dreamcatcher*. Ho stufa a legna, riscaldamento eccetera. Comfort di ogni genere. Si sta al calduccio».

«Mi tenti parecchio», dico, notando che lui indossa solo una maglietta leggera. È così vicino che nell'aria fresca della sera percepisco l'odore del sapone sulla sua pelle.

«Ma devo andare a letto. Domani ho un mucchio di cose da fare».

«Non andranno mica da nessuna parte».

«Quanto è vero. Penso che sia proprio questo a preoccuparmi».

«Lo sai, Fay, la vita è troppo breve per passarla a preoccuparsi».

«L'hai scoperto quando hai iniziato la tua nuova vita sul canale?»

«Già». Fa una risata leggera. «Mi ci è voluto un po' per arrivarci, però».

«A mio padre sarebbe piaciuto tanto fare la vita che fai tu. Stava sempre più al canale che a casa, a guidare la *Maid of Merryweather*. Gli piaceva anche venire qui a guardare le stelle. È stato lui a farmene apprezzare la bellezza».

«Evidentemente con l'età mi sto rammollendo, perché è una cosa che ho cominciato a fare anch'io». Guardiamo il cielo insieme. «Non so proprio niente del cielo notturno».

«Se costretta, forse potrei indicare qualche costellazione». Tendo un dito. «Quella è Orione. Sembra un cacciatore».

«Solo se hai molta fantasia». Danny strizza gli occhi, il che mi fa sorridere.

«In teoria è la costellazione più riconoscibile. Le sue stelle più brillanti sono Rigel e Betelgeuse». Danny si avvicina per seguire la linea del mio dito. Le nostre braccia si sfiorano e nessuno dei due si muove. Stiamo seduti immobili, a guardare in su, senza renderci conto che ci stiamo toccando. «Al centro ci sono tre stelle chiamate la cintura di Orione. Le mie conoscenze sono un po' arrugginite. Però papà mi ha insegnato parecchie cose». Sono talmente distratta dalla vicinanza di Danny da riuscire a formulare a stento dei pensieri sensati. «Forse potrei recuperare il suo telescopio».

«Ti manca».

«Ogni giorno. Era un papà splendido».

«Non c'è lode migliore. Spero che un giorno qualcuno possa dirlo anche di me».

«Hai una ragazza?». La domanda mi muore quasi in gola. Perché? Non mi piace essere indiscreta, ecco perché.

«Macché. Da quando sono partito con la *Dreamcatcher* sono un po' un solitario. Ma avevo bisogno di creare della distanza dalla mia vita passata».

«Sembra intrigante».

«Potrei raccontarti tutto adesso». Parlando arruffa dolcemente il pelo di Diggery, ma il suo braccio rimane lì attaccato al mio in tutta la lunghezza. È come se ci fosse una calamita. Se mi sposto appena un po', c'è qualcosa che mi riporta subito lì. «Te l'ho promesso, e ho una bottiglia di rosso decente che mi chiama. Stavo pensando di aprirla».

«Non potrei».

«La notte è giovane».

«Per te, forse. Io dovrei essere a letto da un pezzo».

«Non farmi bere da solo, Fay Merryweather. Non c'è niente di più crudele».

Rido. «Mi tenti davvero ma non posso. Lasciala per domani. Domani sera sistemo mamma e poi vengo».

«Me lo prometti?»

«Sì, certo».

«È bello essersi fermati qui e avere trovato un'amica», dice fissando lo sguardo sull'acqua.

«Sono felice anch'io», ammetto. «Mi hai tolto le castagne dal fuoco».

«Forse le ho *mangiate*, le tue le castagne», mi corregge.

Scoppio a ridere. È facile stare con un uomo come Danny. Forse troppo.

Al chiaro di luna il suo volto sembra ancora più bello e sento qualcosa di strano dentro di me che non provavo da tanto tempo. Così tanto, in effetti, che per alcuni istanti non capisco che si tratta di desiderio. La mia tessera del club della passione è scaduta ormai da qualche anno.

Danny fa per alzarsi. «Allora ti auguro la buonanotte».

Si volta e la sua faccia è talmente vicina alla mia che per un folle momento mi sembra quasi che stia per baciarmi. Mi sfugge un sussulto. Poi, o lui ci ripensa, oppure mi sono sbagliata di grosso.

«Ci vediamo domattina», aggiunge. «Ho pensato che come prima cosa potrei montare le tende da sole».

Faccio fatica a trovare il fiato. «Sarebbe fantastico».

«Forza Digs. È ora di andare a letto anche per noi». Schiocca le dita e il cane assonnato balza su. «Buonanotte, Fay».

«Buonanotte». Non mi fido nemmeno a pronunciare il suo nome.

«Dunque, vieni domani sera, vero?», domanda di nuovo.

«Sì». Quel pensiero mi eccita e mi terrorizza al tempo stesso. Quando mi sta vicino, tutte le mie certezze sembrano in qualche modo stravolte. Però voglio stare sola con lui sulla *Dreamcatcher*. Lo voglio tanto. E tutto dentro di me mi dice che non dovrei. Non dovrei mettermi in quella posizione.

Lo guardo tornare alla barca con la sua figura sottile, slanciata. Lo sento saltare a bordo, seguito da Diggery a breve distanza. Chiude il portello della cabina e gira la chiave.

Poi resto lì, a finirmi la cioccolata e, anche se non vorrei, mi ritrovo a pensare come possa essere passare la notte tra le braccia di un uomo che ha dieci anni meno di me.

Capitolo sedici

La mattina seguente sono stanca, preoccupata e scontrosa. Non ho dormito bene durante la notte e quando ho dormito è meglio che non vi dica che cosa facevo in sogno. Non suonavo le campanelle, mettiamola così.

Porto la colazione a mamma e neanche lei sembra proprio in formissima. Ieri sera mi era parsa un po' pallida e ora sono sicura che lo sia.

«Tutto bene mamma?»

«Non mi sento un granché», mormora in risposta.

«In che senso? Che cosa c'è che non va?»

«Non so. Ho il cuore che batte fortissimo».

«Ti serve un dottore?»

«No», risponde debolmente. «Non credo».

Per una volta non penso che stia facendo finta e sono seriamente preoccupata. Ha la pelle di un pallore grigiastro e gli occhi spenti.

«Chiamo subito il dottor Ahmed».

«Non mi serve un dottore».

«Invece sì».

«Se lo dici tu…».

Mi rendo conto che sta davvero poco bene nel momento in cui la sua protesta si limita a questo. La aiuto a tirarsi su e le chiedo: «Ti va del pane tostato?»

«Non ora». Scuote la testa. «Forse più tardi».

Vado di sotto, chiamo il dottore e tra gli sbuffi e le rimostranze della segretaria organizzo una visita d'urgenza. Poi, invece di buttarlo nel bidone, mangio io il pane tostato della mamma. Anche se non posso dire di sentirne davvero il sapore.

Danny arriva pochi minuti dopo. «Ciao», dice.

Forse il mio aspetto tradisce il mio stress, perché aggiunge subito: «Tutto okay?»

«Mamma non sta bene», confesso senza esitare. «Ho appena chiamato il dottore».

«Posso fare qualcosa?».

Scuoto la testa. «Non credo».

«Allora mi tolgo dai piedi», dichiara. «Vieni solo a dirmi dove vuoi queste tende, poi ci penso io».

«Grazie».

Tende un braccio a sfiorare il mio. «Mi fai sapere se hai bisogno di qualcosa?».

Guardo le sue dita lunghe e forti sul mio braccio. È un gesto minimo, ma mi dà un conforto immenso. «Sì, certo. Grazie».

Seguo Danny all'esterno e gli mostro rapidamente dove sono le nuove tende e dove bisogna montarle in giardino. Poi rientro per preparare dei cupcake mentre aspetto il dottore. Vorrei andare a fare compagnia alla mamma nell'attesa, ma è meglio che faccia quello che devo. Non appena comincio, capisco che mescolare gli ingredienti ha un effetto calmante, mi aiuta a placare un po' l'ansia.

Arriva Lija.

«Mamma non sta bene», dico.

Lei alza gli occhi al cielo. «Vecchia Bacucca ci prova di nuovo?»

«Non credo, non stavolta».

«Mi occupo io di pasticceria e locale oggi», annuncia. «Penso anche a Stan Puzzone. Non preoccuparti».

Bacio Lija sulla guancia. «Ti voglio bene».
Sorride. «Vuoi bene a tutti».

Così mi agito inquieta fino all'arrivo del dottor Ahmed. Vado a controllare mamma ogni cinque minuti, ma ora si è addormentata e non voglio svegliarla. Abbiamo un lento afflusso di visitatori per tutta la mattina e il locale si sta riempiendo per l'ora di pranzo, con due coppie in sala e altre tre in giardino, ma Lija sta gestendo il tutto in maniera mirabile.

Quando finalmente il dottor Ahmed si fa vivo, lo porto subito di sopra. È il dottore di famiglia ormai da tanti anni e la sua calma presenza è sempre rassicurante.

«Sono preoccupata per lei», gli confido. «Credo che stavolta abbia veramente qualcosa che non va».

«Le faccio una visita approfondita», promette. «Se posso permettermi, anche tu hai l'aria stanca, Fay».

«Sono sempre di corsa», ammetto. «Come al solito».

«Rallenta un pochino», dice. «Non voglio dover visitare anche te».

Entriamo in camera di mamma.

«Buongiorno. Mi dica, signora Merryweather», le chiede con dolcezza. «Che cosa c'è che non va?».

Mamma si sveglia. «Oh, dottore. Non mi sento proprio a posto».

«Diamo un'occhiata». Si siede accanto a lei sul letto e le misura la temperatura, prende il polso. Poi con lo stetoscopio controlla il petto e il cuore.

Infine sospira. «Bene», annuncia. «Non vedo niente di particolare. In ogni modo, signora Merryweather, non si sta facendo del bene a restare tutto il giorno a letto».

«Ma sono malata», insiste.

«Le abbiamo già fatto tanti esami», ribatte lui. «Non abbiamo trovato nessun problema. Non c'è motivo per cui non si debba alzare, se volesse».

«Avevo la tachicardia».

«Ora il battito sembra normale», la rassicura. «Quando però si sta sempre a letto, ogni piccolo movimento fa subire uno stress al cuore. Ha la temperatura un po' alta e anche la pressione è più alta che bassa. Prende sempre le medicine?»

«Sì».

«Faccio in modo che le prenda», mi intrometto.

«Sa, la povera Fay sarà sfinita».

«Per Fay non è un problema».

«Possiamo provare ad aiutarla, signora Merryweather. Non deve stare in queste condizioni. Con il giusto sostegno, potrebbe rimettersi in piedi in un attimo».

«Sono molto debole».

«Più resta a letto, peggio andranno le cose. Non si sta facendo del bene. Se va avanti così, il cuore ne soffrirà molto. Si indebolirà come qualsiasi altro muscolo. Non è questo che vogliamo, vero?».

Dall'aria che ha, sembra che a mamma non importi un fico secco del suo povero cuore.

«Le serve stare all'aria aperta e fare dell'esercizio fisico leggero per ricominciare a muoversi. Questa è la cura che le prescriverei. Ha questo bel canale. Il dottore le consiglia di farsi delle passeggiate lungo il canale». Il dottor Ahmed ripone lo stetoscopio e si alza. «Ci sentiamo domani, vediamo come va. Se ha ancora la pressione così alta, dovrò regolare il dosaggio delle medicine».

Detto questo, lo accompagno alla porta.

«Che cosa posso fare?», domando in cima alle scale.

«Niente. Se non decide di aiutarsi lei stessa, abbiamo le mani legate. Non posso fare altro che darle altre medicine».

Mi rivolge uno sguardo che potrebbe essere pietoso. «Ripasso domani».

«Grazie. Mi dispiace farle perdere tempo».

«Non pensarlo neanche, Fay», dice. «Come ho già detto, non esagerare neanche tu».

«Grazie». Ma non sono del tutto sicura di avere altra scelta.

Capitolo diciassette

Accompagno il dottore alla porta. Ritorno in cucina spossata e trovo Lija che si affaccenda a preparare panini e tagliare fette di torta. Danny sta facendo un tè.

Alza le mani. «Me le sono lavate».

Mi fa sorridere.

«Ho corso come matta», si lamenta Lija. «Hai finito con Vecchia Bacucca?»

«Sì. Scusa se ci ho messo tanto».

«Non scusarti. Non è colpa tua». Fa un cenno con la testa verso il ripiano. «Porta zuppa a Stan Puzzone».

Seguo le sue istruzioni, prendo la zuppa di Stan e gli metto nel piatto una bella fetta di pane ai cereali. In realtà non dovrebbe mangiare pane ai cereali perché una volta ci si è spezzato un dente, ma so che lo adora perciò una volta ogni tanto glielo concediamo.

Stan si è sistemato nel suo posticino preferito vicino al canale. Anche se Lija se ne lamenta, so che segretamente piace anche a lei. Con un sorriso, noto che Diggery si è messo comodo ai piedi di Stan.

«Ciao, Stan».

«Ciao, cara», dice. «Che bella giornata»,

«Bellissima. Vedo che hai trovato un nuovo amico».

«È simpatico». Stan accarezza Diggery sulla testa. «Lo guardo io mentre il giovanotto è impegnato in cucina».

Gli porgo la zuppa. «Oggi è di broccoli e formaggio stilton».

«Oh, la mia preferita». Si frega le mani soddisfatto.

«E un bel pezzo di pane ai cereali. Attento ai denti».

«D'accordo!».

Poi, voltandomi, mi accorgo che Danny ha montato le tende da sole. «Guarda un po' Stan. Vanno bene, no?»

«Benissimo», conferma. «Una meraviglia. Avrei voluto averle quando ero in Egitto».

«Che cosa ci facevi laggiù, Stan?»

«Oh, diverse cose. Me ne andavo in giro, cose così. Un incredibile divertimento. Faceva un caldo infernale però. Certi giorni pensavo che mi si fondessero le scarpe».

Stan non dice mai molto di quello che faceva in guerra, ma qualche volta si lascia un po' andare. Per un po', a quanto ne so, è stato un pilota di bombardiere.

«Quel giovanotto si sta dimostrando alquanto utile», nota.

«Sì». Mi rendo conto di avere un tono più malinconico di quanto vorrei.

«Spero per te che resti per un po'».

«Lo sai come sono quelli che vivono sui canali, Stan. Di sicuro se ne vorrà ripartire presto».

«Che peccato, Fay», osserva. «Mi pare che ti abbia dato un po' di brio». Mi fa l'occhiolino al quale debitamente reagisco arrossendo. «Se avessi avuto qualche anno di meno, ci avrei pensato io. Ai miei tempi mi davo parecchio da fare».

«La cosa non mi sorprende, Stanley Whitwell».

Ridacchia divertito.

«Non far raffreddare la zuppa».

«Fantastica. Che c'è oggi?»

«Broccoli e stilton», ripeto pazientemente.

«Oh, la mia preferita».

«Occhio ai denti».

Lascio Stan alla sua zuppa e mi avvio in casa, raccogliendo piatti vuoti e prendendo un'ordinazione per due tè del pomeriggio. In cucina do il cambio a Danny, che torna in giardino.

Abbiamo così tanto da fare che non mi accorgo nemmeno che si sono già fatte le cinque. Il locale ormai è vuoto, l'ultimo cliente se n'è appena andato e Lija si è seduta a bersi un meritatissimo caffè e mangiare un pasto ancora più meritato. Per forza è così magra.

Danny rientra in casa. Non ho avuto modo di incrociarlo per tutto il pomeriggio.

«Grazie per l'aiuto».

«Nessuno problema», dice. «Ho solo fatto qualche tè e qualche panino».

«È bravo», ammette Lija a malincuore. «Impara presto».

«Ho anche montato le tende».

«Ho visto. Stanno benissimo».

«E le insegne. Non sono sicuro di averle messe dove le volevi tu, ma posso sempre spostarle. Ho sistemato la serratura del bagno. Ho rovistato un po' nel garage e ho trovato un catenaccio».

«Credo di averne comprato uno lo scorso anno ma non sono riuscita a cambiarlo».

«Be', adesso è fatto».

«Grazie, Danny». Non riesco a credere quante cose sia riuscito a sistemare.

«Vado fuori a fumare sigaretta», annuncia Lija, prendendo il pacchetto dal davanzale.

«Ho smesso, ma adesso ne avrei una voglia incredibile. Le vecchie abitudini sono dure a morire», dice Danny. «Posso farti compagnia?».

Lei alza le spalle, cosa che lui interpreta come un sì e la segue all'esterno.

Io mi siedo in cucina, riprendendo fiato con una tazza di

tè e osservando loro due sul vialetto vicino all'ingresso del garage. È difficile arrivare qui. Si può accedere dal canale o tramite un viottolo stretto e pieno di buche subito dopo un ripido ponte a schiena d'asino. È una posizione che ha i suoi pro e i suoi contro. Probabilmente tanti clienti ci rinunciano, ma ne abbiamo comunque abbastanza e una volta che arrivano qui si innamorano del giardino. Davanti alla casa, sul vialetto possono parcheggiare sei auto e c'è un garage doppio, ricoperto di edera, utile da usare come magazzino.

Lija lascia che Danny le accenda la sigaretta poi si appoggia alla porta del garage con la sua solita indifferenza. Danny è vicino a lei e li vedo chiacchierare. Lija fa di tutto per non ridere, ma alla fine non resiste neanche lei e sorride.

Invidio la loro giovinezza, la spontaneità con la quale comunicano, le loro chiacchiere leggere. Oh, quanto li invidio.

Mi alzo e mi metto a lavare i piatti. Tra pochi minuti devo andare a vedere come sta mamma.

Di lì a poco Danny e Lija rientrano in casa, ancora ridendo.

«Ora vado», dice Danny. «Dopo ci vediamo, Fay?».

Sentendo questo, Lija alza la testa di scatto.

«Non sono sicura». Sento di avere la faccia in fiamme. «Dipende da mamma».

«Capisco. Spero di vederti. Quel vino mi sta ancora chiamando».

«Allora non stare ad aspettarmi. Comincia pure».

Lui scrolla le spalle e penso che sembri deluso.

«Scusa».

Fa un cenno con la mano e chiama Diggery con un fischio. Il cane spunta da dietro un cespuglio e insieme si avviano in giardino.

Lija mi lancia un'occhiataccia. «Come sarebbe?»

«Niente», rispondo sentendomi in colpa.

«Non sembrava niente».

Cedo al suo sguardo indagatore. «Stasera in teoria dovevo vedere Danny, sulla *Dreamcatcher*. Solo per bere un bicchiere. Ma non posso lasciare mamma da sola. Non sta bene».

«Lei sta *sempre* non bene», nota Lija. «Vai. Faccio io da baby-sitter a Vecchia Bacucca».

«Non posso».

«Vai. Non si metterà a bussare come pazza se ci sono io».

Il cuore mi batte in modo strano e mi rendo conto che ci voglio andare. Davvero, voglio *proprio* andare a farmi un bicchiere sulla *Dreamcatcher* con Danny Wilde.

«Non è un problema? Non hai niente da fare stasera?»

«Niente di che. Tra l'altro, mi pagherai e ho bisogno di soldi».

«Ti pago anche un taxi per tornare a casa». Non intendo fare tardi, ma non voglio che Lija se ne vada in bicicletta sull'alzaia di notte.

«Non è problema. Dormo in camera di Edie», dice Lija. «Ho sempre mutandine e spazzolino in borsa».

La guardo attonita. «Perché?».

Dà una scrollata di spalle. «Kit d'emergenza scopata. Non si sa mai quando amore bussa a tua porta».

Con «amore» immagino che Lija intenda sesso. Con uno che incontra così per la strada. Accidenti. Non mi verrebbe mai in mente di fare una cosa del genere, il che mi fa sentire terribilmente all'antica.

«È giusto farsi trovare preparate», aggiunge.

«Vero».

E pensando che nella mia vita non ho mai e poi mai avuto bisogno di farmi trovare preparata in quel senso, comincio a preoccuparmi della serata incipiente con Danny Wilde.

Capitolo diciotto

Chiamo Anthony prima di uscire. Non va bene. Deve sostituire un collega a una riunione di pianificazione e non è per niente contento. È ancora meno contento quando si ricorda che stasera esco e non ci sarà una cena calda alla Canal House ad attenderlo prima che torni a casa.

«Mi dispiace», dico a Anthony. «Domani sera sarò qui come al solito. Ti preparo il tuo piatto preferito». Gli piace il pasticcio di carne fatto in casa, a Anthony.

«*Umf*», borbotta. «Pensavo di convocare altre prove con le campanelle. Devo solo capire se le signore possono».

Potranno di sicuro. A quanto pare domani sera sarò snobbata, pasticcio di carne o no.

«Ora vado», annuncio, dando un'occhiata all'orologio. Non ho concordato un orario con Danny, ma non voglio sembrare maleducata presentandomi troppo tardi. Sono tentata di disdire, ma ora che ho scomodato Lija non ho il coraggio di affrontare la sua rabbia se le dico che ho cambiato idea.

«Non ti trattengo», risponde Anthony e chiude.

Sospiro alla cornetta. Sapete come si dice, non è che si possa accontentare sempre tutti.

Prima di dirigermi verso la *Dreamcatcher*, passo un momento di sopra a vedere come sta mamma. Adesso ha un'aria migliore, ne sono sicura. Credo che quando si è resa conto di non riuscire a impietosire il dottore più di tanto si sia costretta a riprendersi un po'.

«Non faccio tardi, resta Lija», le ricordo. «Se ti serve qualcosa, chiamala».

«Non viene mai se la chiamo», si lamenta mamma.

«Non chiamarla ogni cinque minuti», dico. «Andrà tutto bene».

«Perché devi uscire stasera?», domanda lagnosa. «E se Edie mi cerca su Skype?»

«Te lo può accendere Lija, se vuoi».

«Sei uscita ieri sera».

«Sono due volte in sei mesi circa, mamma, e vado solo qui in fondo al giardino».

«Non ne vale neanche la pena».

«Vorrei vedere questa barca, tutto qui». Parlo come se fossi sulla difensiva.

«Perché? Ne hai viste a centinaia. Sono tutte uguali».

«Cerco di essere gentile. Danny sta lavorando molto in giardino per me e mi prendo un'ora per conoscerlo un po' meglio. Doveri di buon vicinato».

Mi chiedo perché mai dovrei volerlo conoscere meglio visto che tra non molto se ne andrà, su questo non ci piove. Però è sempre meglio dell'ennesima serata davanti alla TV, con solo quel simpaticone di Jules Hudson a farmi compagnia.

«Non starò tanto». Bacio mamma sulla guancia secca e screpolata, ma lei mi allontana con la mano. Non è certo una che si sforza di dimostrare il suo affetto.

In soggiorno, Lija ha sulle gambe una ciotola di patatine e si guarda una soap in televisione.

«Vado», annuncio. «Come sto?».

Si volta e mi dà una valutazione gelida. «Come barbona. Pettinati. Truccati. Cambiati maglietta».

«Vado solo per un bicchiere al volo».

Mi rivolge uno sguardo assassino.

«Va bene», le concedo. «Ma è una perdita di tempo».

«Sarò io a dire questo».

Così mi trascino di sopra borbottando e faccio come dice Lija. Mi pettino. Mi trucco. Mi cambio la maglia. Poi mi do un'occhiata allo specchio e quello che vedo mi stupisce abbastanza. Anche se non era nella lista di Lija, mi sono messa anche un paio di jeans puliti e devo dire che per essere una vecchietta faccio una certa figura. Forse dovrei farlo più spesso. Ci credo che Anthony non mi guarda più in *quel* modo.

Torno giù e faccio una piroetta davanti a Lija. «Meglio?»

«Sì. Ora potrebbe scoppiare di passione per te».

Rido e mi esce un suono acuto, troppo forte. «Danny?»

«Dovresti prendere Kit d'emergenza scopata, chissà».

«Non farò mai una cosa del genere». Mi ribolle il sangue al solo pensiero.

Lija mette da parte le patatine. «Ho fatto questa». Mi porta in cucina. Nella tortiera c'è una torna al limone. «Per conquistare cuore di uomo. Prendi anche bottiglia di vino».

Non ha senso stare a discutere, perciò tiro fuori dal frigo una bottiglia di bianco. Sta lì da un'era geologica, aspettando che io e Anthony trovassimo una scusa per berlo. Questa è una scusa come un'altra.

«Meglio se prendo un cardigan».

«Non ti serve cardigan».

Afferro quello appeso alla sedia in cucina. Lija me lo strappa di mano.

«Stavolta esci senza cazzo di cardigan. Vedi che succede».

«Mi piace avere un cardigan».

«Non lo avrai». Lija se lo stringe al torace sottile.

Niente cardigan allora.

«Chiamami se ci sono problemi con mamma. Posso tornare subito».

«Alzo TV al massimo così non sento. Starà bene».

Nonostante queste parole, so che posso fidarmi; Lija si prenderà cura di mamma.

Mi agita un dito davanti. «Non voglio vederti prima di mezzanotte. Almeno».

«È solo un bicchiere, Lija».

Lei imita la mia espressione.

Alzo la mano. «Va bene, va bene! Me ne vado».

«Più tardi», insiste. «*Molto* più tardi».

Capitolo diciannove

Mentre attraverso il giardino nel crepuscolo dirigendomi verso la *Dreamcatcher*, il cuore mi batte forte in petto. Non sapevo che il mio cuore potesse essere tanto influenzabile. Pensavo che battesse forte solo quando corro per prendere un autobus o quando litigo allo sportello di una banca. Non credo però di sentirmi così dai tempi del mio primo vero appuntamento, alla tenera età di sedici anni. Ora che so che la vita comincia a quarant'anni, pensavo di essere in grado di gestire la comparsa improvvisa di un bel giovane. Evidentemente no. *Per favore Fay, torna in te.*

Stringo in una mano una bottiglia fredda di vino e ho la torta nell'altra. Probabilmente mi sento così perché è raro che io mi trovi da sola con un uomo che non è Anthony e a essere davvero sincera è da un mucchio di tempo che Anthony non mi fa battere il cuore. Vorrei tanto il mio cardigan.

Percorro la passerella e mentre raggiungo la barca mi fermo e faccio alcuni respiri profondi per calmarmi. All'interno, sento Diggery che inizia ad abbaiare e a grattare il portello della cabina.

«Calmati, Digs», sento dire Danny. «Abbiamo compagnia, tutto qui».

Busso timidamente al portello con una nocca e Danny mi apre.

«Vieni a bordo», mi accoglie tendendomi la mano.

Gli passo il vino e prendo le sue dita tese mentre salgo a bordo. La sensazione del suo tocco mi sorprende nuovamente. Ha le mani morbide, non callose come mi sarei aspettata. Diggery abbaia di nuovo e scodinzola in segno di saluto.

All'interno, la barca è esattamente come immaginavo. È intima e calda e non proprio all'ultimo grido, ma ha un aspetto un po' bohémien. Nella cabina principale c'è un tappeto multicolore e per sedersi c'è un divano di pelle marrone scuro, morbido e consumato, di fronte a una stufa a legna. Sul divano c'è un copriletto colorato fatto all'uncinetto e ai lati due cuscini con la bandiera britannica. Dietro c'è la piccola cucina, tutta in legno naturale chiaro. Ci sono un microonde e un bollitore vero e proprio sulla stufa, ma non molto altro. Non è elegante ma di sicuro è accogliente.

Da uno stretto corridoio si accede alla zona in cui presumo ci siano la cabina di Danny e il bagno.

«È bellissima». Adoro la ristretta intimità di una barca. Anche se ogni cosa deve stare al suo posto, è anche molto pratica e mi fa capire quanto lavoro mi richieda la grande casa incasinata in cui abito.

«Grazie. È ancora in corso d'opera».

«Ho portato del vino e una torta», riesco a dire. «Però la torta è da parte di Lija».

«Ho una bottiglia di rosso aperta. Metto il tuo in frigo?»

«Ma certo».

Mentre prende le cose che gli ho portato, mi rendo conto che mi sto stringendo nelle braccia.

«Freddo?», domanda.

«No». Poi sospiro. «Spaventata. Nervosa».

Ride. «Per me?»

«Sì». Sento il rossore diffondersi sulle guance. «Non faccio certe cose».

«Sono solo due chiacchiere e un bicchiere di vino, Fay. Pensavo che avessi voglia di vedere la *Dreamcatcher*. Non sto pensando di rapirti o trattenerti contro la tua volontà».

«No», dico sentendomi una scema. «Certo che no».

«Stai con un uomo, vero. Anthony?».

Annuisco.

«Lo so». Versa un bicchiere di vino per entrambi. «Pensavo che io e te andassimo d'accordo. Niente di più».

«Grazie». Prendo il vino, felice di vedere che le mie mani non tradiscono il tremore che sento. «Ho paura di non essere più abituata a frequentare gente. Non ho una gran vita sociale», ammetto. «Gira tutto intorno a mia madre e il caffè».

«E Anthony».

«Neanche Anthony, se devo essere sincera».

Fa tintinnare il bicchiere contro il mio.

«A una vita più eccitante allora».

Mi fa sorridere. «Ci penserò». Sorbisco il vino ed è buono. Fruttato, ricco, si lascia bere con troppa facilità.

«Sono andato in paese», dice. «Ho preso del formaggio e dei cracker. Ne vuoi un po', vero? Spero di sì, oppure mi tocca mangiarne per giorni».

«Mi sembra un'ottima idea». Mi rendo conto che in realtà non ho cenato e improvvisamente ho una fame terribile.

«Mettiti comoda. Togliti le scarpe», propone. «Ci impiego un minuto a preparare».

Mi tolgo le scarpe imbarazzata e mi siedo sul divano, distraendomi a guardare i cuscini. Non so se è per lo spazio ridotto o per il modo in cui lo occupa Danny, ma tutto questo mi sembra molto intimo.

Pochi istanti dopo Danny porta un vassoio dalla cambusa e lo appoggia sul tavolo da caffè al centro della zona giorno.

Fuori è buio, sta calando la notte. Danny accende lo stoppino di un paio di lampade antivento accanto alla stufa e spegne la lampada centrale del soffitto. Poi si siede sul divano accanto a me. Non ha più gli anfibi, è a piedi nudi. Non ho mai pensato di apprezzare i piedi degli uomini ma adesso mi succede. Indossa un paio di jeans sbiaditi, strappati e una maglietta bianca. Ha una sciarpa grigia al collo, una di quelle che indosserebbe una pop star. Al polso ha un grosso orologio all'apparenza costoso, affiancato da un bracciale nero di pelle intrecciata. All'altro polso porta un bracciale d'argento con il nome e in ciascuna mano un anello d'argento. Mi sembra una cosa esotica, originale. Anthony non è uno che indossa gioielli. Ha un Rolex con un cinturino consumato di pelle marrone che gli ha regalato suo padre per il ventunesimo compleanno, nient'altro. Di conseguenza, non è neanche uno che acquista gioielli.

Danny deve essersi fatto una doccia poco prima del mio arrivo perché ha i capelli ancora umidi e siamo così vicini che posso sentire l'odore muschiato del suo sapone, oltre a un leggero sentore di dopobarba. L'ha messo per me? Chissà. Bevo un sorso di vino per calmare i nervi. Nonostante le sue parole rassicuranti, l'atmosfera è carica, seduttiva. Sarò io. Quest'uomo è molto più giovane di me. È più adatto per Lija o per mia sorella, eppure eccomi qui, con le farfalle nello stomaco.

«Bene, Fay Merryweather», dice Danny esibendo il suo affascinante sorriso. «Adesso possiamo conoscerci meglio».

Capitolo venti

«Non fare complimenti. Prendi del formaggio», dice Danny. «Questa per me è la cena».

«Anche per me», ammetto.

«Allora rilassiamoci e godiamocela». Mi versa dell'altro vino e mi passa un piatto. Restiamo entrambi in silenzio mentre ci serviamo il cibo.

Da un iPod nell'angolo esce della musica: Ed Sheeran, direi. Non ho tempo di stare al passo con le novità musicali ma a volte Lija accende la radio in cucina e sento un po' di cose sparse. Questa canzone mi piace. Appoggiata alla parete c'è una vecchia chitarra. Dopo avere giocherellato un po', Diggery va a mettersi nella cuccia di fianco e si addormenta all'istante.

Ho riempito il mio piatto con un'eccellente selezione di formaggi: brie, stilton, Wensleydale. Ci sono anche dei buoni cracker e dell'uva. Mi chiedo se Danny li abbia presi al negozio del paese o abbia fatto un viaggio speciale fino in centro città. Anche se non capisco quando ne abbia avuto il tempo. «Non dovevi disturbarti tanto».

«Sei la mia prima vera ospite sulla *Dreamcatcher*. Ho pensato che poteva essere carino».

«Non ce l'hai da tanto».

«Sei mesi. Forse un po' di più».

«Pensavo che fossi un vecchio lupo di mare».

Ride. «Lo prendo come un complimento. Però no. È stato un acquisto impulsivo. Non ero mai stato su una barca».

«Davvero?».

Annuisce. «Lo so. Follia. Però a volte i pianeti si allineano in un certo modo o chissà perché, ma sai che le cose devono andare in una determinata maniera. Non capita di pensarlo anche a te?»

«Non posso dire che mi sia mai successa una cosa del genere», ammetto.

Oddio, le mie parole mi sembrano di una noia mostruosa. Ho sempre desiderato una vita normale e tranquilla, senza drammi particolari. E sono riuscita a ottenerla, se si eccettua qualche sfuriata di mia madre. Mi rendo conto però che non ne esce una conversazione brillante.

«Be', spero che un giorno ti succeda perché è una sensazione incredibile. È qualcosa che senti fin dentro alle ossa, all'anima, lo sai con tutto te stesso che stai facendo esattamente la cosa giusta».

«Wow». Lo invidio parecchio.

«Ti ho detto che ti avrei raccontato la mia storia, vero?»

«Sono qui solo per questo», lo prendo in giro.

Ride. «Sei seduta comoda?».

Avventatamente, incrocio le gambe sul divano e mi appoggio allo schienale. «Adesso sì».

Gli occhi di Danny brillano alla luce della lampada, mentre riempie i bicchieri. Io appoggio il mio in grembo. Non sono una gran bevitrice e in pratica stasera ho già superato la mia quota mensile, ma mi piace. Due bicchieri di vino e mi ritrovo in uno stato di relax che non provavo da tanti mesi. È qualcosa che mi mancava. Ultimamente sono tesa come una corda di violino e un paio di bicchieri di buon rosso mi stanno aiutando a sciogliere la tensione. Forse è anche perché per qualche ora mi sono costretta a smettere di affaccendarmi. Sia quel che sia, ho le gambe piacevolmente pesanti e anche le palpebre non sono da meno. Di tanto in tanto la *Dreamcatcher* ondeggia appena al passaggio di un'altra imbarcazione sul canale, si sente il richiamo di un uccello che si prepara per la notte, lo sciabordio dell'acqua sul fianco della barca, ma a parte questo siamo avvolti dal silenzio.

«Lavoravo in borsa», esordisce Danny. «Nella City».

«Non sembri il classico operatore di borsa», noto, osservando i jeans strappati e la maglietta consumata.

Sorride. «Bisogna dire che ora ho voltato le spalle a tutto questo. Tutti i miei completi Armani sono finiti in un negozio dell'usato. Tranne uno, a dire il vero».

La cosa mi fa sorridere.

«All'inizio mi piaceva, non posso negarlo. Il caos di Londra, le botte di adrenalina quando si concludeva un affare, tutte quelle stronzate. Ma è una vita che si può fare solo per un periodo. Non ero mai a casa; i pochi rapporti che ho iniziato naufragavano perché non ero in grado di dedicare loro attenzione. Lavoravo a tutte le ore, avevo più soldi di quelli che potevo spendere e non avevo assolutamente tempo di godermeli». Alza le spalle. «La solita storia».

Si ferma per bere un sorso.

«Lavoravo soprattutto con i russi e andavo là spesso. Più di quanto non avessi voluto. Ho cominciato a trovarmi in situazioni che non mi piacevano. Si beveva tanto», alza il bicchiere. «E io sono irlandese. Non mi dispiace farmi un bicchiere. Ma non era solo questo. C'erano anche droghe. Non sto parlando di uno spinello ogni tanto. Girava roba pesante. Una sera avevo portato fuori un gruppo di una grossa azienda. Era in ballo un grosso affare. Erano dei tizi orrendi, pronti a tutto. Hanno continuato a esagerare per tutta la cena e ho cominciato a sentire una sensazione di disagio. Non era questo il tipo di persone con cui volevo avere a che fare, eppure stava diventando la norma, sempre di più. Così, dopo cena siamo tornati in albergo. Fin qui, niente di male. Invece di restare al bar, siamo andati in una delle camere. Ci aspettavano delle ragazze. Prostitute. Giovani. Troppo giovani. Il mio capo mi ha detto che le aveva chiamate lui, per garantire che riuscissimo a chiudere l'affare. Io ho guardato questi brutti uomini grassi e disgustosi e le ragazze, praticamente bambine, che stavano sfruttando e mi sono reso conto che non volevo essere lì».

«Non ti biasimo».

«Ho trovato una scusa. Una qualsiasi. Sono uscito, ho chiamato un taxi per l'aeroporto e ho preso il primo aereo per tornare. Ho inviato le dimissioni al mio capo via SMS mentre facevo il check-in».

Spalanco gli occhi. «Davvero?».

Annuisce.

«Che ti ha detto?»

«È andato fuori di testa. Ovviamente. Ero il suo pupillo. La sua spalla. Non se l'aspettava. In quel momento però non me l'aspettavo neanch'io». Scrolla le spalle. «Non mi piaceva come stavano andando le cose, ma non credo di avere voltato le spalle a tutto su due piedi. Il giorno dopo il mio capo è tornato e mi ha mandato un messaggio dicendomi che aveva concluso l'affare nonostante la mia fuga improvvisa. Appena è arrivato in ufficio ha convocato una riunione esigendo di conoscere i motivi delle mie dimissioni. Era convinto che fossi stato assoldato da un'azienda rivale, ma non poteva essere più lontano dalla verità. Volevo solo andarmene».

Lo sguardo di Danny incontra il mio.

«Non sono un santo, Fay», aggiunge. «Tutt'altro, a dire il vero. Ho fatto cose di cui non vado fiero. Dal punto di vista professionale e personale. Ho concluso affari disonesti. Ho calpestato delle persone solo perché potevo farlo. Ho ferito delle donne. Non voglio fare il bigotto o il moralista, ma qualcosa di quella situazione mi ha sconvolto. Aveva passato il segno. In teoria ero un uomo d'affari, un professionista, ma mi sembrava tutto troppo squallido».

«Ti hanno chiesto di tornare?»

«Sì, ma mi era passata completamente la voglia, in quella camera d'albergo in Russia. È stato come se fosse suonata una sveglia. Sapevo che se fossi andato avanti in quel modo sarei diventato una persona che non volevo diventare. Dovevo ripartire da zero. Il mio capo pensava che sarei corso a spifferare tutta la vicenda al "Daily Mail" o qualcosa del genere». Fa una faccia perplessa. «Penso che avrebbe dovuto sapere che non ero il tipo. Alla fine mi ha fatto firmare un accordo di riservatezza e mi ha dato un mucchio di soldi di liquidazione».

Si alza e va in cambusa, tornando poco dopo con la bottiglia di bianco. Io prendo ancora un po' di formaggio e cracker e cerco di assorbire l'alcol cui non sono abituata. Guardo l'orologio e mi rendo conto che si sta facendo tardi. Spero che mamma stia tranquilla con Lija e con un sobbalzo mi rendo conto di non aver pensato a lei per tutta la sera, il che mi fa sentire un po' in colpa. Ma non voglio rientrare. Non ancora. Voglio finire di sentire la storia di Danny.

Si riempie il bicchiere e io metto una mano sul mio. «Per me no». Se bevo ancora, domattina non mi sveglierò mai.

Danny riprende da dove aveva interrotto. «Mi sono ritrovato con dei soldi in banca, senza lavoro e senza alcuna voglia di trovarne uno. Poi sono uscito per un drink di saluto con un vecchio amico che stava per trasferirsi a lavorare all'estero. Dopo qualche pacca sulle spalle e alcune birre, mi ha detto che vendeva la barca. Ce l'aveva da tempo ma quasi non era riuscito a usarla. Diceva che non voleva lasciarla inutilizzata in un porticciolo e pagare le tasse per i tre anni in cui sarebbe stato via. Ci siamo fatti un altro paio di pinte, ci siamo accordati e il giorno successivo ero il proprietario della *Dreamcatcher*. Comprata senza neanche vederla».

Rido. «Non sei nemmeno andato a dare un'occhiata?»

«No». Danny scuote la testa. Lui stesso sembra ancora stupito della propria ingenuità. «Penso che avrebbe potuto essere un rottame. Ma mi sono fidato. Non ha cercato di spennarmi e a me è sembrato il modo perfetto di iniziare la mia nuova vita. Era una cosa che non mi era nemmeno mai passata per la mente. Come ho detto prima, qualche volta le cose sembrano combinarsi in un certo modo e va bene così». Si guarda intorno orgoglioso. «Sapevo per certo che era quello che faceva per me».

«Sei coraggioso».

Sorride. «Stupido, forse».

«Ma è questo che vuoi».

«Non è andato sempre tutto a gonfie vele, se mi concedi la metafora. Restare bloccato, non potermi muovere quest'inverno a causa del ghiaccio era una cosa che non avevo previsto. Per fortuna ero fermo in un punto da cui potevo arrivare a piedi in un supermercato».

«Di sicuro vivere su una barca presenta le sue difficoltà».

«Sì. Ma i vantaggi sono decisamente superiori».

«Noi facevamo le vacanze solo sulla *Maid of Merryweather*. Tutto merito di papà. A mamma non piaceva granché. A me invece piaceva tanto, mi piace ancora. Uno dei miei sogni, se ne ho uno, è rimettere in moto la barca di papà».

«Un giorno», commenta. «Se lo vorrai davvero».

Penso a tutte le cose da fare prima, ma non le dico.

Danny si appoggia allo schienale. «Ho parlato solo io, tutta la sera. Che maleducato».

«No, no», ribatto. «È molto interessante».

«Questa è la mia storia. La tua qual è, Fay?».

Poi il mio telefono segnala un nuovo messaggio. Diggery alza un orecchio. «Scusa, posso guardare? Potrebbe essere mamma. L'ho lasciata con Lija».

Non è mamma però, è un messaggio di Edie.

Chiamami su Skype. Urgente.

Gli mostro mestamente il telefono. «La mia storia è questa», osservo. «Una madre e una sorella che dipendono entrambe da me. Mi dispiace davvero, ma devo andare».

«Non ti preoccupare», replica. «È stato bello avere la tua compagnia».

Mi chiedo quando sia stata l'ultima volta che qualcuno mi ha detto una cosa del genere.

In questo momento sono confusa e un pochino più che brilla. Spero che Edie stia bene.

Quando è chiaro che sto andando via, Diggery salta su dalla cuccia e viene a prendersi una coccola. Mi chino per accarezzarlo sulla testa e rialzandomi, mi ritrovo Danny davanti. Vicino, molto vicino.

Mi mette una mano sulla spalla e si sporge in avanti. Le sue labbra calde, la barbetta morbida mi sfiorano la guancia.

«Siamo sicuri che arrivi a casa sana e salva? Io e Digs ti potremmo accompagnare».

«Non c'è bisogno», rispondo. «Davvero. Buonanotte».

«Buonanotte, allora», mi saluta. «A domani».

«Grazie per l'ottimo vino e il cibo», dico. «È stato molto carino».

I suoi occhi scuri mi sfidano. «Se è stato "carino", Fay Merryweather, significa che potresti pensare di rifarlo?».

Capitolo ventuno

Prendo la strada di casa, cercando di fare più presto che posso nell'oscurità fitta. La città di Milton Keynes è inondata dal bagliore arancio dei lampioni ma qui in paese, vicino al canale, è buio pesto e avrei dovuto portare una torcia. Per fortuna, mentre arrivo a metà strada in giardino, mi guida la luce della casa.

È passata la mezzanotte quando apro la porta. Di solito vado a letto alle dieci in una sera infrasettimanale. Anche al fine settimana è difficile che faccia molto più tardi delle dieci e mezzo. Mando un messaggio a Edie dicendole che sarò online tra qualche minuto.

In cucina la luce è spenta, contrariamente a quella del soggiorno: Lija dev'essere ancora sveglia. Quando apro la porta, è distesa sul divano a guardare un filmetto romantico.

«Ciao», le dico facendola sobbalzare. Forse stava dormendo. Porta un paio di calzoncini sportivi larghi e una canottiera, riuscendo comunque a sembrare una top model.

«Che ore sono?». Si stropiccia gli occhi assonnata.

«Appena passata mezzanotte».

«Perché già a casa?»

«Edie mi ha mandato un messaggio. Vuole che la chiami su Skype».

Lija mi guarda contrariata. «Dille che hai appuntamento sexy».

«Sai com'è».

«Grande rottura di palle», dice Lija.

«Be', sì. Però è mia sorella. E se mi lasci dire un'ovvietà, non era un appuntamento sexy».

Lija schiocca le labbra. «Vado a letto». Stiracchiandosi e sbadigliando, si trascina su dal divano.

«Mamma sta bene? Ti ha dato noia?»

«*Bumbumbum*», replica Lija. «A dieci ho portato cioccolata. Ci ho messo veleno. Adesso dorme».

«Si *sveglierà* domani?».

Scrollata di spalle. «Probabile».

«Grazie», dico. «Sei stata davvero gentile a restare. Lo apprezzo molto».

«Sei mia amica», dice. «Poi mi devi altre dieci sterline».

«Te le sei meritate tutte, anche di più».

Lija azzarda uno dei suoi rari sorrisi. «Vuoi tè?»

«Lo faccio io tra un attimo».

«Qualche volta», sospira Lija, «altri possono fare cose per *te*».

«Scusa, scusa. Sì, vorrei tanto una tazza di tè. Grazie. Grazie tante. Sei molto gentile».

Si alza e mi guarda, con le mani sui fianchi. «Allora. Racconta. Com'era appuntamento *non* sexy?»

«La nostra *serata di socializzazione* è stata molto piacevole».

«Piacevole!». Lija fa un suono strano, sprezzante.

«La *Dreamcatcher* è deliziosa all'interno. Io e Danny abbiamo fatto una bella chiacchierata».

«*Piacevole. Deliziosa. Bella chiacchierata*», mi fa il verso Lija. «Ah. Avete fatto scopata?»

«Lija». Rivolgo alla mia assistente la più severa delle occhiate, che lei non registra nemmeno. «Abbiamo mangiato formaggi e cracker e ci siamo bevuti qualche bicchiere di vino».

«Che noia».
«Non è vero. È stato bello». È stato più di questo, ma non ho altri aggettivi per descrivere quello che è accaduto che non scatenino il disprezzo di Lija nei miei confronti. Ripenso a quando ero accoccolata sul divano di Danny sulla *Dreamcatcher* e rifletto sul fatto che era un sacco di tempo che non mi sentivo così rilassata. Arrossisco al pensiero.
Lija sorride. A quella ragazza non sfugge niente. «Io lo scoperei», dichiara.
«Vuoi che glielo dica?».
La sua solita scrollata di spalle. «Forse dico io».
L'idea mi fa accigliare, anche se so che Lija sta scherzando. Almeno, penso. In ogni modo, se anche andasse dritta alla *Dreamcatcher* con il suo Kit d'emergenza scopata nella borsa, in che modo la cosa potrebbe riguardarmi? Sia lei che Danny sono liberi e adulti. Se vogliono fare quelle cose, dipende completamente da loro. «Chiamo Edie su Skype».
«Non farle vedere sei un po' sbronza», consiglia Lija.
«Non lo sono». Poi rido. «Sì, lo sono».

Capitolo ventidue

Metto il laptop sul tavolino da caffè e un attimo dopo mi trovo davanti la faccia di Edie. È evidente che ha bevuto. E molto più di me.

«Brandon mi sta minacciando di tagliarmi i viveri», singhiozza nell'istante stesso in cui inizia il collegamento. «Sostiene di non potersi permettere di tenermi lì».

«Ciao, Edie», dico.

«Che cosa farò?»

«Potresti trovarti un lavoro».

«Ne abbiamo già parlato».

«Molte volte».

«Non è così semplice», prosegue.

«Potresti venire a casa e aiutarmi a gestire la pasticceria e il locale».

«E stare dietro alla mamma? Non esiste. Tu fai troppo. Sappiamo tutte e due che non è affatto malata».

«Se non puoi stare lì, che altro puoi fare?». Credo di essere un po' troppo stanca e un po' troppo alticcia per essere comprensiva come al solito.

«*Non* ci torno a casa, Fay. Piuttosto mi butto giù dall'Empire State Building». Poi si ferma e guarda lo schermo da vicino. «Ma hai bevuto?»

«Sì. Solo un po'».

Mi rimprovera. «Dove sei stata?»

«A trovare un amico».
«Chi? Tu non hai amici».
«Grazie, Edie». In fondo alla parte sobria della mia testa però, temo che possa avere ragione.
«Che amico allora?»
«Un uomo gentile che mi sta aiutando a fare dei lavori sparsi in giardino. Sono andata da lui».
«Un appuntamento con un altro? Anthony lo sa?»
«Sì, certo che lo sa. E non è che fosse proprio un appuntamento. Sono andata a vedere la sua barca, che attualmente è ormeggiata sulla nostra passerella. Vive sul canale».
«Oddio». Fa una faccia assolutamente contrariata. «Tu e quel cavolo di canale puzzolente. È proprio una fissa».
«Non è vero. È solo che mi piace stare qui. Non sarà Manhattan, ma è un bel posto, Edie».
«Non mi piaceva da piccola e adesso mi piace ancora meno. Dovresti provare a vivere un po', Fay, poi capiresti quello che intendo».
«Se mi hai chiamato solo per dirmi cattiverie, penso che chiuderò qui».
«Non farlo», implora. «Aspetta, ho bisogno del tuo aiuto». Fa gli occhi da cagnolino indifeso e storce la bocca. È una faccia che ha perfezionato all'età di tre anni ma alla quale non sono ancora immune. «Sono disperata e non so a chi altro rivolgermi. Ho solo te, Fay».
Lo so che cosa viene dopo.
«Puoi mandarmi un po' di soldi, sorella? Un prestito».
«Attualmente è difficile». Cerco di aiutare Edie ogni volta che posso, ma c'è un limite alle mie possibilità. «Sto pagando Danny per il lavoro che c'è da fare qui».
«Danny?»
«Il tipo del canale di cui ti ho appena parlato». Ripenso

alla nostra serata e a come in pochi istanti Edie sia stata in grado di fare piazza pulita di tutta la mia pace e allegria. Se non sbaglio, la sbronza adesso mi è passata completamente.

«E se Brandon non paga l'affitto?». Edie scoppia a piangere. «Mi ritrovo in mezzo a una strada».

«Non piangere», dico. «Per favore, non piangere». Mi dispiace da morire vedere Edie in questo modo e lei lo sa.

«Aiutami, allora», implora.

A quanto pare mi toccherà andare a toccare il mio magro fondo per rimettere a posto la *Maid of Merryweather*.

Cedo e alzo le mani. «Va bene. Ti mando quello che posso. Solo questa volta. Ma non posso continuare a sovvenzionarti. Se non puoi contare su di lui, Edie, allora *devi* fare qualcosa per renderti meno dipendente».

«Lo amo», afferma come se quella fosse la risposta a tutto. «Lo amo *così* tanto».

E io vorrei che lui ricambiasse, ma non credo che sia così.

«Devo andare», annuncio. «Qui è tardi. Ma domani ti metto dei soldi nel conto».

«Fallo adesso», insiste Edie, asciugandosi le lacrime. «Prima di andare a letto. Duemila sterline sarebbe perfetto».

«Non sono sicura di arrivare a una cifra così alta».

«Ti vorrò bene per sempre», sussurra.

Sospiro. Forse è questo il problema di Edie: le persone le dicono molto di rado di no e lei non riesce a staccarsi da Brandon perché lui lo fa. Spesso. «Va bene. Vedo quello che posso fare».

«Ti voglio un bene grande come il mondo», dice e lancia un bacio allo schermo.

«Anch'io te ne voglio. *Per favore*, chiama mamma», la ammonisco. «Il momento migliore è verso ora di cena. Non vede l’ora che la chiami. È più di una settimana che non vi sentite e le manchi».

«Sì, sì, sì», risponde Edie.

«Buonanotte, sorella. Manchi anche a me».

Ma lo schermo si è già spento.

Capitolo ventitré

Anthony si fa vedere dopo il lavoro. Abbiamo avuto un'altra giornata intensa al caffè. I Fenson si sono presentati verso ora di pranzo perché pare che abbiano avuto un altro disastro a bordo della *Floating Paradise*, tipo un sacchetto di plastica incastrato ai propulsori di prua, e avevano bisogno di un tè e una fetta di torta ristoratori. C'è stato anche un viavai costante di persone che compravano torte sulla *Maid of Merryweather*. Adesso però finalmente tutti i clienti sono andati via e sto finendo di rassettare la cucina. Lija voleva preparare delle torte per domani ma l'ho già mandata a casa perché per oggi aveva già lavorato abbastanza. Significherà comunque dover cominciare all'alba domattina.

Anthony ha l'aria agitata. E un po' infastidita. È ancora in giacca e cravatta e ha la camicia spiegazzata, ma almeno si è allentato la cravatta.

«Per una volta sono riuscito a scappare via presto», annuncia.

«Che bella sorpresa», commento. «Dolce? Non è rimasto molto, ma posso procurarti un pezzo di torta al limone».

«Può andare», conferma.

Metto una fetta su un piatto e glielo passo. In cambio mi dà un bacio su una guancia.

«Sono andato a vedere un ampliamento di una cucina che

è grande due volte quello che dovrebbe essere. Non so come certa gente pensi di poterla passare liscia».

«Era carino?».

Mi guarda di sbieco. «Carino? Che cavolo c'entra? Se ne fregano delle norme edilizie».

«Oh».

«Gli è costato 250.000 sterline». Si caccia in bocca la torta. «Ma dovranno tirarlo giù».

Spalanco gli occhi. «Tutto quanto?»

«Mattone per mattone». Con il dorso della mano si asciuga le labbra. Che adesso che le guardo bene sono piuttosto carnose. Sono sempre state così?

«Non puoi trovare un compromesso?»

«Compromesso?». Solo l'idea lo fa ridere. «Non esiste!».

«Che peccato».

«Ci sono delle regole, Fay. Dove saremmo senza regole?»

«Non riesco a non dispiacermi per loro. È la loro casa».

Scrolla le spalle. «Dovrebbero saperlo che non è il caso di scherzare con uno come me».

Forse non hanno rispettato i permessi ma chiedere loro di demolire tutto mi sembra un terribile spreco di soldi e risorse. Non sarebbe meglio se pagassero una multa o facessero delle modifiche?

Non dico niente. Le questioni edilizie sono di competenza di Anthony.

«È una bella serata», dico. «Potrei finire qui alla svelta e potremmo farci una passeggiata lungo il sentiero fino a Cosgrove, mangiare qualcosa al pub. Sono sicura di poter lasciare mamma per un'oretta».

«Mmm», ribatte lui, indicando chiaramente che non è una grande idea. «Stasera abbiamo le prove con le campanelle. Devo essere alla sala comunale per le otto».

«Oh».

«Sai com'è, Fay», dice irritato. «Deborah non ha ancora raggiunto la giusta velocità».

«A me sembrava a posto». Se non altro, dava un tocco di colore al gruppo. Anche se per le esibizioni le fanno mettere una banale camicia bianca e dei pantaloni neri, credo che riuscirebbe comunque ad apparire sgargiante.

Anthony mi guarda come a dire: "E tu che ne sai?".

«Non è un problema». Non voglio che Anthony metta il muso. «Preparo una cena veloce qui. Ho della pasta nella dispensa. Forse potremmo mangiare in giardino. È bellissimo là fuori».

Anthony va verso la porta e guarda fuori per ammirare il giardino. Poi resta a bocca aperta.

«C'è un brutto ceffo laggiù». Spalanca la porta. «Ehi! Ehi, tu! Questo è un terreno privato! Via di qua! Ora esco e ci penso io».

Prima che possa lanciarsi fuori, mi metto accanto a lui a cercare l'intruso in giardino.

Quando vedo dove si è fermato il suo sguardo, scoppio a ridere. «Oh, Anthony, si tratta solo di Danny», gli spiego. «Il tipo che mi sta aiutando con qualche lavoretto. Te ne ho parlato».

«Oh», dice Anthony, sgonfiandosi immediatamente. «Oh».

Ora Danny si è voltato e lo saluto con la mano. Risponde al mio saluto, agitando un martello. Il mio stupido cuore salta un battito, come sempre. Vorrei che la smettesse con queste sciocchezze.

«Ha sistemato un mucchio di cose in giardino», spiego. «Penso che stia riparando altri graticci rotti».

«Mi sembra uno poco affidabile». Anthony ha un tono contrariato.

«Sta andando benissimo», ribatto. «Ha già riparato la porta del bagno, ha montato le tende e alcune insegne nuove». Le indico. «Più una decina di altre cosette. Non so che cosa avrei fatto senza di lui».

«Lo sai che non ho tempo per quelle cose, Fay». Da contrariato, Anthony è adesso irritato. È evidente che ho toccato un nervo scoperto. Che Anthony alzi un dito per aiutare accade molto di rado, a meno che non si consideri aiuto fare l'assaggiatore ufficiale di torte. «Sono molto impegnato al lavoro». Poi si corregge. «Ho una *carriera* impegnativa».

«Lo so». Gli accarezzo il risvolto della giacca per calmarlo. «Queste cose però non si riparano da sole. Sono stata molto contenta del suo lavoro. Ed è una brava persona».

Anthony grugnisce. «Mi sembra il tipico vagabondo che si vede sui canali».

Non sto a sottolineare che l'abito non fa il monaco. Invece propongo: «Faccio un tè. Togliti un attimo la giacca».

Se la sfila con estrema attenzione poi la appende allo schienale di una sedia, spianando le spalle. Se può, Anthony evita le spiegazzature.

«Ti dispiace fare un salto a salutare mamma? Oggi si è lamentata parecchio. Credo perché ha fatto più caldo. È sempre contenta di vederti. Chiedile se vuole una tazza di tè».

«D'accordo». Anthony sale le scale e lo sento gridare: «Ciao, Miranda. Come sta la mia ragazza preferita?».

Anthony ci sa fare con mia madre e secondo lei è fantastico. Per questo si premura di ricordarmi quanto sia delusa perché non è ancora ufficialmente suo genero.

Metto su un tè.

È appena salito di sopra quando sento arrivare un messaggio al suo cellulare. Un istante dopo ne arriva un altro. Mentre l'acqua bolle, metto una mano nella tasca della sua giacca e trovo il suo iPhone. Scorro i messaggi e li apro, nel caso sia una cosa importante di lavoro.

Uno è di un tizio di nome John.

Scusa, ho dovuto cancellare il golf all'ultimo minuto. Ci vediamo ven?

Così è per questo che Anthony è qui, perché la partita a golf è saltata. Non dovrei prendermela, invece sì. Pensavo che per una volta fosse venuto qui dritto dal lavoro solo perché voleva vedermi.

Continuo a scorrere. Il messaggio successivo è di Deborah.

Ci vediamo alle 8. Non vedo l'ora. XX.

Wow, certo che è appassionata di campanelle. Sorrido tra me. Be', c'è gente di tutti i tipi.

Gli lascio il telefono sul tavolo. Almeno i messaggi non dicevano niente di preoccupante.

Capitolo ventiquattro

Le settimane passano ed esplode la primavera. All'improvviso, come succede in Inghilterra, la temperatura schizza a venticinque gradi e ci godiamo un bel sole tutti i giorni. Sembra di stare in un paese sul Mediterraneo, altro che a Milton Keynes.

Io e Lija siamo indaffaratissime. Non ho avuto nemmeno il tempo di girarmi, figurarsi fare qualsiasi altra cosa. Ho visto Anthony molto poco, sta approfittando del bel tempo per giocare a golf più di quanto sia umanamente possibile. Ci sono anche le prove delle campanelle da considerare, in vista del Canal Festival che si sta avvicinando. So che per loro è importante, ma a sentire Anthony sembra che debbano esibirsi a Wembley davanti a uno stadio pieno.

Dal fine settimana di Pasqua in avanti i clienti del caffè sono in costante aumento. Sembra che tutti, proprio tutti vogliano provare i nostri tè del pomeriggio. Mi toccherà fare presto un giro a un mercatino o a un negozio dell'usato per vedere se trovo qualche altra tortiera a più livelli e altre tazze, perché ho già rischiato un paio di volte di restare senza. Anche le torte, le marmellate e la limonata in vendita sulla *Maid of Merryweather* vengono spazzolate dai visitatori del canale e c'è sempre una barca in più ancorata accanto a lei e alla *Dreamcatcher*.

Lija sforna una torta dietro l'altra e al momento più che con amore le sta facendo con un mucchio di imprecazioni.

«Cazzo di pan di Spagna», borbotta scura in volto mentre infila in forno un'altra teglia.

«Porto il pranzo a Stan», dico e mi defilo prima che mi rivolga uno dei suoi irripetibili insulti.

In giardino, Stan si è piazzato sotto una delle nuove tende da sole che ha montato Danny qualche settimana fa. Diggery dorme ai suoi piedi. È bello vedere che quel cagnolino è diventato parte del locale proprio come il suo proprietario.

«Oggi minestrone, Stan».

«Oh», risponde schioccando le labbra. «Il mio preferito».

Mi siedo accanto a lui e lo aiuto a mettersi il tovagliolo in grembo. «Come te la passi, Stan? Negli ultimi giorni mi sembra di non aver avuto un minuto per parlarti».

«Alla grande», replica. «Proprio alla grande».

Di nuovo penso a quanto sia diverso da mia madre. È molto più vecchio e anche se avrebbe di che lamentarsi più di lei, è sempre positivo su tutto.

«Bello vedere che gli affari vanno bene», dice.

«Sì». Sono introiti molto necessari che in teoria dovrebbero servire per sistemare la *Maid of Merryweather*, ma che per la maggior parte stanno lentamente – no, in realtà piuttosto in fretta – scomparendo in direzione di Edie.

«Quel giovanotto sta facendo un magnifico lavoro in giardino».

Stan indica con la testa Danny, indaffarato in lontananza. Ora che gran parte delle riparazioni sono state fatte, si è messo a verniciare e sta ritoccando le cornici delle finestre nella dependance esterna.

«Adesso sembra tutto in ordine. Immagino che ti mancherà quando se ne sarà andato, Fay».

Questa frase mi colpisce come una martellata. *Andato?*

Ho la bocca secca quando chiedo: «Ti ha detto che parte?». A me non ne ha parlato. Però certo, dopo quella bella serata insieme abbiamo trovato a stento cinque minuti per chiacchierare in pace. Sono sempre stati discorsi al volo su quello che c'era da fare in giardino, di solito in presenza di Lija. Non mi ha più invitato sulla *Dreamcatcher.* Forse a lui non è piaciuto quanto a me. Di conseguenza, non ho osato invitarlo a cena in casa. Tra l'altro, che cosa avrebbe pensato mia madre? Che cosa avrebbe pensato Anthony? Non riesco a immaginare noi tre seduti vicini intorno a un tavolo, con un piatto di pasta al ragù.

«Ha detto che va a Londra a trovare degli amici», risponde Stan.

«Oh».

Sapevo che alla fine Danny sarebbe ripartito. Ormai non c'è più niente a trattenerlo. Come dice Stan, il giardino è a postissimo. Praticamente tutto quello che era rotto è stato sistemato e a meno che non inizi a mettere mano alla casa, non c'è un vero motivo perché resti. L'ho anche pagato abbastanza per le riparazioni e gliene sono molto grata, anche se ha intaccato un bel po' il mio conto in banca. In più, con l'aiuto che ho dato a Edie mi ritrovo praticamente al verde. Questa settimana le ho fatto un altro bonifico di mille sterline perché la situazione non migliora. Ma a questo punto dovrò stare molto più attenta al centesimo.

Passo le posate a Stan che si butta sulla minestra, con il cucchiaio che trema un po' mentre se lo porta alle labbra.

«Non vado a Londra da tanto tempo», riflette Stan sorbendo la minestra. «Tanti anni fa lavoravo per il British Museum, catalogavo la collezione egizia. Dovremmo prendere un treno e andarci, Fay. Ti piacerebbe. Sarebbe bello rivedere alcuni di quei tesori. Ho fatto diversi scavi per loro, ai miei tempi».

«Non lo sapevo».

«Oh, sono molte le cose che non sai», ridacchia. «La mia vita è stata ricca e interessante, Fay. Quante cose ho visto! Quante ne ho fatte! Se Dio volesse portarmi via domani, non mi dispiacerebbe neanche un po'».

«Non dire così, Stan».

«È vero. Non ho sprecato un momento. Dopo la guerra ho fatto il pilota collaudatore. Ho condotto alcune spedizioni in Nepal e una al Polo Nord. Ho lavorato nel cinema come controfigura con l'aereo. Un paio di film potresti persino conoscerli! Ho passato due estati a caccia di Nessie».

«Il mostro di Loch Ness?»

«Ci crederesti? Un mio amico era a capo del progetto. Siamo riusciti a sentire qualche rumorino interessante con il sonar, nient'altro. Un divertimento immenso, però. Abbiamo anche bevuto un sacco di whisky buono». Si sbrodola il mento con il minestrone e lo aiuto a ripulirlo.

Sospira, tiene il cucchiaio sospeso e mi guarda. «Quello che sto cercando di dirti, con scarso successo, è che abbiamo una vita sola. Siamo su questa Terra solo una volta, Fay. Bisogna approfittarne». Con fare paterno mi dà una pacca su un ginocchio e a me vengono le lacrime agli occhi. «Ho detto sì a tutte le occasioni che mi sono capitate e sono finito in alcuni posti molto interessanti, te lo dico».

Ripensando alla sua vita, fa una risata fragorosa.

«Non sono convinta che mi possano capitare chissà quali occasioni, stando qui sul canale a vendere torte».

«Certe volte ce le hai proprio davanti al naso e non te ne accorgi». Stan lancia un'occhiata a Danny e io lo seguo con lo sguardo.

Non sono sicura di che cosa intenda, ma so che non voglio che Danny se ne vada e non riesco nemmeno a dirlo.

«Non arrivare alla mia età piena di rimpianti», mi consiglia Stan. «Altrimenti diventi una vecchia rancorosa».

Mi alzo e gli bacio la guancia. «Be', tu sei il novantatreenne più carino e arzillo che abbia mai conosciuto, perciò il tuo deve essere un ottimo consiglio».

«Accettalo», dice serio. «Afferralo con entrambe le mani».

«Te lo prometto», rispondo. «Se avrò mai la possibilità, ti prometto che lo farò».

Torno in casa pensosa e turbata. La mia è una vita limitata e cerco di dirmi che non sono insoddisfatta. Mi piace la casa, la pasticceria. Mi piacciono i clienti che vengono qui. Anthony. È tutto sbagliato?

«Che c'è?», domanda Lija togliendosi della farina dalla guancia pallida. «Sembri donna che ha perso cinque sterline e trovato una».

«Stavo solo chiacchierando con Stan».

«Chiunque sarebbe depresso», conclude Lija. «Guerra, guerra, guerra. Schiodati, vecchio».

Rido. «Lui non è per niente così. Dovresti prenderti un po' di tempo per farci quattro chiacchiere un giorno. Stan ha avuto una vita piena e interessante, Lija. Saremmo fortunate ad averne una così anche noi».

«Allora perché faccia triste?».

Abbasso la voce. «Stan mi ha detto che Danny parte. So che sarebbe accaduto, prima o poi, ma devo riconoscere che mi è piaciuto averlo qui».

«*Piaciuto?*», mi rimbrotta Lija. «*Piaciuto!* Sentila». Si aggrappa alla mia maglia bruscamente. «Togli cazzo di cardigan e scopalo prima che va. Secondo me sa fare».

«Smettila di dirmi di scoparmelo, Lija Vilks!». Mi guardo intorno furtiva, per assicurarmi che Danny non possa sentirci. Con la fortuna che ho. «Sei veramente indecente. Che donna credi che io sia?»

«Vecchia e frustrata».

«Non è vero. Sono una donna di una certa età, concordo.

Ma anche se fossi... *frustrata*... Danny è troppo più giovane di me. Non penso a lui in quel modo». Ignoro il fatto che mi sta battendo forte il cuore. «Per me è solo un amico».

Lei non sembra per niente convinta. «Per me sa fare. Io lo so. Sicura».

Il suo sfrontato apprezzamento della virilità di Danny mi fa farfugliare. «*Inoltre*», le ricordo, «avrei anche un compagno molto carino, grazie».

«Penso che Anthony ha cazzo piccolo», osserva.

«Dici cose orrende», ribatto scuotendo la testa esasperata. «Per fortuna fai delle torte buonissime, altrimenti ti avrei già licenziata».

Ovviamente in quel momento arriva Danny. «Stai combinando guai, Lija?»

«No», risponde con un faccino innocente. «Cerco di aiutare».

Trattengo il respiro nell'eventualità che possa decidere di coinvolgere Danny nella nostra conversazione, ma quando vede il mio sguardo terrorizzato, ci ripensa.

«Sono venuto perché dovrei dirti una cosa», inizia Danny e con un cenno della testa segnala di allontanarci dall'udito bionico di Lija.

Lanciandole un'altra occhiataccia d'avvertimento, lo seguo fuori, sulla veranda. Ci sono due coppie che pranzano e un tavolo con tre signore anziane che tra un attimo vorranno altro tè, perciò non ho molto tempo. Danny va in fondo alla veranda, sotto al glicine, e si appoggia al muro.

Nonostante sia un giorno caldo, mi sento attraversare dai brividi mentre sono davanti a lui in attesa di sentire che cosa abbia da dirmi.

«Ora ho finito con il giardino, Fay», comincia. «Non credo di avere altro da fare».

«No», concordo. «Sei stato fantastico. Hai fatto proprio

tanto per renderlo più bello». Aveva solo bisogno di un po' di cure amorevoli. Forse è quello di cui abbiamo bisogno tutti per fiorire.

«È difficile», prosegue e sono certa di sentirlo sussultare. «Più difficile del previsto». Emette un lungo sospiro. «Me ne vado, Fay. Per un po'. Uno dei miei vecchi amici si sposa e mi ha chiesto di fargli da testimone. Vado a Londra per aiutarlo nei preparativi. Non so nemmeno che cosa comporti esattamente. Vestiti e altro, immagino».

«Bello».

«Non l'ho mai fatto, perciò voglio essere sicuro di essere pronto. Con l'addio al celibato e tutto il resto, starò via almeno qualche settimana. Forse di più».

«Ma tornerai?». C'è troppa paura, troppo bisogno nella mia voce. Vorrei prendermi a calci.

«Non lo so», ammette. «In teoria, perché sia davvero un'esistenza vagabonda mi dovrei lasciar portare dalla vita. Vedrò che succede». Ride nervoso. «Non posso restare per sempre bloccato qui».

«Giusto».

«Ma non volevo andarmene e basta». La sua espressione normalmente solare si fa turbata. «Volevo chiederti di venire fuori con me per una giornata sulla *Dreamcatcher*». Sembra timido, incerto, e le parole gli scappano di bocca. «Pensavo che potremmo risalire il canale verso Leighton Buzzard. Se ti va. Ho visto dei posti magnifici in quella direzione. Ho dato un'occhiata alla mappa e… Lo so che c'è tua madre, ma potremmo prenderci qualcosa da mangiare in un pub e tornare la sera presto».

«Sarebbe molto carino». Mi rendo conto che sto accettando l'invito prima che lui abbia fatto in tempo a pronunciare l'ultima frase.

«Lunedì ti andrebbe bene? Quando il locale è chiuso».

Probabilmente è l'unico giorno in cui potrei. «Penso di sì. Dovrò chiedere a Lija di pensare a mamma».
«Fay», dice piano. «Forse è la nostra ultima occasione».
E all'improvviso quel pensiero diventa intollerabile. Non posso proprio pensarci.

Capitolo venticinque

«Non voglio stare con quella terribile straniera!», grida mia madre. «È maleducata con me».

«Lija è maleducata con chiunque, mamma».

Chi avrebbe mai detto che organizzare un'uscita di un giorno, dico *un giorno*, sarebbe stato così difficile?

«Mi fa aspettare».

«Non fa apposta. È solo che il suo servizio non è esemplare come il mio». La mia arte ormai si è raffinata grazie ad anni e anni di pratica.

Mamma si gira verso il muro. Se voglio un complimento in questa casa, devo farmelo da sola.

«Non ti prendo un'infermiera», le ricordo. «L'ultima l'hai trattata malissimo».

«Aveva l'aria cattiva», ribatte mamma. «Sembrava che se avesse potuto mi avrebbe fatto male».

«Era gentile. Le è dispiaciuto tanto che l'hai mandata via».

«La prudenza non è mai troppa», ammonisce.

Controllo l'orologio. «Faccio tardi».

«Perché devi uscire? Ancora. Non fai che uscire ultimamente. Prima non lo facevi».

«Voglio una vita oltre a queste quattro mura», la informo. «Anche tu dovresti. Il tempo è magnifico. Il giardino è bellissimo. Dovresti vedere il glicine. È uno spettacolo. Potrei aiutarti a scendere e potresti sederti là fuori».

«Sono troppo debole», replica.

Se c'è una cosa che mia madre non è, è debole.

«Ci vediamo dopo. Comportati bene con Lija».

«Mi parli come se fossi una bambina», commenta altezzosa.

"Solo perché ti comporti come una bambina", ribatto in silenzio.

«Ti voglio bene». La bacio sulla guancia. «Vuoi che ti accenda la televisione?»

«Non c'è mai niente di decente».

«Non starò via tanto», prometto. Anche se so che, grazie a Dio, probabilmente resterò fuori tutto il giorno.

Non appena mi ritrovo fuori dalla camera, sul pianerottolo, sento accendersi la TV. "Andrà tutto bene", mi dico. "Tutto bene".

Al piano inferiore, istruisco Lija sul da farsi. «Le ho lasciato il pranzo in frigo. Puoi metterlo nel microonde. Ma non le piace troppo caldo».

«O troppo freddo».

«No».

«Ho già fatto mille volte», dice Lija con le mani sui fianchi. «È morta?»

«No».

«Allora non muore nemmeno oggi».

«Questo mi conforta parecchio».

«Vattene», mi ordina Lija. «Oppure vado io con lui».

«Va bene, va bene. Non dimenticarti di Stan e trattalo con gentilezza».

Mi lancia un'occhiata che sembra dirmi di non esagerare. Ma visto che Stan viene a pranzo tutti i giorni, gli diamo da mangiare anche il lunedì, quando il caffè è chiuso. Di solito sono io che faccio un salto a casa sua a portargli il pranzo, perché non riesco a pensare che resti senza mangiare. Lija è completamente affidabile, non se ne dimentica di sicuro, ma lui non dovrà prendersela se gli sbatte il piatto davanti alla faccia. È raro che prenda più di una zuppa, un panino e un pezzo di torta, ma almeno sono sicura che mangi qualcosa ogni giorno.

«Non ucciderò nemmeno Stan Puzzone», conferma Lija borbottando.

«Come sto?». Ho messo l'unico prendisole che possiedo e che, visto il tempo inclemente delle ultime estati, non metto da una vita. È molto floreale, un po' sgargiante e molto poco da me. Mi fa solo piacere che mi vada ancora bene. Anche se ho dovuto forzare un po' la lampo. Faccio una giravolta per Lija.

Lija resta impassibile. «Okay».

«Grazie». Per gli standard di Lija, è come se mi avesse detto che sono una favola. Poi esito e mi mordo il labbro. «Sono nervosa», ammetto.

«Bevi tanta vodka», è il consiglio di Lija.

«Mi chiami se mamma ha qualche problema?»

«No. Goditi tua giornata. Se ha problema, può aspettare».

«Va bene. Ci vediamo».

Fa un gesto con la mano per cacciarmi via e mi avvio alla porta, con tanto di tortiera contenente torta al cioccolato e zenzero e cappello per ripararmi dal sole.

«Non dimenticare cardigan da vecchietta», mi ricorda Lija.

«Oh, no».

Me lo porge. «Non voglio che ti viene attacco di panico».

«Grazie».

Mi butto il cardigan sulle spalle ed esco.

Mentre percorro il giardino verso la *Dreamcatcher* ho una leggera nausea che non capisco se dovuta a paura o eccitazione. C'è qualcosa in Danny, forse il fatto che è giovane e così sicuro di sé, che mi fa sentire sempre timida e goffa come un'adolescente.

Mi avvicino alla passerella e come al solito Diggery mi viene incontro trotterellando. Oggi porta al collo un elegante fazzoletto nero decorato con teschi e ossa incrociate bianche. Mi saluta abbaiando allegro.

«Ciao, bello». Gli arruffo il pelo sulla testa mandandolo in estasi. Magari fosse così facile fare contento un uomo.

«Ciao». Danny mi accoglie dalla prua della barca. Ha un'espressione che potrebbe essere di sollievo e dice: «Pensavo che non saresti venuta».

«Non ci avrei rinunciato per niente al mondo», lo rassicuro. «Non faccio un giro in barca da troppo tempo. Il che è assurdo, visto che vivo lungo un canale».

«È proprio vero», concorda. «C'è del caffè appena fatto sul fornello».

«E ho portato una torta».

«È per questo che ti voglio bene», dice e ci scambiamo uno sguardo imbarazzato.

Facciamo per entrare ed è tutto un «prima tu, no prima tu», poi alla fine riusciamo a infilarci in cambusa e Danny versa il caffè. Poso la torta su un ripiano, poi ci facciamo un balletto un po' impacciato uno intorno all'altra in quello spazio ristretto. Mi fa un effetto strano quando mi sta così vicino e divento maldestra. Mi cadono le cose e inciampo. Normalmente non mi succede. Faccio quasi cadere la tazza che mi passa ma Danny la prende al volo.

«Scusa», dico. «Scusa».

«Prendiamo il caffè fuori a poppa, è una bella giornata. Ho guardato in Internet e ho trovato un bel pub con giardino. Dipende dalle chiuse ma spero che riusciremo pranzare lì».

«Ottimo».

«Voglio che passi una giornata tranquilla, Fay. La *Dreamcatcher* mi ha succhiato tutti i soldi e nelle ultime settimane tu mi hai davvero dato una mano. Voglio che questa sia una giornata speciale per te».

«Sei molto gentile».

Ci avviamo dunque a poppa e Danny nel frattempo scioglie gli ormeggi. Diggery ci trotterella dietro. È da così tanto tempo che non faccio un giro in barca che mi sono scordata come si fa. Sul retro della *Dreamcatcher* c'è abbastanza spazio per stare entrambi comodamente in piedi, seppure molto vicini. Appoggiamo le tazze sulla copertura del boccaporto e Danny avvia il motore. Poi salta giù a prendere l'ultima corda.

«Forza Digs», dice, e il cagnolino salta a bordo con lui e si mette ai nostri piedi, annusando l'aria.

Mi sento a disagio a stare lì accanto a Danny con il mio abitino da ragazza perbene, il cappello e ovviamente il mio tanto bistrattato cardigan. Lui ha un'aria decisamente più sportiva e rilassata. Forse avrei dovuto farmi consigliare da Lija sul look. Lui indossa un'ampia maglietta grigia e un paio di jeans strappati. Si è rimesso gli anfibi e quasi mi manca la vista dei suoi piedi nudi che mi ha concesso l'ultima volta che sono stata su questa barca. Perché non ho messo i jeans anch'io? Ma c'è anche da dire che mi capita così di rado di vestirmi un po' più carina…

«Stai benissimo», dice come se mi leggesse nel pensiero.

«Grazie». Mi sento arrossire, non sono abituata ai complimenti. «È solo un vecchio vestito». Poi mi sento un'idiota e giuro di tenere la bocca chiusa.

Danny dà gas e ci stacchiamo da riva, mentre un brivido mi percorre.

«Che emozione», dico.

Mi sorride e mi sento sciogliere dentro. «Tra un istante puoi prendere il timone se vuoi».

«Non guido una barca da anni».

«È come andare in bicicletta», mi assicura. «Basterà un secondo per ricordartene».

Così passiamo davanti al caffè e superiamo la *Maid of Merryweather*. L'aria è fresca nonostante la temperatura mite del mattino. Solchiamo l'acqua e la brezza leggera mi scompiglia i capelli. Ci dirigiamo verso il paese, oltrepassando giardini che come il mio lambiscono l'acqua. I salici piangenti piegano i rami immergendo le foglie nel canale e siamo scortati da una piccola flotta di anitre alle quali Diggery abbaia con entusiasmo.

Basta poco però per ritrovarci in campagna, dove da entrambi i lati non ci sono che campi aperti. Il paesaggio dolce del Buckinghamshire si distende in lontananza. Il ronzio gutturale del motore è l'unico rumore a spezzare il silenzio.

Lungo tutta l'alzaia ci sono belle barche ormeggiate e penso che sia meraviglioso che quello che una volta era un elemento fondamentale dell'industria sia diventato una caratteristica della nostra cultura. Per tanta gente i canali sono ancora uno stile di vita.

A quest'ora non ci sono altre imbarcazioni in giro e dato che su questo tratto non ci sono chiuse, procediamo senza interruzioni. Ma il canale è un rallentare costante e c'è qualcosa che costringe a prendere un passo più tranquillo.

«Sarà quanto di più lontano dalla tua vita in città», commento.

«Già. E ne sono felice». Lascia piano il timone mentre affrontiamo una curva. «È relativamente poco che vivo così, ma mi piace».

«Ti avrò di sicuro già detto che il mio amato papà avrebbe voluto tanto vivere sul canale», affermo stringendo il caffè. «Era la sua idea di paradiso. Anche i miei momenti più felici erano le vacanze in famiglia sulla *Maid of Merryweather*, ma sia a mia sorella Edie che a mia madre non sono mai piaciute. Soprattutto a mamma. Se costretta, le tollerava per una settimana. Ma in realtà era più un tipo da albergo».

«Non so che cosa farei ora se trovassi una compagna che non ama questo stile di vita». Poi aggiunge frettoloso: «Non che stia pensando di sistemarmi».

«Non credi che sarebbe bello condividere questo con qualcuno?»

«Sì, immagino di sì». Sospira. «Con gli anni probabilmente sono diventato troppo autosufficiente. O forse troppo egoista».

«A me non sembri uno così».

«Molte donne con cui ho avuto delle storie erano piuttosto vuote. Di quelle che andavano dietro solo ai soldi e al divertimento. Come facevo io, del resto». Deglutisce. «Forse ora sto cercando una cosa diversa».

«I gusti cambiano crescendo». Non riesco a guardarlo negli occhi. «Quello che cerchi in una persona a vent'anni è molto diverso da quello che cerchi a trenta».

«E tu che mi dici?». Me lo chiede guardando il canale davanti a sé. «Tu e Anthony farete mai il grande passo?»

«Non lo so», rispondo candidamente. «Stiamo insieme da tanto tempo, sembra che sia passato il momento».

«È solo un pezzo di carta».

«Sì», concordo.

Ma è davvero così? Credo ancora in tutto quello che c'è dietro a quel pezzo di carta. Il desiderio di impegnarsi a condividere la vita con qualcuno. Finché morte non ci separi. E in fondo in fondo, voglio davvero farlo con Anthony?

Ormai abbiamo sviluppato un'abitudine a stare insieme, ma vogliamo *davvero* starci? È lui la persona giusta per me, con le sue questioni edilizie, il suo golf e le sue stramaledette campanelle? Io e Anthony siamo bloccati saldamente nella mezza età, ma se guardo l'uomo giovane e bello che ho vicino in questo momento, non sono sicura che sia quello il posto in cui voglio stare.

Capitolo ventisei

Ora il sole è più alto nel cielo. È anche abbastanza caldo per potermi togliere il cardigan alias copertina di Linus e concedere una rara esposizione alle mie spalle scoperte. Abbasso un po' il cappello per farmi ombra sugli occhi. Danny si mette un paio di Ray-Ban a specchio ed è ancora più fico, se la cosa è umanamente possibile. Fa una certa figura sulla barca, un uomo affascinante tra i deliziosi pensionati e i fricchettoni con le treccine, come li chiama Anthony, che di solito frequentano il canale. Cerco di non guardarlo troppo.

Diggery dorme accoccolato al sole, con le zampe davanti che di tanto in tanto fanno un piccolo scatto mentre sogna. In cielo non c'è neanche una nuvola e l'alzaia adesso comincia a popolarsi, con gente che porta a spasso il cane, corridori e ciclisti.

«Vieni», dice Danny. «Prendi un po' il timone».

«Accidenti. Sono un po' in ansia».

«Non preoccuparti. Ti tengo io».

Si fa da parte e io mi sposto esitante davanti a lui, che nel frattempo mi mette le mani intorno alla vita. Afferro il timone, con la bocca secca.

«Pensa solo ad andare avanti», mi istruisce. «Movimenti lenti, regolari».

La punta della barca comincia subito a deviare. Mi posa una mano su un braccio per guidarmi, mentre con l'altra copre la mia mano. Percepisco il calore delle sue dita sulla pelle.

«Piano, piano», bisbiglia all'orecchio.

A essere sincera in questo momento faccio fatica a tenermi in piedi. Sento fremere ogni fibra del mio corpo. E ho paura che questo genere di eccitazione non derivi dal fatto che sto controllando il timone di una barca, per quanto mi piacerebbe molto pensarlo. La sua presenza è imponente, virile dietro di me. Invece di guardare dove sta andando la barca, guardo guizzare i muscoli forti del suo avambraccio.

«Concentrati, Fay», esorta. «Tra non molto c'è una chiusa e voglio che tenga tu la barca mentre mi occupo dei cancelli».

«Va bene», rispondo. «D'accordo». *Concentrati, Merryweather. Concentrati.*

Ride. «Hai un'aria terrorizzata».

«Non è come andare in bicicletta». Anche se, quanto ad abilità nautiche, penso di essere una tacca sopra ai Fenson. «Ho dimenticato tutto».

Danny allora lascia le mani dove sono e insieme, con cautela ed esitazione, guidiamo la *Dreamcatcher*.

Capitolo ventisette

Quando raggiungiamo la prima chiusa, Danny prende la corda e il mulinello per aprire i cancelli. «Tutto a posto?»

«Sì», lo rassicuro. «Non sono per niente nervosa. Puoi assolutamente affidarmi la tua casa e tutti i tuoi averi».

Facendomi l'occhiolino, salta sull'alzaia. Diggery si sveglia di scatto e lo segue. «Vai alla grande», dice. «Fai piano però».

Apre i cancelli e io, con le mani umidicce e il cuore che batte per la paura, dirigo la barca all'interno della chiusa. Mi ripeto come un mantra: "Non schiantarti contro il muro. Non schiantarti contro il muro". Questo dimostra quanto tempo è passato dall'ultima volta che l'ho fatto. Una volta avrei potuto guidare la *Dreamcatcher* a occhi chiusi.

Danny richiude il cancello dietro di me, apre lentamente la paratoia superiore e lascia che l'acqua fluisca all'interno della chiusa. La *Dreamcatcher* si alza tranquilla sull'acqua schiumosa. Muovo il timone per impedire che sbatta ai lati, anche se mi solleva parecchio vedere che è messa bene quanto a paraurti.

Quando l'acqua è arrivata al livello, Danny apre i cancelli anteriori. Poi mi fa cenno di procedere e io porto fuori la *Dreamcatcher*. Facendo qualche manovra in preda al panico, riesco ad affiancare l'alzaia. Danny e Diggery saltano a bordo.

Mi sorride. «Non è andata troppo male, non è vero?»

«È stato bellissimo», ammetto. C'è qualcosa dentro di me che adora stare sull'acqua, e mi rendo conto di quanto mi sia mancato.

Andiamo avanti con me al timone. Danny va dentro a riempire le nostre tazze di caffè e Diggery, che sta evidentemente soffrendo di ansia da separazione, si appoggia alla mia gamba in cerca di conforto. Guardo la barca osservandola scivolare lieve sull'acqua, lasciando dietro di sé un'increspatura impercettibile. La gente sull'alzaia ci saluta al nostro passaggio. Il reticolo d'acqua che attraversa il paese in lungo e in largo sembra un'autostrada acquatica di tranquillità. Sono così felice e soddisfatta che mi chiedo perché mai ho smesso di fare questo.

La mia vita è diventata così limitata, così monotona. Con le richieste di mia madre, i consigli da dare a Edie, Anthony da compiacere e il locale da portare avanti, a quanto pare non riesco più a trovare il tempo di fare quello che voglio fare io. In effetti, fino a oggi credo di aver completamente perso di vista quello che voglio.

In questo tratto di canale ci sono solo alcune chiuse, perciò facciamo in fretta. Me la cavo con tutte senza incidenti; io e Danny lavoriamo bene in squadra e un po' alla volta ci sto prendendo la mano. Precedendo la folla del pranzo, attracchiamo accanto all'alzaia sulla riva opposta del canale, in un punto in cui c'è un pub frequentato. Era da tempo che volevo andarci. È un posto piccolo, un pub con ristorante e ho già l'acquolina in bocca al pensiero.

Davanti a noi c'è una serie di chiuse. Nel fine settimana la zona è di norma zeppa di turisti intenti a guardare il flusso costante di imbarcazioni che attraversano le chiuse. Adesso però, un lunedì a ora di pranzo con tutti i visitatori tornati al lavoro, è piacevolmente deserta. È sempre più impegnativo affrontare le chiuse davanti a un mucchio di spettatori critici.

Salto giù con Danny e insieme, prendendo una corda a testa, leghiamo la *Dreamcatcher*. Diggery corre avanti e indietro tra di noi, controllando che stiamo facendo un buon lavoro. Poi ci avviamo insieme verso i cancelli della chiusa, con Diggery che ci precede deciso ed entriamo nel giardino del pub. Ci prendiamo un tavolo, quello più vicino possibile all'acqua, in pieno sole. Danny riempie di acqua fresca da una fontanella la ciotola che c'è sotto per Diggery e io scorro il menu. Dopo stamattina, ora sono più a mio agio, più rilassata in compagnia di Danny. I miei ormoni hanno smesso di avere reazioni strane quando mi sta vicino. Be', più o meno.

Scelgo una Caesar salad e Danny delle lasagne. Va dentro a ordinare e insiste per pagare lui. Aspetto, sentendomi rilassata e un po' oziosa. Di solito passo i lunedì a pulire, riordinare, correre dal grossista a prendere quello che manca e in genere cercando di recuperare il tempo perduto. Questo è sicuramente un bel diversivo. Anche se è difficile, resisto al bisogno di chiamare Lija per sentire come sta mamma. Sicuramente starà bene. Più che bene.

Una giovane coppia si siede al tavolo accanto. Non scelgono due sedie una davanti all'altra, si mettono entrambi dallo stesso lato, stretti come due sardine. Lei poggia la testa sulla sua spalla e guardano un menu insieme. Lui giocherella con i suoi capelli e le bisbiglia all'orecchio. Qualsiasi cosa le dica, la fa arrossire e ridere di una risata roca. Sotto al tavolo, hanno i piedi intrecciati come se non riuscissero a stare separati nemmeno un secondo. Quando la guarda, lui ha gli occhi che brillano.

Mi chiedo se sono mai stata così innamorata. Ho mai fatto piedino a Anthony sotto il tavolo di un ristorante? Non riesco a ricordarlo. Si sarebbe domandato che cavolo mi fosse saltato in testa. Ho mai provato l'esigenza di stringere forte il mio corpo al suo, incapace di sopportare anche una minima distanza tra noi due? No. Non credo. Mi chiedo come ci si senta a essere così amate, così adorate.

Danny mi porta un bicchiere di vino bianco fresco, anche se ho dimenticato di ordinare da bere. È perfetto e mi rilasso sulla sedia soddisfatta. Danny beve Peroni dalla bottiglia. Stende le gambe lunghe fasciate dai jeans e volge la testa verso il sole abbagliante. Osservo la condensa scivolare lungo la bottiglia mentre se la porta alle labbra e beve assetato. La barbetta sul mento è più visibile, come se non si fosse rasato da qualche giorno e sopra alle labbra piene c'è una traccia di baffi scuri. I peli sembrano morbidi e mi chiedo come possa essere baciare un uomo con i baffi, sentirli sfiorare le mie labbra. Anthony si rade religiosamente due volte al giorno, tanto che ha spesso la pelle infiammata, arrossata, cosparsa di piccoli punti di sangue rappreso. Non sapevo che mi piacesse la barba, invece pare di sì.

Mentre aspettiamo le ordinazioni il pub si riempie un po' alla volta.

«È stata una bellissima mattina», dico. «Il canale mi piace tanto».

«Anche a me. Non vedo l'ora di ripartire», ribatte. Poi scrolla le spalle in segno di scuse. «Sai che cosa intendo».

«Sì, certo. Devo dire che è una prospettiva allettante».

«Fai molto per gli altri, Fay».

«Oh, in realtà no», protesto. «C'è mamma soprattutto. E Edie. Sta attraversando un periodo difficile dal punto di vista sentimentale. Ma è per questo che esistono le famiglie, no? Dobbiamo occuparci gli uni degli altri».

«Io ormai non ho più una famiglia», rivela Danny. «Nessun

legame. Mia madre è morta quasi cinque anni fa e non ho alcun rapporto con il mio patrigno. Non siamo mai andati d'accordo. Dopo la morte di mamma, abbiamo smesso di fare finta».

«Che peccato».

«Qualche volta i tuoi familiari sono quelli che ti fanno più male», osserva.

«Raccontami».

«Con chi sta tua madre oggi?»

«Lija», dico sorridendo.

Lui ride.

Continuo: «È una ragazza eccezionale. La ammiro. Ha uno stile tutto suo».

«Non c'è dubbio», concorda. Poi la sua espressione si addolcisce. «Anche a me piace».

Alzo lo sguardo forse troppo bruscamente. Sento una fitta di gelosia. Non ci sono abituata. Mi chiedo quanto gli piaccia. Se restasse, inviterebbe Lija sulla barca con i suoi slip di ricambio e lo spazzolino d'emergenza? Lei è più vicina alla sua età. Al suo stile.

«Perché quella faccia?»

«Niente», rispondo. «Proprio niente». E scaccio quel pensiero. Non voglio niente che mi rovini la giornata.

«Volevo invitarti di nuovo sulla barca», dice. «Me ne sono stato solo tutte le sere sperando che venissi a farmi compagnia».

«Non me l'hai detto però».

«Pensavo di complicarti troppo la vita, hai già un mucchio di cose a cui pensare».

«Mi sarebbe piaciuto», ammetto. Come posso confessargli che quasi tutte le sere, dopo avere terminato con il caffè, pensato a mamma, spedito a casa Anthony, me ne sto sola soletta a pensare esattamente la stessa cosa?

Lui alza gli occhi, ma non posso vederli a causa degli occhiali. «Anche a me».

Poi arriva il nostro pranzo ed è squisito. Ce lo godiamo in tutta calma, spostando la conversazione su un terreno meno scivoloso. Parliamo di libri e di film e lo ascolto raccontarmi di tutti i posti che ha visitato e le sue avventure, rendendomi conto che io non sono andata da nessuna parte, non ho fatto niente. Danny mi ordina un altro bicchiere di vino e mi sento veramente viziata.

Quando abbiamo terminato e non possiamo trovare più scuse per restare, ci alziamo per andare via.

«Grazie, Danny. Nessuno si occupa di me e mi coccola in questo modo». Sicuramente non Anthony. «Mi piace. Potrei farci l'abitudine».

«Te lo meriti».

«Credo che tu abbia ragione», ridacchio. «Oddio, due bicchieri di vino e ho già la testa che mi gira. Dovrò guardare dove metto i piedi o finirò nel canale questo pomeriggio».

«Pensi che continuerai a gestire il caffè e la pasticceria?»

«Penso di sì. In un certo senso, ci sono costretta per mamma, anche se volessi fare altrimenti. In più, prima di avviare il locale lavoravo in Comune ma se devo essere sincera lo odiavo. Come te e il tuo lavoro in borsa, mi farebbe orrore tornare a quel tipo di lavoro. Mi piace portare avanti la pasticceria. Adoro la casa. È sempre stata la mia casa e l'unico modo che ho per permettermela adesso è sfruttarla per lavorare. Non diventerò mai miliardaria, ma mi basta».

«È questo che vuoi? Diventare miliardaria?»

«No», rido. «Proprio no. Voglio solo essere felice».

I suoi occhi incontrano i miei da sopra gli occhiali da sole. Sono scuri come carbone, indecifrabili. «E sei felice, Fay Merryweather?».

All'improvviso mi si riempiono gli occhi di lacrime e la gola minaccia di serrarsi. «Sì», riesco a dire. «Sono molto felice».

Qualcosa però nella faccia di Danny, così come qualcosa nel mio cuore, domanda: "Ne sei sicura?".

Capitolo ventotto

Danny Wilde ha una pessima influenza su di me. Quando torniamo in barca mi sento molto rilassata e più che brilla. Sciogliamo gli ormeggi insieme e Danny avvia il motore. Stavolta salto dentro per ultima. Attraversiamo la prima chiusa con me alla guida, poi Danny prende il timone e io gli sto accanto.

«Continuo a pensare di mettere un sedile qui», dice Danny. «È nella lista di cose da fare. Ma non mi capita spesso di avere ospiti. Anzi, non mi capita mai», si corregge. «Potrei anche investire in una copertura a poppa. Mi dicono che non sia una cosa da veri navigatori, ma non mi importa perdere un po' in credibilità per stare più comodo». Sorride. «Una parte di me è ancora legata ai comfort della città. Non fraintendermi, adoro stare all'aperto esposto agli elementi, ma ho già preso troppi acquazzoni per pensare di volerlo fare per sempre».

«Non ti biasimo».

Oggi però sicuramente non piove. Il sole è così caldo, alto nel cielo, l'umore molto rilassato. Ci siamo dilungati con il pranzo e ora si è fatto più tardi di quello che mi aspettavo. Stamattina mi sono alzata presto e ho gli occhi pesanti per il sonno. Soffoco uno sbadiglio di felicità.

Danny mi lancia un'occhiata. «Perché non vai a stenderti per un'oretta?», propone. «Sembri molto assonnata».

«Lo sono», ammetto.

«Puoi usare il mio letto in cabina oppure, se preferisci restare fuori, ci sono dei cuscini che puoi sistemare sui sedili del ponte».

Non sono sicura che riuscirei a stare nella cabina di Danny, nel suo letto. «Mi metto davanti, va bene?»

«Allora accosto. Non voglio che rischi di camminare lungo il parapetto in stato di ebbrezza», mi prende in giro.

Tante verità, dette per scherzo. «Probabilmente è meglio».

Così devia la *Dreamcatcher* verso la riva e io balzo sull'alzaia. «Faccio un pisolino, poi preparo un tè e ci mangiamo una fetta della torta di Lija».

«Mi sembra un bel programma», concorda. «Vuoi che Digs ti faccia compagnia?»

«Ottima idea».

«Vai Digs, vai con Fay».

Il cane balza giù obbediente, trotterellando dietro di me, e risaliamo entrambi a prua.

Sul ponte ci sono già dei cuscini comodi disposti lungo le panche. C'è anche una copertura di plastica al di sopra per quando fa brutto tempo, ma oggi è stata arrotolata e tirata su e il sole batte forte. Mi tolgo le scarpe, prendo da dentro i cuscini con la bandiera britannica e li sistemo sulla panca. Poi mi stendo, allungo le gambe e appoggio i piedi sul parapetto interno della barca.

Diggery si accomoda sul pavimento vicino a me, e si addormenta all'istante con la testa appoggiata sulle zampe.

Sulla riva c'è un grosso airone intento a fissare l'acqua scura in cerca della sua cena. Quando la *Dreamcatcher* si avvicina, allarga le ali riluttante e si innalza in volo maestoso, lanciandoci in qualche modo un'occhiataccia.

Mi abbasso il cappello sul volto e mi abbandono al sonno, lasciando che gli occhi si chiudano e le gambe diventino pesanti. Vorrei potermi svestire completamente e stendermi qui nuda, lasciando che il sole, il vento e l'acqua mi punzecchino la pelle. Poi mi riprendo. Non so che cosa mi succede quando sono su questa barca. Comincio a fare pensieri strani, provare strane emozioni. Forse è davvero capace di "acchiappare i sogni" come suggerisce il nome, filtrando quelli brutti e lasciando solo quelli belli. Sicuramente quando sono qui con Danny ho una percezione di me stessa che non ho da nessun'altra parte, con nessun altro.

Mi addormento, solo vagamente consapevole del ronzio della barca e di Diggery che di tanto in tanto cambia posizione.

Mi sembra di svegliarmi pochi minuti dopo ma quando guardo l'orologio è passata un'ora. Sono quasi le cinque e il pomeriggio se n'è già andato. Non mi viene in mente un'altra occasione in cui ho trascorso una giornata così pigra. Mi sento rinvigorita, ma ancora un po' assonnata. Anche Diggery è sveglio e mi lecca una mano. Sollevo la testa per vedere oltre il ponte e faccio un cenno di saluto a Danny che è ancora al timone. Mi fa capire che sta per accostare sulla riva erbosa e con le mani mima una tazza di tè. Alzo il pollice e mi infilo in cambusa per accendere il bollitore.

Mentre facciamo manovra per accostare, salto giù e lo aiuto a fissare la barca. Non siamo lontani da casa, visto che Danny ha attraccato presso il Manor Park, a Great Linford. Ce la dovremmo cavare in un'oretta.

«Questo è il mio posto preferito», dico mentre affondo i piedi nell'erba lussureggiante. «Sono felice che ci siamo fermati qui».

«Passandoci davanti ho pensato che fosse una bella zona. Non è il posto che ti viene subito in mente se pensi a Milton Keynes. Da quello che ho sentito, in ogni caso».

«La nostra città ha una pessima fama. In realtà ci sono tanti bei posticini nascosti».

«Mi mancherà. È un bellissimo tratto del canale». Osserva il parco, la chiesetta, l'edificio di pietra che un tempo era la quieta residenza di campagna del sindaco di Londra e annuisce soddisfatto. «Sono stato bene, Fay».

Esitante, dico: «È stato bello averti qui da noi».

Poi chiede: «Sei riuscita a dormire?»

«Sì, te ne sono grata. Mi ci voleva proprio. Troppo alcol a pranzo, direi».

«Certe volte non fa male».

«Dovrei concedermi una siesta più spesso». Figuriamoci.

Il bollitore fischia e mentre Danny e Diggery passeggiano sul prato vado dentro a preparare il tè. Taglio una fetta a testa della torta di Lija e provo una fitta di senso di colpa per averla lasciata tutto questo tempo da sola. Le mando un messaggio per farle sapere dove sono e che ci vorrà un po' prima che sia di ritorno.

Lei risponde:

Madre ancora viva. Si lamenta di tè.

Mi fa sorridere. Replico subito.

Grazie Lija xx.

Nel parco, Danny ha messo una coperta sull'erba all'ombra di una quercia e io porto le tazze sul ponte, porgendogliele. Poi prendo la torta e salto a terra anch'io.

Ci stendiamo sulla coperta e, nonostante il pranzo abbondante, ci facciamo fuori la torta di Lija in un attimo. A Diggery non resta che qualche briciola.

«Il Canal Festival si svolgerà qui», dico. «Per noi è un avvenimento. Durante il fine settimana arrivano barche da tutto il paese. Ci sono bancarelle e gruppi musicali. Musica di tutti i tipi». Non gli dico che il gruppo di campanelle di Anthony farà un'apparizione; per ragioni che non mi va di indagare troppo a fondo, in realtà oggi non mi va di nominarlo proprio.

«Fantastico».

«Dovresti venire».

Danny si volta sulla pancia e mi guarda. Sembra che non sappia come affrontare l'argomento e io mi preparo per l'inevitabile. «Probabilmente vado via domattina presto, Fay».

«Oh». Sapevo che sarebbe accaduto. Certo che lo sapevo. Però, se devo essere onesta, non per questo è più facile sentirmelo dire. «Pensi di tornare da queste parti, un giorno o l'altro?»

«Sicuramente», si affretta a rispondere. «Senza dubbio. E verrò a trovarti». Prova a ridere, ma sembra una risata forzata. «Devo venire a prendermi la mia dose di torta».

«Sarai il benvenuto», dico poi mi scappa una lacrima traditrice che scorre lungo la guancia.

Danny mi guarda accigliato e non riesco a decifrare le emozioni sul suo volto. Con il pollice segue dolcemente la traccia della lacrima sulla mia guancia e io chiudo gli occhi e mi lascio andare, incapace di trattenermi.

Lui si limita a dire: «Oh, Fay».

Capitolo ventinove

Danny ormeggia la *Dreamcatcher* accanto alla *Maid of Merryweather* e io l'aiuto con le funi. Poi con calma metto le scarpe, il cardigan da vecchietta, il cappello. Mi accoccolo vicino a Diggery, accarezzandogli il pelo morbido e cercando di respingere le lacrime che minacciano ancora di uscire.

Nell'ultima ora siamo stati un po' mogi. Tutti quanti, compreso il cane. Ho sempre saputo che Danny sarebbe stato un elemento transitorio, solo una persona di passaggio, perciò che motivo ho di essere così triste?

Lui è sull'alzaia mentre scendo dalla barca.

«Bene», esordisco. «Ho passato una giornata bellissima». Sento un nodo di emozioni in gola. «Ti ringrazio davvero tanto».

«Sono felice che abbiamo trascorso del tempo insieme».

«Oh, anch'io». La mia voce è troppo allegra, falsa. «È stata una splendida idea. Davvero».

«Non è un addio per sempre», dice Danny. La parola *addio* mi pugnala il cuore. «Ne sono sicuro», aggiunge.

«Sarebbe proprio bello rivederti». Cerco di andarci piano. «Se passi di qua».

«Il tuo glicine avrà di nuovo bisogno di essere potato l'anno prossimo».

L'anno prossimo. Così tanto. «Sì». Provo a ridere. «Sì, senza dubbio. Te lo lascio tutto per te».

«Sarà meglio», scherza lui. «Non far avvicinare nessuno con le cesoie».

Poi siamo entrambi a disagio.

«Dovrei tornare da mamma, immagino che sarà preoccupata».

«Certo».

Ma nessuno dei due si muove.

«Non pensavo che sarebbe stato così difficile», dice con voce un po' rotta. Sospira tra le labbra serrate. «Gli svantaggi di una vita nomade».

«Immagino».

«Abbraccio?».

Vorrei dire di no. Vorrei dirgli che, per qualche stupido motivo, faccio fatica a reggere e se mi abbraccia potrei crollare. Vorrei dirgli che, nel breve periodo della nostra conoscenza, è diventato una persona molto speciale per me. Vorrei fargli sapere che mi ha fatto domandare chi sono e che cosa voglio dalla vita.

Ma non lo faccio. Certo che no.

Invece resto lì mentre lui si fa avanti e mi prende tra le braccia. E sono forti e confortanti come le immaginavo. Ci incastriamo alla perfezione e mi tiene così, stretta a sé.

Oscilla e mi stringe e lo sento sospirare. Lo cingo con le braccia e le dita gli accarezzano la schiena mentre stiamo lì avvinghiati. Poi si stacca all'improvviso e i suoi occhi scuri appaiano turbati. «Non sono sicuro se questo sia un bene per noi».

Sento ancora il calore del suo corpo sulla pelle, anche attraverso il vestito.

«Non entro in casa», dice. «Salutami tu Lija».

«Divertiti al matrimonio».

«Grazie».

Magari incontrerà una persona in quell'occasione. Una più

giovane, più brillante. Una che non è legata a mille impegni, che può veleggiare verso il tramonto insieme a lui. Probabilmente una delle damigelle della sposa. Non è così che succede?

«Allora ciao». Troppo allegra. Veramente troppo. La mia stupida facciata non mi impedisce di provare dolore nella pancia, nelle ossa.

Mi incammino lungo la passerella e Diggery mi segue.

Mi chino e lo accarezzo: «Ciao, Digs».

Continuo a camminare e lui mi segue ancora.

«Diggery!». Danny lo richiama. «Lascia andare Fay. Non restiamo qui».

Abbassando la testa, il cane torna da Danny. Accidenti, hanno tutti e due un'aria così abbattuta. Mi mordo le labbra.

Rivolgo loro un ultimo, brioso gesto di saluto e mi costringo a fare un sorriso felice. Poi mi incammino nel giardino a passo sostenuto, senza osare voltarmi.

Sento Danny che fischia e il tonfo di Diggery che balza sulla barca. Poi, quando penso di poterlo fare, mi giro e, come pensavo, sono entrambi già sotto coperta. Perciò lascio il sentiero e vado a nascondermi sotto il vecchio melo in un angolo del giardino. Mi affloscio sull'erba, con la schiena contro la dura corteccia e piango fino a spezzarmi il cuore.

Capitolo trenta

Quando infine mi riprendo, mi asciugo la faccia sulla gonna del vestito e torno in casa.

In cucina, Lija ha tirato fuori lo spremiagrumi e sta spremendo dei limoni. Il loro profumo aspro si diffonde nell'aria e immagino che secondo lei avessimo esaurito le scorte della nostra amata limonata fatta in casa. Sul piano di lavoro ci sono anche delle teglie di scones e due torte appena sfornate. Anche se doveva guardare mamma, a quanto pare si è tenuta impegnata mentre io bighellonavo con Danny Wilde.

«Ciao», dico con un tono molto più allegro di quanto non mi senta in realtà.

Lei fa una smorfia guardandomi in faccia. Ma Lija è una che fa sempre smorfie. «Bella giornata?»

«Sì, bellissima». Suona falso. Ridicolo. Mi appoggio al tavolo. «Mamma come si è comportata?»

«Male», risponde Lija senza girarci intorno. «Quella donna è proprio strega».

«Lija, stai parlando di mia madre».

«"Lija è troppo caldo. Lija è troppo freddo. Lija non va bene niente"», dice imitando mia madre. Fa spallucce. «Non ho ucciso Vecchia Bacucca. Ma stavo per farlo».

«Sei veramente fantastica», dico. «Apprezzo tanto quello che fai per me, per lei. Come farei senza di te?».

Poi all'improvviso crollo e scoppio di nuovo a piangere.

«Che cosa?», chiede. «Perché?».

Ma non riesco neanche a parlare. Lija schiocca la lingua, si asciuga le mani sulla maglietta e viene ad abbracciarmi mentre sono scossa dai singhiozzi contro la sua spalla ossuta, inadeguata.

«Che sciocca che sono», piagnucolo con voce tremante. «Che sciocca».

«Perché fai così?». Mi guarda in cagnesco. «È perché dico a Vecchia Bacucca che è strega cattiva?»

«No, no». Mi asciugo il naso sul cardigan. «Danny parte domattina. E siamo stati così bene». Ancora singhiozzi.

«Allora perché sei qui?», domanda Lija. «Vai da lui».

«Non posso».

«Adesso». Lo dice come se fosse il consiglio più semplice del mondo. «Vai».

Scuoto la testa. «Sarebbe una sciocchezza. Non sai nemmeno quello che dici».

«Hai fino a domani. Approfitta».

«Devo pensare a mamma».

«Scuse. Tutto qui. Ci sono io. Lascio che comanda a bacchetta ancora un po'».

«No, no, no». Scuoto la testa in modo molto empatico. «Non potrei chiederti di farlo».

«Non chiedi tu. Io dico». Lija mi passa un pezzo di carta da cucina e mi asciugo le lacrime.

«Sono solo ridicola». Continuo a picchiettarmi furiosamente gli occhi lacrimosi. «Non so nemmeno perché faccio così».

«Perché lo ami».

Rido, ma viene fuori una risata isterica. «Certo che no».

Lija alza gli occhi al cielo. «Certe volte sei donna molto stupida».

«Amo Anthony». Come per rassicurarmi, lo ripeto con più forza. «Io *amo* Anthony».

La mia sprezzante assistente sbuffa.

«È vero». Inspiro profondamente. Ho male ai polmoni. Ho male dappertutto. Ho male dietro agli occhi. «Che cosa potrei trovare mai in Danny? È giovane, single, libero. Volubile. Oggi qui, domani là». Mi sfugge un altro singhiozzo. «Vuole fare una vita itinerante, senza il peso di legami e responsabilità. E lo capisco». Mi asciugo gli occhi ma le lacrime non smettono. «Che cosa potrebbe vedere in me? Sono vecchia. Vecchia e spossata. Ho delle cose, delle persone a cui pensare. Il mio futuro è qui. Non potrei mai andare via. Devo pensare a mamma. La pasticceria. Anthony».

Lija fa una smorfia.

«E poi, sono felice così. Perfettamente felice».

«Già». Lija incrocia le braccia e mi guarda. «Sembri in estasi».

Capitolo trentuno

«Immagino che *tu* abbia passato una bella giornata, signorina», dice mamma.

«Sì, vero. Grazie». Con due tazze di tè forte e qualche sguardo feroce da parte di Lija, sono riuscita a tenere a bada le mie patetiche emozioni. Prendo il vassoio dal grembo di mia madre.

La mia cara Lija le ha preparato un brodo di pollo per cena e lei se l'è scolato fino all'ultima goccia.

«Era terribile», commenta indicando la ciotola vuota. «Dover restare bloccata qui tutto il giorno con quella maleducata».

"Quella maleducata" ora se n'è andata a casa con venti sterline in più nella borsetta in segno della mia munifica gratitudine.

«Non c'è bisogno di restare bloccate tutto il giorno», osservo. «Domani potrei alzarti, se vuoi. Il tempo è splendido. Il giardino ha un aspetto bellissimo. Ti farebbe tanto bene stare su una sdraio sotto il ciliegio».

Mamma accende la televisione. Mette una serie, *Holby City*. Significa che me ne devo andare. Mi volto e mi dirigo alla porta. «Chiama se hai bisogno di qualcosa».

«Ho parlato con tua sorella questo pomeriggio».

«Edie?»

«Hai altre sorelle?»

«Stava bene?»

«Sì», dice mamma. «Molto in ansia per me, ovviamente. Lei *sì* che si preoccupa». Mi lancia un'occhiataccia.

Non posso chiedere a mamma se Edie ha trovato un lavoro perché lei è convinta che stia gestendo tutti gli Stati Uniti da sola, non che si faccia mantenere da un uomo sposato che la controlla.

«Vuole parlarti».

Guardo l'orologio. Per Edie è presto. Spero che non sia successo niente di grave. «Ora la chiamo su Skype».

Così vado di sotto, mando un messaggio a Edie dicendole che sono a casa e accendo il computer in soggiorno. Pochi istanti dopo, Edie compare sullo schermo.

«Mamma mi ha detto che sei stata fuori tutto il giorno», dice senza badare a convenevoli tipo "Ciao".

«Sì».

«Di nuovo?». Ha gli occhi vitrei, cosa che vorrei imputare alla scadente connessione Internet, ma in realtà credo che sia un po' impastata.

«Solo con un amico».

«Ancora quel tipo?»

«Sì». Non voglio parlare di Danny, né a Edie né a nessun altro. Già così faccio fatica a mantenere il controllo e non voglio essere interrogata. «Mamma mi ha detto che hai chiamato nel pomeriggio».

«Non ho chiamato io», mi corregge Edie. «È lei che ha chiesto a quella dark burbera che lavora con te di aprirle Skype».

«Oh».

«Non capisco che te ne fai».

«È una gran lavoratrice e mi aiuta con mamma».

«Mamma la odia».

«Mamma odia tutti, Edie». Tranne Edie, chiaramente.

«Sembra uscita da un film horror. Scommetto che la metà dei tuoi clienti scappa via spaventata».

«La adorano». Penso che tecnicamente Lija in effetti spaventi i clienti, ma non intendo dare ragione a Edie su questo punto.

«Ascolta», dice Edie. «Ho un problema».

Come al solito.

«Che c'è adesso?». Non è che abbia bisogno di chiederglielo. Ho passato una bellissima giornata con Danny e voglio pensare a quella, altrimenti ricomincio a piagnucolare. Non ho bisogno di Edie che mi butta giù.

«I soldi che mi hai mandato erano perfetti. Grazie. Grazie *tante*, davvero». La sua voce diventa lamentosa e infantile. «Non so che cosa farei senza di te, Fay».

Mi domando se anche con Brandon faccia così. Deve essere uno strazio per lui. Poi però penso di essere un po' cattiva. Non puoi sceglierti la persona di cui innamorarti. E chissà perché, quel pensiero mi fa venire di nuovo voglia di piangere.

«Ma sono finiti», dice mia sorella. «Tutti». Ha almeno la decenza di apparire contrita.

«Edie, erano mille sterline».

«Lo so. Qui la vita è costosa».

«Allora forse non puoi viverci più, lì».

«Questa è la tua risposta per tutto», afferma brusca.

«Sembra quella più logica e se possibile *l'unica*», ribatto. «Che cos'altro vuoi da me?».

Questo sembra prenderla alla sprovvista. Non voglio litigare con Edie. Non ora, non oggi.

«Vieni a casa», suggerisco con più dolcezza anche se è il solito ritornello. «Forse, se torni, lui sentirà la tua mancanza. La lontananza può rafforzare il vostro rapporto».

«Oppure sarà contento di non avermi più tra le palle».

Giocherella con i lunghi riccioli poi chiede suadente: «Mandami solo un altro bonifico, Fay. Quello che puoi. Domani ho un colloquio. Le cose potrebbero cambiare. Se trovo un lavoro, se sistemo le cose con Brandon, allora vengo a casa. Vengo a trovarvi per un po'».

«Non posso continuare a sovvenzionarti, Edie».

«Ti voglio bene», dice con una faccia angelica. «Ho bisogno del tuo aiuto. Solo questa volta».

Come posso rifiutare? So quanto sia importante per Edie. Non posso vederla soffrire in questo modo. Cedo, esattamente come mia sorella sa benissimo che accadrà. «Mille. Poi basta, Edie. Poi mi hai svuotato il conto».

«Fallo stasera», continua in tono più vivace. «Devo pagare l'affitto».

«Okay. Buonanotte, Edie».

«Buonanotte, sorella. Ti voglio bene!».

Chiudendo il laptop, mi affloscio sul divano. Sono altri soldi tolti al fondo per rimettere a posto la *Maid of Merryweather*. Guardo il divano consumato che si affloscia come me. Quante cose si potrebbero fare in casa con quei soldi! Ma non importa. Edie ha più bisogno di me. O almeno, insiste di più.

Faccio il bonifico. Tempo di spingere un tasto e mille sterline se ne vanno oltreoceano. Ho un tuffo al cuore se penso quanto devo lavorare per guadagnarle. Però, è questo che fanno le famiglie. Si aiutano nei momenti di difficoltà.

Ora è tardi e non posso pensare di accendere la TV per vedere se c'è qualcosa di interessante. Salgo le scale per andare in camera e mi sento svuotata, ancora scossa.

Mentre passo davanti alla camera di mamma, vedo che si è addormentata con la televisione accesa, così vado dentro in punta di piedi e la spengo. Nel sonno appare più giovane, più felice. Le profonde increspature che ha intorno alla bocca sembrano in qualche modo più dolci. Vorrei tanto, per il suo bene, vederla così rilassata da sveglia.

Non accendo la luce in camera mia. Vado alla finestra e mi metto a guardare fuori. La luna brilla alta nel cielo. I miei occhi si abituano all'oscurità mentre scruto il giardino fino al canale e vedo che sulla *Dreamcatcher* ci sono ancora le luci. Guardo meglio e noto Danny seduto fuori sul ponte che strimpella la chitarra. Al suo fianco c'è una bottiglia, probabilmente Jack Daniel's.

Con attenzione, lentamente apro la finestra. La testa di Diggery si volta al rumore e agita la coda, ma Danny non alza gli occhi. Ora sento la chitarra e la sua voce che canta piano *The Man Who Can't Be Moved*. Grazie a Lija, riconosco la melodia. Ha una bella voce e anche se non ne so molto di musica, sembra che sappia anche suonare bene. Scivolo a terra e mi accoccolo, posando la testa sul davanzale in modo da restare qui un po' ad ascoltare.

Penso che potrei andare da lui. Potremmo farci un bicchiere. Ascoltarlo suonare la chitarra. Niente di più.

Poi mi rendo conto che da quando sono tornata a casa non ho nemmeno chiamato Anthony. In effetti, fino a questo momento non ho pensato a lui neanche per un istante. Neanche una volta.

Mi vedo allora seduta qui, avvilita come un'adolescente in crisi amorosa. Questa non è che pazzia. Ce l'ho, qualcuno che mi ama. Che mi ama incondizionatamente da tanto tempo. Mi alzo e chiudo la finestra. All'improvviso, Danny smette di suonare e solleva gli occhi. Scruta nell'oscurità, ma non credo che mi possa vedere. Diggery, traditore, abbaia. Tiro le tende.

Domani Danny non ci sarà più e tutto tornerà alla normalità.

Capitolo trentadue

Così Danny se ne va. Non finisce il mondo. Forse è un po' più triste senza di lui ma nel complesso va avanti come prima. Mamma continua a borbottare. Edie mi frega ancora i soldi. Lija fa sempre delle torte incredibili. E Stan viene a pranzo ogni giorno.

L'unica cosa che è cambiata è che cerco di essere più carina con Anthony. È il mio futuro e sto cercando di vedere solo i lati positivi del nostro rapporto. Quando si sta insieme da tanto tempo come noi due, è facile lasciare che le cose vadano come vogliono. Be', è ora di cambiare atteggiamento. Adesso, perdonatemi l'espressione, ho la mano ben salda sul timone. Faccio di tutto per evitare di pensare a Danny Wilde. E giorno per giorno sono sicura di riuscire a dimenticarlo. Sì. Davvero.

Anthony è anche molto carino, a suo modo, e ha tante qualità. Mi concentro su quelle. Infatti, sto pensando di mettermi a suonare le campanelle. Lo so, c'è da spararsi. Ma è quello che fanno le coppie, no? Hanno interessi, passioni in comune. E forse, se riesco a sviluppare una passione per le campanelle, potrebbe rifiorire anche la passione per altre cose. Una coppia che suona insieme resta insieme, non è vero? Anche se si tratta di campanelle. Non l'ho ancora detto a Anthony, ma sono sicura che ne sarà entusiasta. Potrei anche mettermi a giocare a golf. Chi lo sa? Un po' di movimento mi farebbe bene.

Anthony passa di qui stasera e io vorrei che uscissimo. Vale a dire, non ho preparato la cena. In paese c'è un bel pub, il Two Barges. È proprio sul canale, perciò non c'è bisogno di andare troppo lontano. So che è sempre stanco dopo una giornata di lavoro, ma spero che ne abbia voglia. Fare qualcosa di diverso fa bene quanto riposarsi. Non è così che si dice?

Ormai l'estate sta arrivando e il tempo è splendido. Cosa che non è mai scontata, in Inghilterra. La pasticceria e il caffè sono affollati come non mai perciò non riesco a godermi il bel tempo durante il giorno, il che significa che non tollero proprio di passare tutte le sere in casa a guardare la televisione. Nelle poche ore libere che ho, voglio uscire e vivere un po'.

Sono appena scesa di sotto dopo aver portato il tè a mamma quando arriva Anthony. Era di nuovo un po' pallida, ho pensato, ma non ha borbottato più del solito così do per scontato che stia bene,

Anthony ha una faccia stressatissima. «Che giornata», si lamenta. «Che giornata».

Lo abbraccio e lo bacio. «Pensavo che stasera potremmo uscire. Per fare una cosa diversa». Ho messo una gonna e mi sono fatta carina in previsione dell'uscita.

Sospira. «Dobbiamo proprio? Sono distrutto. Certe volte credo che tu non ti renda conto del tipo di pressione che subisco al lavoro».

«Sono sicura di non capirlo», concordo allegra. «Per questo sarebbe carino fare due passi lungo il canale fino al Two Barges, prendere un bicchiere o due di rosso, per rilassarci un po'».

Anthony appare lievemente rabbonito.

«Offro io», propongo.

Questa la prende ancora meglio.

«Dovrò venire così», dice Anthony. Indossa il suo abito da lavoro di riserva, vecchio e un po' sgualcito.

«Stai benissimo».

«Non voglio fare tardi», aggiunge. «Non ci *crederesti* quanto ho da fare domani».

«Non dobbiamo fare tardi».

«Come si fa con Miranda?»

«Per un paio d'ore non ci saranno problemi. Faccio in modo che abbia il cellulare a portata di mano. Per qualsiasi cosa possiamo tornare in pochi minuti».

Mettetemi un ostacolo davanti e lo scavalco agilmente.

«D'accordo». Ci rinuncia e alza le mani. «Vada per il Two Barges».

Anthony ha l'aria rassegnata più che eccitata, ma me lo faccio andare bene. «Fantastico, arrivo in due minuti».

Prendo un cardigan e saluto con un breve bacio la mamma, che non si lamenta troppo perché per una volta vado fuori con Anthony. Poi percorriamo il vialetto e oltrepassiamo il ponte a schiena d'asino che attraversa il canale, fino a trovarci sull'alzaia. Passeggiando, prendo Anthony sottobraccio.

A causa del bel tempo, l'alzaia è piena di gente che corre, va in bicicletta, porta a spasso il cane e persone come noi che stanno solo facendo una gradevole passeggiata fino al pub. Lungo la riva ci sono un mucchio di imbarcazioni ormeggiate. Un paio di esse hanno sistemato le griglie sulla riva e nell'aria si diffonde un odore di salsicce e bistecche. I loro proprietari attendono impazienti seduti sulle panche ai lati delle barche. Che vita idilliaca. Sarebbe così bello immaginare me e Anthony a fare lo stesso, un giorno, con la *Maid of Merryweather*: solo andare da qualche parte, stare tranquilli, rilassati. Tra quindici anni andrà in pensione: alla fine, non sembra un'attesa troppo lunga, no?

Una famiglia con due bambini ha steso una tovaglia da picnic accanto alla chiusa, per guardare le barche che passano. Tra poche settimane, in occasione del Canal Festival, questo tratto di canale sarà pieno di imbarcazioni di tutte le forme e dimensioni e il mio locale sarà stracolmo di visitatori.

Anthony resta in silenzio mentre camminiamo, perso nei suoi pensieri. Ma va bene così. Si sta bene. Siamo insieme da così tanto tempo che a volte non abbiamo bisogno di parlare. Gli stringo il braccio.

«Che c'è?», domanda.

«Niente. Sono solo contenta di essere uscita con te. Non lo facciamo spesso».

«No», concorda distratto.

Anthony subisce molto la pressione del lavoro. Non è il tipo di persona in grado di lasciare i problemi in ufficio e lo ammiro per la sua dedizione e la sua grinta. Anthony non farebbe mai una cosa come mollare il lavoro e comprare una barca che non ha mai visto sulla base di un capriccio. Quando mi rendo conto di dove mi sta portando questo ragionamento, mi fermo. Mi fermo subito.

Il Two Barges è un pub carino, vecchio stile, uno di quelli che non si sono presi la briga di ristrutturare mettendo lavagne alle pareti e pavimenti in legno. La moquette azzurra a motivi anni Ottanta è ancora lì. Il cibo però è squisito, semplici piatti da pub, niente polenta né couscous, oh, no. Ma la sua attrazione principale è il giardino che si sviluppa fino al canale, sempre pieno di visitatori.

Conoscevo molto bene i proprietari; ora sono andati in pensione e dopo tanti anni passati un po' come me a guardare il canale con desiderio, hanno anche loro optato per una vita in barca. Il pub è gestito da una giovane coppia che deve ancora prendere la mano con l'attività, perciò sembra non avere tempo per le chiacchiere. Spero che non tolgano la moquette.

Mi piacerebbe restare in giardino e c'è un solo tavolo libero proprio vicino al canale, ma Anthony decreta che c'è troppo vento. Perciò, come compromesso, occupiamo un tavolo appena oltre la porta-finestra, con Anthony rintanato in un angolo e io vicino alla finestra a prendere aria. Lui si allenta la cravatta. Passiamo un po' di tempo a scorrere il menu, per scegliere che cosa prendere. Anthony opta per una bistecca con patatine. Io penso a un piatto di lasagne.

«Ordini tu per entrambi?», dice. «Devo controllare le mie email».

Così vado al bar, faccio le nostre ordinazioni e prendo due grossi bicchieri di rosso della casa. Quando torno al tavolo, Anthony sta rimettendo il telefono in tasca.

«Tutto bene?»

«Sì», risponde. «Niente che non possa aspettare domani».

«Che stai facendo al lavoro in questo momento?»

«Varie cose», risponde. «Non si finisce mai».

È ovvio che non vuole parlare di lavoro.

«Golf?», azzardo. «Questo fine settimana hai in programma di giocare?». In realtà è una domanda sciocca, perché Anthony gioca sempre, a meno che non ci sia un vento forza otto o una pioggia torrenziale, e le previsioni per la prossima settimana sono buone.

«Sì», conferma Anthony. «Sabato e domenica».

«Oh».

«Potrebbe anche esserci una trasferta in vista», annuncia. «È solo un'idea».

«Mi sembra una buona idea. Forse possono venire anche i compagni di chi gioca? È una vita che non vedo i tuoi amici o le loro mogli. Sarebbe carino rivederli». È passato tanto tempo, in effetti, che probabilmente avranno dimenticato chi sono.

«Non sarebbe complicato?», chiede Anthony. «Con il locale e tua madre?»

«Dipende da dove andate. Non sarà facile ma sono sicura di potermi organizzare con un po' di anticipo». Anche se l'ipotesi di portare mamma alla casa di riposo Sunnyside è stata accantonata. «Potrei chiedere a Lija e alle sue amiche di fermarsi un paio di giorni».

Anthony si strattona distrattamente la cravatta. «Forse è meglio se restiamo solo tra uomini».

Poi sembra gli argomenti di discussione sembrano esauriti e rimaniamo un po' imbarazzati in silenzio mentre aspettiamo che arrivi da mangiare. Non era la serata che avevo in mente. Pensavo che io e Anthony ci saremmo divertiti a rilassarci un po' insieme, ma tra noi c'è un'atmosfera strana di cui non capisco il motivo.

Mentre sono lì seduta cercando di sembrare assorta in ciò che mi circonda, nel pub entra Deborah delle Village Belles.

«Oh, guarda», dico, felice di avere una distrazione. «La tua nuova signorina».

Sospetto che in realtà sia più vecchia di me, ma rispetto alle signore di Anthony è decisamente giovane.

«Come?». Anthony alza la testa di scatto e quando vede Deborah fa una faccia strana. «Che ci fa qui?»

«Sarà venuta a cena, immagino». Lancio un'altra occhiata. «Mmm. E con un uomo piuttosto attraente». Mi sporgo verso Anthony. «È suo marito?»

«No». Anthony li guarda entrambi con aria di rimprovero. «Si sono appena conosciuti. Non è neanche un vero fidanzato. L'ha trovato in Internet».

«Wow. Buon per lei. A quanto pare ha fatto il colpo grosso».

«Compromette le prove», commenta Anthony secco. «Manca solo qualche settimana al Canal Festival e lei non è ancora in grado di smorzare bene il suono».

Immagino che non ci sia un crimine peggiore.

«Potrebbero venire al nostro tavolo, se ti fa piacere». Odio doverlo ammettere ma sarebbe carino avere compagnia e Deborah sembra una persona divertente.

«No, no, no». Anthony è chiaramente terrorizzato al pensiero, anche se penso che lei gli piaccia.

Deborah ci vede e fa un cenno allegro nella nostra direzione. La imito.

«Non farlo», dice Anthony. Finge di studiare il menu anche se abbiamo già ordinato.

«Perché no? Mi piacerebbe conoscerla». Potrei presto diventare una fedelissima delle campanelle.

Anche se Anthony finge di non essere qui celandosi dietro il suo inadeguato nascondiglio, Deborah si dirige subito al nostro tavolo. Sta benissimo. Radiosa. Non credo che al Two Barges si sia mai visto un simile spolvero. Indossa un tubino rosa con scarpe, labbra e unghie intonate. L'abito strizza le sue forme generose. Mi piacerebbe tanto avere quell'aria così da sballo.

«Ciao», saluta espansiva. «Che bello vedervi qui».

Anthony serra le labbra. «Già, bello».

«Sei uno schianto», commento.

Si ravvia i capelli e fa la falsa ritrosa. «Grazie». Da sotto le ciglia finte, lancia un'occhiata al suo stiloso accompagnatore. È più giovane di lei, penso, è alto e indossa una giacca alla moda. «Lui è Ed».

«Sono Fay», mi presento.

«Ciao», fa lui, alzando la mano.

Anthony lo fissa un po' a bocca aperta e rischia di diventare maleducato. Devo trattenermi dal dargli un calcio sotto al tavolo. Perché fa così? Di solito Anthony è il paladino delle buone maniere.

Visto che non parla, aggiungo: «E lui è Anthony».

Ed prende la mano di Anthony e la scuote con vigore.

Questo è il momento in cui dovremmo chiedergli di sedersi

al nostro tavolo. È grande abbastanza per starci in quattro, ma Anthony continua a non proferire parola.

Le ordinazioni arrivano un attimo prima che diventi imbarazzante.

«Oh, ecco la nostra cena», dichiara Anthony enfatico.

«Bene». Deborah appare un po' intimidita. «Vi lasciamo mangiare allora».

«È stato un piacere», dico. «Forse prossimamente ci vedremo più spesso. Sto pensando di cominciare a suonare le campanelle».

«Come?». Anthony si volta brusco verso di me con la faccia cupa.

Mi prende alla sprovvista. «Era solo un'idea».

«Che bello. Un po' di gioventù ci farebbe bene», apprezza Deborah. «Non è vero, Anthony?».

Anthony non sembra per niente contento delle decisioni unilaterali che stiamo prendendo riguardo al *suo* gruppo.

«Vedremo», accenna prudente poi afferra forchetta e coltello in modo un po' plateale e li tiene sospesi.

«Ci vediamo alle prove, Anthony». Deborah prende sottobraccio Ed con fare possessivo e, rivolgendoci un gran sorriso, si dirige a un altro tavolo.

«Potevano sedersi con noi», ribadisco.

«Volevi che passassimo una serata tra noi, Fay». Attacca la bistecca con rabbia. «E questo ti tocca».

«E a me va bene».

«Allora smettila».

«Non vorresti che entrassi nel gruppo delle campanelle?»

«Non so se sei portata, Fay». A questa spalanco gli occhi. «Ci vuole pazienza», prosegue Anthony. «Molta pazienza».

Credo di averla. E ho anche una camicetta bianca. Oltre a questo, quanto può essere difficile? Ovviamente non esprimo questi pensieri ad alta voce. Mi concentro invece sulla lasagna.

Sento ridere dall'altra parte della stanza e io Anthony alziamo lo sguardo in contemporanea. È Deborah, evidentemente molto presa dal suo amico.

«Sembra che vadano d'accordo», osservo scherzosa.

«Non sa niente di lui», risponde Anthony cupo. «Potrebbe essere un serial killer, per quanto ne sa».

«Sarebbe un serial killer vestito di tutto punto».

«Le è bastato vedere un tizio giovane con una bella faccia che le ha fatto girare la testa». Mi rendo conto di arrossire per il senso di colpa. «Questa settimana non è venuta alle prove», continua Anthony. «Lo conosce da cinque minuti ed è già pronta a mollare tutto per lui». Scuote la testa, chiaramente deluso dalla nuova componente del suo gruppo. «Prendiamo altro vino, che ne dici?».

Non mi lascia neanche il tempo di rispondere, afferra il mio bicchiere e fila al bar.

Capitolo trentatré

Mentre torniamo a casa lungo l'alzaia, sottobraccio, Anthony sembra essersi un po' addolcito. Forse tre etti di bistecca e tre bicchieri di rosso hanno fatto effetto.

E ora, con qualche imbeccata, mi sta raccontando della partita di golf che ha giocato ieri. «Se avessi centrato due buche», dice, «avrei fatto un *birdie*».

A essere sinceri, probabilmente su questa partita ho già sentito molto di più di quanto chiunque possa doverne sentire. Durante la cena mi è stata riferita tiro per tiro. Questo è accaduto dopo il dettagliatissimo resoconto dell'ultima sessione di campanelle, l'esecuzione di *Bridge Over Troubled Water* dimostratasi particolarmente insidiosa per le signore. Più ci penso, più sono sicura che suonare le campanelle non sia per me. È un bene che le coppie abbiano interessi diversi.

Le barche sul canale si preparano alla notte; all'interno si stanno accendendo le luci. Non posso impedire che i miei pensieri vadano a Danny. Mi chiedo dove sia in questo momento. Mi chiedo se sia ormeggiato a trascorrere la notte con Diggery, e forse con qualcun altro. Ripenso alla giornata che abbiamo passato insieme, alla serata con lui sulla *Dreamcatcher*. Non lo conosco, eppure è così naturale per me stare con lui. Guardo Anthony nell'oscurità che sta calando e so che tra noi c'è qualcosa che non va. Ma come possono andare bene le cose se continuo ad avere in testa un altro uomo?

Vorrei potermi ripulire il cervello con la candeggina e cancellare ogni traccia di Danny Wilde. Che cosa può venire di buono dal continuare a pensare a lui?

Percorriamo a ritroso il sentiero sul ponte e ci avviamo lungo il viottolo. Vorrei aver pensato a portare una torcia ma non l'ho fatto. Da Stan le luci sono spente, deve essere già andato a dormire.

Pur essendo appena passate le dieci, anche la nostra casa è immersa nell'oscurità quando entriamo. «Credo che mamma sia addormentata».

«Accendi il bollitore», suggerisce Anthony buttandosi sul divano invece che sulla solita poltrona. «Vediamo se c'è qualcosa in TV».

Faccio come mi dice poi resto in cucina in attesa che l'acqua bolla. Sento una risata provenire dalla stanza accanto e mi chiedo che cosa stia guardando Anthony.

Apro la porta sul retro, mi appoggio e osservo il canale. È illuminato dalla luna e gli alberi che lo costeggiano si muovono piano al vento. Lo posso quasi sentire. Inspiro a pieni polmoni e cerco di soffiare via quel pensiero. Ma non vuole saperne di andarsene. Forse è ancora a Londra, a divertirsi con persone più giovani, più alla moda. Forse si è già dimenticato di quando era qui con noi da Fay's Cakes. Ovunque si trovi, sono sicura che non stia passando una serata a discutere delle sottigliezze del suonare campanelle o dell'eseguire un colpo di golf perfetto.

Mi vengono le lacrime agli occhi. Sto cercando di dimenticarlo con tutta me stessa, ma ho ancora la percezione del tocco gentile della sua mano sul mio braccio, sono ancora elettrizzata dalle sue labbra che sfiorano leggere la mia guancia. Non ce la faccio. Mi manca. Oddio quanto mi manca.

«Quel tè è pronto?», grida Anthony per farsi sentire nonostante la TV.

Mi asciugo gli occhi, chiudo la porta, faccio il tè e prendo due tazze. Essendosi mangiato una bella porzione di crème brûlée dopo la bistecca, do per scontato che Anthony non voglia della torta.

Mi siedo accanto a lui e gli metto la tazza sul tavolino da caffè. Mi sorprende cingendomi le spalle con un braccio.

«Tutto bene, tesoro?», chiede e mi dà una stretta brusca.

«Sì, tutto bene». Spero che la voce non tradisca il mio turbamento interiore. «Benissimo».

«In televisione non c'è niente».

«Pensavo di averti sentito ridere».

«Solita roba vecchia», dice.

Sono ancora più sorpresa quando Anthony mi prende dalle mani la tazza di tè e la ripone sul tavolino da caffè, appoggiandola con cura accanto alla sua. Poi si fa avanti per baciarmi. La cosa mi sconvolge a tal punto che resto quasi a distanza. È proprio un bacio con tutti i crismi, anche se non siamo una coppia pomiciona. Non mi ricordo più quando è stata l'ultima volta che ci siamo abbandonati a simili smancerie. Stiamo insieme da una vita, eppure mi sembra di baciare un estraneo.

Le labbra di Anthony si muovono sulle mie. Sa di vino vecchio e di cibo. Preme contro di me e il suo corpo è pesante, insistente. Sento che mi batte il cuore, ma non è passione: è panico. Vorrei respingerlo eppure so che dovremmo farlo, abbiamo bisogno di ritrovarci su un piano dolorosamente carente da tempo.

«Fammi mettere comoda», dico e mi sistemo sul divano. Ci impiego un minuto a riprendermi poi ricominciamo a baciarci.

«Potrei restare», propone Anthony con voce roca. «È da un sacco di tempo, Fay».

«Be'...».

«Tua madre dorme».

Quando è stata l'ultima volta che abbiamo fatto l'amore? Così tanti mesi fa che non riesco a ricordarmene. Adesso è difficile. C'è sempre mia madre e sempre a causa sua non andiamo quasi mai da Anthony.

Quando ci arriviamo, facciamo un sesso piuttosto scadente. Una scelta tra due posizioni. Una su, una giù. Sapete che cosa intendo. Anche all'inizio. Però mi piaceva. Non sono una persona che si trova a suo agio nuda. E anche a Anthony sta bene la versione sotto il piumone e a luci spente. Se mi chiedesse di vestirmi da infermiera, usare manette o mettermi una maschera sadomaso, penso che sverrei. Mi piace farlo in un letto. Un letto comodo. Non sono una da dentro la macchina o contro la parete. Non ho mai nemmeno fatto sesso all'aperto.

«Andiamo di sopra», insiste Anthony.

«Sì», mi costringo a dire. «Sarebbe bello».

Prendo le tazze e le butto nella lavapiatti mentre Anthony spegne la TV e le luci. Imposto la macchina del pane per domani, così avremo una pagnotta appena sfornata. Controllo un'ultima volta se la porta sul retro è chiusa e cerco di non guardare il canale.

Quando torno in soggiorno Anthony è già andato di sopra, perciò lo seguo in punta di piedi, attenta a non svegliare mamma.

È già in bagno e so che prenderà in prestito il mio spazzolino, il che mi inorridisce un po'. Odio dover condividere lo spazzolino, però so che dobbiamo essere entrambi freschi e puliti prima di fare l'amore. In realtà, vorrei farmi una doccia, ma ho paura che ci impiegherei troppo e domattina sarò stanca.

Mi metto a tirare giù le lenzuola mentre aspetto che Anthony finisca con le sue abluzioni e cerco di trovare la camicia da notte. A Anthony non piace che metta il pigiama, perciò tengo apposta qualcosa un po' più fru fru in fondo al cassetto.

Alla fine esce dal bagno in boxer, un po' di pancetta che sporge al di sopra. Ha la camicia e i pantaloni poggiati sul braccio. Di nuovo, è passato un bel pezzo dall'ultima volta che l'ho visto nudo e avevo dimenticato quanto sia rosa la sua pelle. Ha il petto pieno di lentiggini, con una spruzzata di peli crespi, rossicci e qualche filo bianco.

«Dovrò alzarmi presto domattina per andare a casa a cambiarmi», dice. «Non va bene andare in ufficio con i vestiti del giorno prima. Si capisce subito che hai passato la notte fuori».

«Già», concordo. «Punto la sveglia per le sei?»

«Sì, così avrò tutto il tempo».

«Ti posso anche preparare la colazione».

Poi prendo la camicia da notte e mi dirigo in bagno. Mi spoglio e mi do una rinfrescata, passo lo spazzolino sotto l'acqua calda per un minuto e mi lavo i denti. Indosso la camicia da notte e mi guardo allo specchio. Mi sento una sciocca con questa cosa addosso. È nera e scollata, con un po' di pizzo nella parte superiore, un fiocco e una decorazione di cristalli Swarovski. Non è proprio il mio genere. Ma a Anthony piace.

Mi chiedo se io sia ancora una donna desiderabile. Non sono magra né grassa. Ho i fianchi pieni, così come il seno, e forse gli uni neutralizzano l'altro. Non sono carina come Edie. Lei somiglia di più a mamma, mentre io ho preso tutto da papà. Potrei fare qualcosa di più originale ai capelli, se ne avessi il tempo. Ho una bella pelle, begli occhi, bei denti. Sono giovane. Più o meno. Mi sento di mezza età, china sotto il peso delle responsabilità. E una camicia da notte scollata non cambierà tutto questo.

Quando torno in camera, Anthony si è già messo a letto. I boxer sono sulla sedia insieme ai pantaloni e alla camicia. Mi infilo nel letto accanto a lui. Normalmente dormo sulla destra, ma anche Anthony è abituato così. Visto che si è messo a letto per primo, si è accaparrato la parte migliore.

«Bene», dico. «Che bello».

Ci cacciamo all'unisono sotto il piumone. Spengo la luce sul comodino. Poi la riaccendo e mi metto a sedere. «Ho scordato la sveglia». Armeggio per puntarla.

Luce spenta, mi rimetto sotto il piumone. Ci voltiamo uno di fronte all'altra e Anthony mi cinge con un braccio e mi bacia di nuovo. Ho perso la verginità a diciotto anni e non ho ancora imparato che cosa fare con il braccio che ho sotto. Dove si dovrebbe cacciarlo? Non l'ho mai capito. Nel frattempo, nonostante la nostra decennale esperienza, facciamo fatica a metterci comodi.

Anthony fa per baciarmi il collo.

«Mi tolgo la camicia da notte?», domando.

«Se vuoi».

«Dimmi tu».

«Toglila allora».

Mi tiro su e mentre sto per sollevare l'orlo, sento mamma che sbatte con il bastone.

«Fay!», grida. «Fay!». Sbatte ancora. «Non ho preso le pastiglie».

«La mamma», dico inutilmente.

«Cazzo», replica Anthony. E Anthony non dice mai parolacce. Si accascia di nuovo sul letto.

«Dovrò portarle anche una tazza di tè», mi scuso. «Faccio presto».

Balzo giù dal letto, rassetto la camicia da notte e cammino silenziosamente verso la camera di mamma. «Arrivo», dico. «Vado ad accendere il bollitore. Torno tra un minuto».

A dire la verità però, non sono mai stata più sollevata nel sentire mamma che mi chiama a colpi di bastone. Passatemi la volgarità, ma l'altro tipo di «colpi» non mi attirava neanche un po'. E dopo averle dato le pastiglie ed essere rientrata in camera, sono ancora più sollevata dal trovare Anthony che dorme come un ghiro.

Capitolo trentaquattro

In Inghilterra aspettiamo da tempo un'estate decente e ora eccola qui, in tutto il suo splendore. Le piante in piena fioritura abbagliano con i loro colori, le api si tuffano in un'abbondanza di polline, il cielo è di un azzurro audace, sfrontato.

L'estate scorsa è stata una delle più piovose. Quest'anno è già una delle più calde e ogni giorno Fay's Cakes pullula di clienti. Certi fine settimana abbiamo persino avuto la coda in attesa ai tavoli. Abbiamo esteso l'orario di apertura e Lija ha contribuito a darmi nuovo slancio inventando ricette nuove. Ci siamo divertite molto a infornare insieme alla sera e ora abbiamo nel menu alcune nuove specialità: mela e cannella, zenzero e arancia, una torta ai cereali come si faceva una volta e, ora che sono di stagione, una torta alle fragole.

È passato più di un mese da quando Danny è partito e anche se provo in tutti i modi a non farci troppo caso, non c'è giorno in cui, almeno per un breve istante, non pensi a lui. Certe volte, se lo faccio sto meno male.

Siamo nel fine settimana del tanto atteso Canal Festival e oggi il locale è affollatissimo. Abbiamo preparato molte più torte per la *Maid of Merryweather* e abbiamo persino, per la prima volta, preincartato dei panini per vendere anche questi sulla barca. Credo che dovremmo farla diventare un'abitudine, perché stanno andando benissimo.

Entrambe le amiche di Lija con le quali condivide l'appartamento, Krista ed Evelina, sono state trascinate nell'impresa per darci una mano. Negli ultimi due giorni Krista è stata lasciata a occuparsi della *Maid of Merryweather* e si sta comportando molto bene. Gli incassi sono aumentati a dismisura e le ho chiesto di rimanere per tutto il fine settimana del festival. Se continua di questo passo, dovrò pensare di assumere qualcuno per il resto dell'estate. Sono sicura che venderemmo di più se avessimo un collaboratore fisso.

A dire la verità, in queste ultime settimane ho guadagnato decisamente meglio del solito e sono riuscita a mandare dei soldi in più a Edie. Ne avrà bisogno di sicuro, dato che la sua situazione non è migliorata. È ancora nel suo appartamento, diciamo, ma non credo che durerà. E continua a non prospettarsi nessun lavoro.

Faccio un giro in giardino, sgomberando tavoli e facendo accomodare una famiglia. In cucina, ammucchio nel lavello ciò che resta di un tè del pomeriggio per due.

«Zuppa di Stan Puzzone è pronta, Fay».

«Lija», disapprovo schioccando la lingua. Sono sicura che certe volte si esprima così per fare colpo.

Si volta dai fornelli e mi rivolge uno dei suoi rari sorrisi sardonici.

«Andrai dritta all'inferno», la ammonisco.

«Anche da là riuscirò a badare a tua madre».

Rido mentre prendo il vassoio che mi porge e mi avvio in giardino. Stan è all'ultimo tavolo, vicino al canale. Indossa una maglia bianca a maniche corte con sopra un gilè a rombi con il collo a V e un cappello di paglia che sembra aver fatto almeno due volte il giro del mondo.

«Ciao, Stan».

«Ciao, cara», risponde. «Non ti vedo da giorni».

«Mi dispiace, ho avuto tanto da fare».

«Non preoccuparti. La cara Lija si è occupata egregiamente di me in tua assenza. È una ragazza super. Piena di energie».

«Proprio così».

«Anche talentuosa. Le ho detto che dovrebbe fare di più, con tutte le sue capacità».

Ho cercato anche io di incoraggiarla allo stesso modo. Senza troppa fortuna. «Che cosa ti ha risposto?»

«Mi ha detto di andare al diavolo». Ride.

«Per fortuna sei uno di casa, Stan, non un semplice cliente». Scuoto la testa disperata. «Ma questa è maleducazione». Anche se è un po' meglio di quello che Lija direbbe normalmente. «Le dirò qualcosa».

«Non farlo», risponde. «Mi piace così. Mi tiene sulle spine».

«Anche a me». Appoggio il vassoio. «Il tuo pranzo. Zuppa di piselli con menta fresca del giardino».

«Oh, che bello», commenta Stan. «La mia preferita».

Controllo che nessuno richieda la mia attenzione e mi siedo per un attimo accanto a lui. «Dopo vai a fare un giro al Canal Festival?»

«Non me lo perderei per niente al mondo. È l'evento della stagione per me».

«Non è certo entusiasmante per uno che ha fatto il pilota collaudatore e la controfigura».

«Di questi tempi, ripongo il mio entusiasmo dove posso, cara Fay. Sono già contento che alla mia età riesco ancora a camminare».

«Ti serve aiuto per andare fin là?»

«No, no», replica. «Vado con calma. Mi godo il sole. Posso fermarmi e sedermi sulla chiusa se devo riposarmi».

«Fammi sapere se cambi idea. Posso darti uno strappo in macchina. Non è un problema». Gli accarezzo la mano e sorrido.

«Non c'è bisogno», mi rassicura Stan. «Tu vai quando hai finito qui?»

«Sì, per un'ora». Stranamente, Lija ha voglia di andare al festival e non può badare alla mamma per me, perciò potrò solo farci un salto. «Voglio andare a sostenere Anthony. Sarà di nuovo lì con le Village Belles».

Stan sorride.

«Lo so». Faccio una risata e abbasso la voce. «Fanno un rumore terribile, ma lo tengono impegnato».

«Nessuna notizia da quel giovanotto, com'è che si chiama, Danny?»

«Nooo. È partito da un pezzo».

«Sono sorpreso», osserva Stan. «Pensavo che sarebbe tornato da queste parti».

«Forse un giorno». Mi alzo.

«Forse tornerà per il festival».

«Non sono sicura che sia il suo genere».

«Vengono barche da tutta l'Inghilterra. Non si può mai dire».

Pur sostenendo che pensare a Danny non mi faccia stare male, non è esattamente così e non mi va di doverne parlare. Molto meglio che sia lontano dagli occhi e lontano dal cuore.

«Devo andare». Mi alzo e mi stiro la schiena stanca. «Buon appetito, Stan. Lija ha fatto una torta allo zenzero e arancia squisita. Tra un po' te ne porto un pezzo».

«Grande», dice e si sfrega le mani mentre osserva la zuppa.

Non riesco a pensare che arriverà un giorno in cui non vedrò più Stan al locale ogni giorno, che mi dice che qualsiasi zuppa io gli presenti è la sua preferita. Il solo pensiero mi fa venire un nodo in gola e d'istinto gli do un bacino sulla guancia.

«Questo perché?», domanda.

«Niente», rispondo. «Divertiti al festival. Ci vediamo più tardi, Stan».

Capitolo trentacinque

È ormai da un'ora che Lija sbatacchia teglie in giro. Finalmente lancia l'ultima sullo scolapiatti. I miei nervi smettono di vibrare nel momento in cui si asciuga le mani sulla maglietta.

«Bene», annuncia. «Ho finito. Ci vediamo».

«Mi sono persa qualcosa?», chiedo. «Come mai tutta questa fretta di andare al festival?».

Lija fa la sua solita scrollata di spalle. «Nuovo barista al Two Barges». Esibisce la borsetta. «Slip e spazzolino d'emergenza pronti».

«Oh. In bocca al lupo».

Forse avrei dovuto prestare maggiore attenzione al look di oggi. Canottiera nera più striminzita del solito, persino con un accenno di pizzo. Pantaloncini di jeans più corti che mai e i Doc Martens migliori, quelli rossi. È ovvio che vuole fare colpo.

«Non dimenticare di venire al lavoro domani», le ricordo inutilmente. «Sembra che il tempo sarà splendido e avremo tantissimo da fare».

«Ti ho mai delusa?»

«No», dico sinceramente. «Mai».

«Tu vieni a festival?»

«Sì, sì. Anthony suona con il gruppo. Voglio venire a fare il tifo».

Lija fa una smorfia.
«Non dire una parola. Niente!».
Per una volta, ride sul serio.
Prendo un biglietto da venti sterline dalla borsa e glielo metto in mano. «Fatti una bevuta alla mia salute. Oggi te lo sei meritato».
«Grazie, Fay». Anche se è un gesto insignificante, sembra onestamente commossa.
«Senza di te non ce la farei. Lo sai».
«Non diventare sdolcinata», dice con un'occhiataccia. Si mette lo zaino in spalla. «Non fare tardi, sennò perdi divertimento».
«Riordino un po' e arrivo. Hai pagato Evelina e Krista?»
«Sì», conferma. «Ho preso soldi da scatola di biscotti».
Dovremo presto procurarci un registratore di cassa digitale e tutto il resto, ma cerco di rimandare quel giorno fatale.
«Mentre esci, puoi controllare se Krista è a posto? Se ha bisogno di aiuto o più torte, chiamami».
Lija annuisce ed esce.
La guardo attraversare il giardino, scuotendo i fianchi con tutta la sicurezza della gioventù ed emetto un sospiro. Asciugo in fretta i piani di lavoro, metto via un po' di pentole e tegami e scarico la lavapiatti in modo che sia pronta per il giorno dopo.
Poi vado di sopra e indosso il mio solo e unico prendisole, che quest'estate è stato sfruttato parecchio. Mentre sto per andarmene, faccio capolino in camera di mamma e mi chiedo ancora una volta perché diavolo si stia confinando a una vita ristretta come questa, quando non sarebbe affatto necessario. Anche se fosse in sedia a rotelle potremmo portarla al festival per un paio d'ore. Se ci riesce Stan, sono sicura che potrebbe farlo anche lei. E sono sicura che le piacerebbe, se solo ci provasse.

Ho preso un po' di sole persino io, quest'anno; sul naso ho una spruzzata di lentiggini e le braccia sono di un marrone dorato. Mamma invece sembra diventare sempre più pallida. Da grigi i capelli stanno diventando bianchi e si assottigliano a velocità impressionante. Glieli lavo una volta alla settimana e anche se cerco di farlo nel modo più delicato possibile, mi sembra di lasciarne ogni volta di più nel lavello.

In camera l'aria è viziata, soffocante. «Vuoi che apra la finestra, mamma? Fa molto caldo qui dentro».

«No», risponde. «Mi sento congelare».

«Non è possibile. Ci saranno 40 gradi là fuori».

«Sento la musica», dice mamma.

«C'è il Canal Festival. Vado a farci un salto per un'oretta».

Mi scruta dalla testa ai piedi. «Per questo ti sei tutta agghindata».

«Anthony suona con le Village Belles». Non è esattamente l'evento principale come andava dicendo lui, ma dovrebbe essere tra poco e se non mi do una mossa, me lo perdo. In quel caso saranno guai.

«Mi piacerebbe sentirlo».

«Se ti alzassi, mamma, potresti farlo».

Agita una mano con irritazione. «Sono troppo stanca».

Non ho la forza di mettermi a litigare. «Non farò tardi. Il tuo telefono è qui se hai bisogno di chiamarmi».

«Lija dov'è?»

«È andata al festival anche lei».

«Oh. Be', divertitevi allora», conclude in tono scontroso. «Non state a preoccuparvi per me».

«Sarò a casa prima che te ne renda conto».

La lascio che ha un'aria tristissima e mi sento in colpa. Se non vado però, Anthony ci resta male. Qualsiasi cosa io faccia, farei infelice qualcuno, e io vorrei essere al festival con chiunque piuttosto che qui.

Perciò, promettendomi di recuperare più tardi con la mamma, mi fiondo fuori dalla porta sul retro, prendendo al volo il cappello da sole. Poco dopo sono sull'alzaia, diretta verso il parco di Great Linford. Barche colorate di tutte le forme e colori stanno arrivando qui fin da ieri. Da quello che riesco a vedere, tutti gli attracchi vicino al caffè sono occupati. Immagino che sarà una settimana impegnativa, dato che i visitatori resteranno qualche giorno per poi cominciare a sfoltirsi un po' alla volta. Forse lunedì dovremmo tenere aperto. Sarebbe assurdo non farlo. Vediamo che cosa ne pensa Lija.

Avvicinandomi al parco, sento che il festival è in pieno svolgimento. Non vengo più qui da quell'ultimo giorno con Danny, quando ci siamo fermati per il picnic prima di tornare a casa. Pensarci mi rende malinconica.

La musica che si poteva sentire fino al caffè adesso è assordante. Sul palco che è stato eretto davanti alla villa c'è una specie di gruppo indie. Sul lato del canale in cui c'è l'alzaia ci sono diverse bancarelle di artigianato, molte delle quali vendono oggettistica di ogni genere che riguarda le barche: i tradizionali accessori dipinti di rosa, parabordi di corda, tappeti di stracci, tendine di pizzo per la cabina. Alcune barche vendono loro stesse cibo, come facciamo noi con la *Maid of Merryweather*. C'è la *Cheddar Cheesy*, che so essere una frequentatrice abituale del canale, che vende formaggi britannici di ogni tipo. Qualcuno vende anche gli onnipresenti cupcake. Qualche barca propone affitti e vacanze nel canale. Di là dall'acqua, vedo che la zona davanti alle case popolari è stata occupata dagli stand alimentari. Ovviamente c'è il classico furgoncino degli hamburger con la sua lunga coda, ma ci sono anche alcune bancarelle più originali: una con cibo indiano vegetariano e una con fantastici piatti caraibici odorosi di spezie. Il Two Barges ha allestito un tendone che sta facendo affari d'oro e fuori ha una folla enorme.

C'è senza dubbio un mucchio di gente. È un evento del calendario locale molto seguito e il tempo splendido ha attirato più persone che mai. Il festival propone sempre una varietà di stili musicali, ma ho l'impressione che le Village Belles non siano esattamente al proprio posto. Controllo l'orologio. Manca mezz'ora all'esibizione di Anthony. Mi sento nervosa per lui.

Se non mi do una mossa finirò per perdermela del tutto. Devo ancora attraversare il ponte e arrivare al parco e il tempo vola. Sto per fare uno sprint quando mi fermo sui miei passi.

Davanti a me c'è la *Dreamcatcher*, e Danny con il sorriso in faccia sta piantando dei paletti sulla riva per ormeggiarla. È l'ultima persona che mi aspettavo di vedere e mi si secca la bocca.

Dopo tutte queste lunghe, lunghissime settimane, è qui. E io non lo sapevo. Non pensavo che sarebbe venuto. Non osavo sperarci.

Resto immobile, incapace di muovermi. Da dietro di lui, Diggery abbaia in segno di saluto e mi viene incontro.

Poi Danny si volta e mi vede. Il suo sorriso si allarga. «Fay!», grida felice.

E io potrei piangere. Piangere di gioia.

Capitolo trentasei

«Ciao. Che bello vederti», dice Danny vivace. «Speravo di trovarti qui».

Adesso è proprio davanti a me e vorrei abbracciarlo o qualcosa del genere, ma la mia ridicola timidezza britannica mi fa restare bloccata.

I suoi occhi scuri mi percorrono e potrei sciogliermi sotto il suo sguardo. «Sei uno schianto», dice d'un fiato, emozionato. «Tutta abbronzata».

«L'estate è stata calda», replico, grattando il fondo delle banalità.

Certo che sì.

Anche lui sta benissimo. Baciato dal sole, rilassato e persino più muscoloso di quanto ricordavo. I capelli scuri sono più lunghi, sempre un po' scompigliati sopra, con un ciuffo scomposto. Indossa una maglietta nera e dei jeans grigi scoloriti. I miei occhi potrebbero banchettare su di lui per delle ore.

Mi chino per coccolare Diggery, che sta raggiungendo vette altissime di estasi. Sembra che quel cagnolino non mi abbia dimenticato.

«Ti sei divertito?», domando.

«Moltissimo», dice. «Il matrimonio è stato fantastico. Poi, be', sono rimasto un po' lì. Non intendevo restare a Londra così tanto. Ma ho visto tanti vecchi amici ed è stato bello stare di nuovo con loro».

«Che bello». Mi chiedo se ambisca a ritrovare l'eccitazione della sua vita precedente.

«Alcuni dei miei vecchi amici sono venuti qui per il fine settimana. Gli ho parlato della mia nuova vita sul canale, cosa per cui mi prendono tutti in giro, poi mi sono ricordato del festival ed è sembrata una buona scusa per fare festa».

«Che bello».

«Forza», dice. «Devi conoscerli».

Lo seguo nei pochi passi che mancano per arrivare alla *Dreamcatcher*, chiedendomi se ai suoi amici abbia anche detto tutto di me. Poi penso: "Perché avrebbe dovuto?". Probabilmente sono stata un momento passeggero nella vita di Danny. Scommetto che non mi abbia proprio nominata.

Mentre raggiungo la barca, una ragazza giovane esce dalla cabina e Danny le porge una mano, che lei prende prima di scendere.

È una ragazza snella, dalle gambe lunghe come una cicogna. Indossa una canottiera bianca striminzita e degli shorts di jeans che sono ancora più corti e aderenti di quelli di Lija. I suoi capelli biondi sono lisci e lucenti. I denti di un bianco abbagliante risplendono al sole.

«Lei è Sienna», dice Danny. «Lavoravo con lei nella City. Sto facendo conoscere la mia nuova vita a questa ragazza di città».

Lei ride.

«Questa è Fay», continua Danny. «In primavera ho lavorato un po' per lei, facendo vari lavoretti».

«Wow», commenta Sienna, come se non riuscisse a credere che Danny si sia potuto abbassare a tanto.

Ovviamente non le ha parlato di me e io cerco di non notare che non mi presenta come amica.

Dal retro della *Dreamcatcher* escono altre due persone,

chiaramente una coppia. L'uomo tiene un braccio sulle spalle della ragazza.

«Loro sono Henry e Laura. Sempre ex colleghi».

«Piacere di conoscervi», dico timidamente.

«Adorano la mia bagnarola», osserva Danny orgoglioso.

«Ficata pazzesca», dice Sienna.

Danny ride come se fosse la persona più divertente del mondo. «Vieni a bere qualcosa con noi, Fay. Stavamo proprio per andare al tendone delle birre».

«Anthony suona tra pochi minuti». Indico il palco davanti alla casa dall'altra parte del canale. «Dovrei andare a sentirlo».

«Vengo con te», propone. «Devi raccontarmi che cosa hai fatto per tutta l'estate».

«Ma i tuoi amici…».

«Possono badare a se stessi per un po'». Si volta verso di loro. «Ehi, Sienna, ragazzi. Andate avanti voi al tendone. Vi raggiungo tra un po'. Voglio stare un attimo con Fay».

«Certo», risponde Henry. «Vuoi che ti prendiamo una birra?»

«No. Ma cercate di aspettarmi un po'. Non vorrei che finiste nel canale quando torniamo in barca».

Salutano con la mano e si uniscono al flusso costante di persone che sciama verso il parco.

Danny torna a guardarmi e sorride. «Fatto. Sono tutto tuo».

«Le campanelle stanno per cominciare», dico ansiosa. «Devo andare».

«Allora ti accompagno».

«Fidati, non vuoi *davvero* ascoltare una cosa così».

«Invece sì», insiste. «Se non abbiamo tempo di andarci a prendere da bere, aspetta solo un attimo che prendo un paio di birre dal frigo della barca. Ne vuoi una?».

All'improvviso, non c'è cosa al mondo che vorrei più di una birra fredda. Be', non esattamente.

«Sì, grazie».

Balza di nuovo nella barca e riappare pochi secondi dopo brandendo due bottiglie. «Queste ci basteranno per un po'».

Ci avviamo lungo l'alzaia, oltrepassiamo il ponte e siamo nel parco. C'è una folla incredibile e si procede a rilento, ma un po' alla volta raggiungiamo il palco principale, dove il gruppo rock sta terminando il concerto.

«Bravi», osserva Danny annuendo in segno di approvazione.

Troviamo un posto sull'erba quasi in prima fila e ci piazziamo lì. Il gruppo sforna l'ultimo pezzo, tra gli applausi entusiasti del pubblico. Mi viene un nodo in gola. Il povero Anthony dovrà darsi da fare.

Nel breve intervallo tra le diverse esibizioni, Danny si volta a guardarmi. «Allora, dimmi tutto. Come vanno le cose?»

«Bene», rispondo.

«Il caffè lavora?»

«Moltissimo».

«Lija e Stan come stanno?»

«Come al solito. Sono qui tutti e due, da qualche parte, ma non li ho ancora visti. Più tardi potremmo andarli a cercare». Poi mi ricordo dei suoi amici. «Oh, ma tu vorrai tornare dai tuoi amici».

«No, no», risponde. «Ottima idea. Loro non avranno problemi. Che altro hai fatto? Non è che hai preso e hai sposato il tuo uomo in mia assenza?»

«No», replico. «Tu?».

Scuote la testa. «Libero e spensierato come sempre».

Mi chiedo se Sienna ne sia al corrente.

«Raccontami del matrimonio».

«Bella storia. Soprattutto l'addio al celibato. Abbiamo fatto sciocchezze tipo metterci coni segnaletici in testa, cose del genere. Cose che non facevo da tanto tempo». Beve un sorso. «Non c'è molto altro da dire. La sposa era bella. Ci siamo tutti sbronzati a morte. Classico matrimonio. Credo che non mi fossi reso conto di quanto mi mancavano gli amici. Non fraintendermi, adoro il canale, la *Dreamcatcher*, ma è davvero una vita solitaria. Avevo bisogno di sfogarmi un po'». Ride. «Ho avuto parecchie critiche da parte loro». Indica con la bottiglia il tendone in cui si trovano i suoi amici. «Per questo li ho convinti a venire questo fine settimana. Li ho presi ieri sera alla stazione di Leighton Buzzard. Non riuscivano a credere che in barca avevo impiegato una settimana ad arrivare nello stesso posto in cui loro erano arrivati in mezz'ora di treno».

«Gli sta piacendo però?»

«Sì». Poi scuote la testa. «Per un giorno o due va bene. Ma loro sono dei festaioli. Vogliono ancora una vita frenetica. Come me una volta». I suoi occhi fissano i miei. «Mentre ero a Londra stavo sulla *Dreamcatcher*, ed era bello. Ma non tolleravo più quella festa incessante. Dopo tre o quattro sere di seguito volevo disperatamente tornare alla quiete del canale. Avevo avuto la mia dose di pub e discoteche. Penso che tutto quello ormai non faccia più parte del mio essere. Avevo solo bisogno di tempo per darci un'ultima occhiata».

C'è un accenno di applauso educato e mi rendo conto che Anthony e le sue signore sono sul palco, pronti a esibirsi.

«È lui la tua metà? Il tizio davanti?»

«Sì».

Sottopone Anthony a un minuzioso esame, ma non dice niente.

«Faccio fatica a guardare questa cosa», confesso a Danny.

«Non sei appassionata di vecchie campanelle?», mi prende in giro.

«Direi proprio di no. Ma voglio davvero che vada bene, per Anthony».

«Andrà tutto bene», mi conforta. «La maggior parte dei presenti sembrano troppo ubriachi per preoccuparsi di quello che succede».

Purtroppo non sono una di loro.

Alcuni si allontanano ancora prima dell'inizio. Le signore sono molto eleganti in quelle che so essere le camicette nuove. Sorrido tra me. Deborah si distingue nettamente dalle altre. Lo sapevo. La camicetta aderisce alle sue curve morbide e una scollatura generosa mette in mostra il solco tra i seni. Dove le altre signore, più attempate, indossano tutte delle scarpe comode, Deborah ne esibisce un paio leopardate con tacchi d'oro borchiati. Buon per te, ragazza. Tu che porti un po' di glamour nel mondo sonnolento delle campanelle: ce n'era tanto bisogno.

Anthony alza la bacchetta. Sembra un preside altezzoso, molto più vecchio della sua età. Indossa un paio di pantaloni neri che non gli donano e una noiosa camicia bianca. All'improvviso provo imbarazzo per lui e me ne vergogno. È il mio compagno e dovrei essere orgogliosa di lui. Ma non lo sono. È sbagliato il fatto che voglia scappare e nascondermi?

Seguendo le istruzioni di Anthony, le donne iniziano a scampanellare un pezzo intitolato *Tie a Yellow Ribbon Round the Ole Oak Tree*.

È il rumore più sgradevole che ci sia al mondo.

Sembra che il mio amico la pensi allo stesso modo. Danny si volta a guardarmi con gli occhi spalancati e dice: «Wow. Sul serio?»

«Sì», rispondo. «Sul serio».

Capitolo trentasette

Restiamo seduti ad ascoltare le Village Belles con Anthony che le incita a massacrare il classico dei Beatles *Yesterday*, seguito dal brutale omicidio di *Are You Lonesome Tonight?* di Elvis.

Male. Molto male.

Tengo lo sguardo fisso davanti a me.

Per rendere giustizia a Anthony, magari non starà entusiasmando l'intera folla dei presenti, ma c'è un gagliardo gruppetto di pensionati che se la sta godendo. Probabilmente sono i mariti, le sorelle e i fratelli delle Village Belles. Ci sono anche alcuni bambini che ballano mostrando apprezzamento. Del tipo di quelli che si vedono ai matrimoni, che scorrazzano in pista come schegge impazzite ballando i pezzi degli Satus Quo.

La cosa che suscita la mia ammirazione è il fatto che Anthony sia nel suo elemento. È il suo momento, la sua Royal Albert Hall, la sua 02 Arena. È quello che ama. *Questa* è la sua passione. Chi mai sono io per togliergliela?

Credo che Danny sia rimasto senza parole per lo sbalordimento.

Dopo un altro pezzo mi mette una mano su un braccio. «Non posso», sussurra. «*Dobbiamo* andarcene».

Sorrido mio malgrado. «Non posso», sussurro a mia volta. «Come faccio con Anthony?».

Mi sorride con malizia e quegli occhi che in modo del tutto insensato ho imparato ad amare mi guardano luccicando. «'Fanculo Anthony».

Rido anche se in realtà non dovrei proprio. «Va bene».

Allora mi prende per mano e lo seguo.

Nel tendone della birra, davanti al bar c'è una folla pazzesca ma, a furia di spingere e urtare con garbo, riusciamo a raggiungerlo. Mentre aspettiamo di essere serviti, i nostri corpi sono schiacciati uno contro l'altro.

«Accidenti, Fay», ride Danny mentre ci ritroviamo appiccicati contro il bancone. «Era una cosa orribile».

«A lui piace tanto», dico. «Mi sento malissimo a essermene andata. Anthony ce l'avrà con me».

«Mi faceva venire voglia di ammazzare qualcuno».

Faccio una smorfia di disapprovazione poi ammetto. «Uguale identico per me».

«Se è contento lui». Scrolla le spalle ma ovviamente non è in grado di capire.

Lui così è contento, contentissimo. Più che di giocare a golf. Più che con me.

«Mai criticare la scelta di un uomo in merito alla propria moglie e al proprio strumento musicale», sentenzia Danny.

Poi arriva il barista e Danny ordina una mezza dozzina di bottiglie di birra e una di vino rosso. «Con queste stiamo a posto per un po'».

Ci facciamo strada di nuovo per tornare indietro, con le braccia cariche di alcolici e alcuni bicchieri di plastica. Quando rispuntiamo sotto il sole, l'esibizione di Anthony è terminata e stanno già preparando il palco per il gruppo successivo.

Danny passa in rassegna la folla: i suoi occhi giovani devono essere migliori dei miei perché pochi minuti dopo dice: «Ah! Eccoli là».

«Dovrei lasciarti con i tuoi amici», propongo. «Vorrai stare con loro».

«Non dire sciocchezze», risponde. «Tu non vai da nessuna parte».

Sposta tutte le birre su un braccio solo e con la mano mi prende per il gomito, quindi ricominciamo ad avanzare tra la folla.

Gli amici di Danny hanno trovato un posticino sotto uno dei vecchi castagni sul lato del palco e della villa. Sono sdraiati sull'erba, a rilassarsi.

«Ciao», dice Danny e si mette giù.

Mi siedo accanto a lui e Danny passa le birre e apre la bottiglia di vino.

«Ottimo tempismo, amico», afferma Henry. «Stavamo proprio finendo le scorte».

Danny mi versa del vino in un bicchiere di plastica e riempie il bicchiere di Sienna.

«Questo festival è proprio curioso», osserva Sienna. «Così all'antica».

Sarà più abituata a cose tipo Glastonbury o al Download Festival, chissà. Come se poi me ne intendessi di festival musicali.

Mentre sorseggio il vino dal mio bicchiere, sento arrivare un messaggio al cellulare. È Anthony.

Accompagno a casa una delle signore. Torno dopo.

Gli rispondo subito.

Ben fatto. Sei stato grande. Xx.

Poi prima di inviare incrocio le dita, perché non sia del tutto una bugia.

«Domani dovremmo andare tutti alla fantastica pasticceria di Fay», propone Danny ai suoi amici. «A pranzo magari. Ha un locale splendido. Le sue torte sono le più buone del mondo».

«Sembra un'ottima idea», concorda Henry. «Però pensavamo di tornare indietro domattina presto». Sorride. «Ho un volo che mi aspetta a Heathrow, domani sera».

«Per dove?», domanda Danny.

«Stati Uniti. Due giorni a New York. Brinkey Corporation. Riunioni una dopo l'altra».

«Oddio». Danny getta la testa all'indietro e ride. «Non ti invidio per niente».

«Già, pensa a me mentre te ne stai sul canale a fare chissà che».

«Niente», risponde Danny. «Non faccio *assolutamente* niente».

«Vaffanculo, sfaccendato». Henry lancia a Danny la pila dei bicchieri rimanenti e lui li schiva con mossa esperta.

Mi sento fuori posto, esclusa dalla loro conversazione. Sono giovani, intelligenti, affamati e io non ho niente da dire. Mamma è di nuovo a casa da sola e mi chiedo se stia bene. E, ovviamente, colgo la palla al balzo per andarmene.

Finisco il vino e dico: «Dovrei andare».

«No». Danny mi prende il bicchiere e lo riempie di nuovo. «Resta. Non puoi andare via adesso. Guarda, sta per suonare un altro gruppo».

Perciò, lasciandomi convincere con così poco, rimango.

Il gruppo seguente è molto bravo. Una banda che spara pezzi soul sulla massa del pubblico, mentre il cielo comincia a oscurarsi. Si accendono le luci negli alberi intorno al parco e l'atmosfera della festa si scatena.

Sienna e Laura si tolgono le scarpe e ballano a piedi nudi sull'erba. Henry se ne va in cerca di qualcos'altro da bere, visto che tutto quello che avevamo preso io e Danny al tendone è stato consumato. Io e Danny sediamo vicini e guardiamo il gruppo, senza parlare.

Poi, quando cominciano a suonare *Respect*, si volta verso

di me e dice: «Non potrei tornare alla City, Fay. Non ora. Probabilmente mai. Sento Henry che parla della sua vita e mi fa rabbrividire. Il canale mi ha fatto diventare un vecchio noioso».

«Non potresti mai esserlo», ribatto. E io sono una vecchia noiosa di prima categoria.

«Spero solo di riuscire a trovare i soldi per vivere così. Non è una vita particolarmente economica. Ho ancora dei risparmi, ma li finirò presto se non trovo un introito di qualche genere».

«Probabilmente posso trovarti altro lavoro, se vuoi restare da queste parti». Non so da dove mi sia uscita. Vorrei così tanto che Danny restasse, ma dove trovare i soldi è un altro paio di maniche. La mia cara sorella Edie mi sta ancora utilizzando come bancomat personale.

«Pensavo che fossi a posto con il locale».

«Qualcosa da fare c'è sempre». Questa di sicuro non è una bugia. «Pensavo anche che un giorno vorrei far ripartire la barca di papà».

«La *Maid of Merryweather*?».

Annuisco. «Come negozio funziona benissimo, ma mi piacerebbe vederla di nuovo in acqua, farla andare davvero. Forse potresti darmi una mano con questo?»

«Ormai sono un esperto di motori diesel. Negli ultimi sei mesi ho imparato più di quello che ho mai pensato mi potesse servire. Ci sto, senza dubbio».

«Attualmente sono a corto di contanti», ammetto. Non c'è bisogno che Danny sappia che Edie non ha fatto altro che svuotare i miei magri fondi per la ristrutturazione. «Perciò dipende da quanto costerebbe».

«Posso pensarci su per te».

«Ne sarei felice».

Danny batte la bottiglia di birra contro il mio bicchiere di plastica. «Salute, Fay», dice. Poi mi guarda negli occhi. «È bello essere di nuovo qui».

Mi batte forte il cuore quando gli rispondo: «È bello riaverti qui».

Capitolo trentotto

Così resto a parlare con Danny per un po', poi mi cade l'occhio sull'orologio e mi agito vedendo che sono quasi le dieci. Mamma sarà isterica per essere stata lasciata sola così a lungo e avrà bisogno della sua cioccolata e delle pastiglie. Con la scusa di andare in bagno, mentre sono in fila la chiamo.

«Dove sei?», chiede in tono petulante.

«Sono ancora al festival».

«Quando torni?»

«Vorrei restare ancora un po'», rispondo. «Ce la fai?».

La verità è che potrei non rivedere Danny. Adesso, dopo qualche birra, potrà anche dire che vuole rimanere da queste parti, ma domani potrebbe cambiare idea. Sienna potrebbe battere le sue piccole ciglia e lui potrebbe tornarsene dritto a Londra dietro di lei. Potrebbe volersene andare per qualsiasi ragione e se lo facesse, chissà quando si farebbe rivedere. È sbagliato che io voglia passare più tempo possibile con lui, finché posso?

Mamma non mi risponde.

«Va bene se sto ancora un po'?»

«Preferirei che tornassi a casa».

«Hai mangiato i panini che ti ho lasciato sul comodino?»

«Sì».

«Hai ancora un po' di tè nel termos? Puoi prendere le pastiglie con quello?»

«È rimasta solo una tazza. Dopo come faccio?»

«In genere a quest'ora dormi già, mamma».

«Torna a casa, Fay. Non mi piace quando non ci sei».

Questo mi colpisce al cuore. «Mettiti tranquilla. Lascia la TV accesa mentre ti addormenti. Tra poco torno. Un'ora al massimo», prometto.

Poi sono in testa alla fila per i bagni, perciò dico: «Ora devo andare, mamma. Arrivo presto». E mi infilo nel bagno chimico prima di essere travolta dalla folla.

Seduta sul gabinetto in quel cubicolo di plastica puzzolente, rifletto sulla mia vita. I miei impegni mi condizionano, mi legano completamente. Non posso nemmeno passare una serata fuori senza dovermi preoccupare per qualcuno. Avrei dovuto prendere una badante per mamma e fregarmene della spesa. Sarà pure colpa sua, ma non deve essere bello essere chiusi in casa da soli mentre tutti gli altri si stanno divertendo.

Vorrei che Edie tornasse a casa. So che non vuole aiutarmi con mamma e posso capirla, è ovvio che mia sorella non ha il gene dell'altruismo, ma sarebbe bello avere qualcuno qui che mi sostenga, per sentire che non sto facendo tutto questo da sola.

Ancora tormentata dai sensi di colpa, torno verso il parco. Stasera ho deluso Anthony e ho deluso mia madre. Ho deluso me stessa.

Tornando verso la zona del palco vedo Lija, mano nella mano con il barista che poco prima era nel tendone delle birre.

«Ciao», saluta. «Perché quella faccia?»

«Sono preoccupata per mamma», confesso.

«Ma smettila», ribatte. «Puoi avere tua vita».

«Lo so». Cambio rapidamente discorso prima che Lija mi sgridi ancora. «Ti stai divertendo?».

Lancia un'occhiata furtiva al suo uomo. «Oh, sì. Lui è Ashley».

«Piacere di conoscerti, Ashley». Sembra molto carino, biondo quanto Lija è scura. Ha una faccia aperta, amichevole. Forse dovrei avvisarlo che con Lija avrà il suo bel da fare. «Hai visto Stan?»

«Sì. È a pub. Gli ho preso da bere e patatine».

«Sta bene?»

«Benone», risponde con un'alzata di spalle.

«Non è da solo?»

«No, ha mucchio di compagnia». Poi alza la borsetta e me la agita davanti. «Dobbiamo andare. Cose da fare».

«Oh, certo. Va bene. Okay». Immagino che gli slip e lo spazzolino d'emergenza stiano per essere sfruttati a dovere. «Non vi trattengo».

«Ci vediamo domattina, Fay», dice ed entrambi mi salutano con la mano.

Guardandoli allontanarsi, con Lija che scuote i fianchi inesistenti, provo un impeto di gelosia. Oh, essere così giovani, così spensierati, così fiduciosi.

Mi chiedo anche se non sia il caso di andare al pub a vedere che cosa fa Stan, se ha bisogno di aiuto per tornare a casa. Poi mi ricordo che, nonostante l'età, è perfettamente in grado di gestirsi. Ha il mio numero di cellulare e so che se ne avesse bisogno mi chiamerebbe.

Perciò, me ne torno dritta da Danny e i suoi amici. Quando arrivo trovo Danny in piedi che balla. Sienna gli sta sculettando davanti. Com'è che lo chiamano? *Twerking?* Comunque sia, è bravissima a farlo. Lui ride e la imita, gettando in aria le braccia, brandendo la bottiglia di birra e dimenando i fianchi.

Quando mi vede grida: «Vieni a ballare, Fay! Vediamo di che stoffa sei fatta».

Ma io sono fatta di dubbi e insicurezze, paura e imbarazzo. «Devo andare a casa», affermo.

«Nooo», ribatte prendendomi le mani.

Credo che sia un po' ubriaco. Be', parecchio ubriaco.

«Divertitevi», ribadisco. «Godetevi il resto della serata. È stato proprio bello rivederti».

Si allontana dal gruppo dei suoi amici e mi guarda accigliato. «Con questi tizi, con la musica… non abbiamo avuto occasione di parlare», dice. «Divertiamoci un po'». Sembrerebbe così facile a sentire lui. «Per favore. Non andare via adesso».

«Devo».

«Allora vieni a trovarmi domani», insiste. «Loro se ne saranno andati. Vieni sulla *Dreamcatcher* domani sera».

«Non posso fare neanche questo. È il mio compleanno», confesso. «Anthony mi porta fuori». Ha prenotato nel suo ristorante preferito. Lo trovo un po' pretenzioso, a dire la verità, ma è il posto in cui andiamo in tutte le occasioni speciali.

Sienna viene da Danny, ancora senza fiato per il ballo. Gli mette un braccio intorno alla vita con fare possessivo e gli appoggia la testa sulla spalla.

«Balla con me», dice imbronciata.

Colgo l'allusione. So quando la mia presenza non è più richiesta.

«Ci vediamo, Danny». Con un gesto della mano, mi avvio. Ignoro ogni fibra del mio corpo che mi implora di restare e metto un piede davanti all'altro, un piede davanti all'altro e continuo ad andare.

Lascio Danny con i suoi amici, con la bella e giovane Sienna e torno al caffè, da Anthony, da mia madre. Ed è proprio così che dovrebbe andare. Tutto quello che devo fare è convincere il mio cuore spezzato.

Capitolo trentanove

Quando sono tornata a casa ieri sera, mamma dormiva pesantemente. Ho mandato un messaggio a Anthony e l'ho chiamato una decina di volte, ma non ho ottenuto risposta. Sfiduciata, sono andata a letto lasciando la finestra aperta, per ascoltare la musica che dal festival arrivava nella mia camera. Avevo un libro aperto in grembo e ho cercato di leggere, ma continuavo a restare fissa sulla stessa frase mentre con la testa rimuginavo. Che cosa sarebbe accaduto se avessi fatto così? Che cosa sarebbe accaduto se non avessi fatto colà? Come sarebbe stata diversa la mia vita? Tornando indietro fino alla mia infanzia. Esaminando ogni piccola cosa. È stata un'operazione faticosissima.

Ora, questa mattina, sono stanca e arrendevole. Questa è la mia vita e non posso fare molto per cambiarla.

Vado in camera di mamma e apro le tende. «Buongiorno!», annuncio allegra.

Lei mi rimprovera. «Chiudi quella tenda!».

«Non sei un vampiro, mamma. Là fuori è una giornata magnifica. Ed è il mio compleanno».

«Oh, sì», dice mamma. «Auguri. Non ti ho preso un regalo né un biglietto. Ma come facevo?»

«Non importa. Non ho bisogno di niente». Le rassetto il piumino. «Ecco la colazione».

«Esci con Anthony stasera?»

«Sì».

«Un'altra serata fuori?»

«Sì», confermo. «Quest'anno arriviamo quasi a un numero a due cifre».

«Immagino che mi lasci con quella puttanella russa».

«Lei parla benissimo di te», affermo tenendo le dita incrociate per non dire una bugia. «Ed è lettone».

«*Umf*».

«Con il Canal Festival, oggi avremo una giornata pazzesca. Perciò torno non appena posso».

«Quella musica mi ha tenuta sveglia tutta la notte», si lamenta mamma.

Non sto a sottolineare che quando sono tornata a casa dormiva come un sasso, perché otterrei solo il suo disaccordo.

Finito con lei, scendo di sotto a fare colazione. Indosso ancora la vestaglia, sto facendo scorta di carboidrati per la giornata che mi aspetta con un piatto di pane tostato davanti, quando Lija entra dalla porta sul retro, sussultando nel sentirla scricchiolare. Poi si appoggia pesantemente al banco da lavoro, immobile. Quando si è calmata abbastanza, si avvicina al tavolo di cucina. Sta lì in piedi, tesa, chiaramente aspettando che la stanza smetta di girare.

«Spazzolino e slip di emergenza usati?».

Annuisce con un movimento appena percettibile. Mi guarda da dietro i suoi occhiali scuri poi prende un pezzo del mio pane senza parlare.

«È stato bello?».

La stessa, minima inclinazione.

Mi alzo, le preparo un bel caffè forte e ci butto dentro due cucchiaini di zucchero.

Lei tracanna immediatamente quel liquido bollente e butta giù dell'altro pane tostato.

«Oggi riuscirai a lavorare un po'?».

Un occhio annebbiato cerca di concentrarsi su di me. «Aspetta che toast arriva a destinazione».

Le prendo una sedia e lei fa una smorfia sentendo il rumore della sedia sul pavimento. Ci si schianta sopra con gratitudine, per poi ricadere in un doloroso silenzio.

Dopo un po' non resisto più. «Lija», dico esitante. «Com'è dormire con tanti uomini diversi?»

«Positivo, cazzo», borbotta accasciandosi in avanti.

«Non ti sembra… strano?»

«Se bello è strano, allora sì».

«Anche con quelli che non conosci?»

«Sì».

«Questo qui com'era? Aveva un'aria deliziosa».

«Okay».

Credo che questo per Lija significhi fantastico. Molto probabilmente è innamorata. Sospiro stancamente. «Io non credo che potrei farlo».

Lei si tira su di nuovo, la faccia bianca come le piastrelle del muro. «Io non potrei trombare Anthony».

«Oh». Poi ci penso. «Giusta osservazione».

«C'è motivo per questo?»

«No», rispondo. «Stavo solo pensando».

«Pensi troppo», osserva Lija. «Qualche volta dovresti solo fare».

«Provi ancora… ehm… *soddisfazione*? In particolare con quelli che non conosci?»

«Sì», risponde e all'improvviso un piccolo bagliore rischiara i suoi occhi iniettati di sangue. «Quattro volte».

«Wow». Non credo di avere avuto… ehm… *soddisfazione* con Anthony quattro volte in tutto, quest'anno.

Lija si scola il caffè. «Ora basta domande. Devo fare cazzo di torta».

Capitolo quaranta

Anthony mi chiama a ora di pranzo. Anche lui sembra molto in imbarazzo. Come me.

«Scusa se sono scappato ieri sera», dice. «Dopo il concerto eravamo tutti galvanizzati perciò alla fine mi sono fatto un paio di birre. Non ho più fatto caso a che ore fossero».

«Non importa», rispondo cercando di nascondere quanto mi senta in colpa io per essere sgattaiolata via senza vedere la fine dell'esibizione. «Sei stato contento di come è andata?»

«È stato un trionfo», dichiara Anthony orgoglioso. «Sull'onda del successo siamo stati prenotati per una comparsata al Natale dickensiano di Olney. A Olney vogliono solo il meglio».

«Magnifico».

«Siamo in formissima per l'esibizione alla festa della parrocchia di St Andrew tra due settimane».

«Ottimo».

Ecco in che cosa siamo diversi, io e Anthony. Lui è estremamente sicuro delle proprie capacità. Non si lascerebbe mai scoraggiare da dettagli come la gente che sfolla o un accenno di applauso per educazione. Io invece mi fisserei su quello e basta. Avrei molto da imparare da lui.

Ed ecco quello che mi devo ricordare. Il mio futuro è con Anthony. Il solido, affidabile Anthony. Non con uno, chiunque egli sia, che fa una vita nomade, oggi qui, domani là, e che si fa vedere quando è di passaggio. Che tipo di futuro sarebbe?

«Siamo ancora d'accordo per stasera?», chiedo.

«Oh, sì. Mi ero quasi scordato. Buon compleanno, tesoro. Ancora ventuno? Ah ah ah».

"Quarantadue", penso con il cuore pesante. Anche se non è una cifra tonda, mi sembra una pietra miliare. Forse sto ufficialmente entrando nella mezza età. Per quanto dicano che i quarantadue siano i nuovi trenta, non è per niente così. Ho *quarantadue* anni oggi e me li sento addosso tutti. Nel mio caso, quarantadue a me sembrano i nuovi cinquanta.

«C'è un tavolo prenotato al Manor», annuncia. «Il tuo preferito».

Il *tuo* preferito, vorrei dirgli. Ma lascio stare.

«Ti vengo a prendere alle sette. Immagino che tu non voglia guidare il giorno del tuo compleanno, no?».

Sembra speranzoso finché non gli dico: «No. Direi di no».

«Oh, va bene. Ci vediamo dopo allora. Il mondo della pianificazione edilizia mi aspetta».

«Ti amo, Anthony».

«Anch'io vecchietta», risponde e chiude.

"Vecchietta", penso sospirando. Il problema è che probabilmente ha ragione.

Capitolo quarantuno

Ancora con indosso gli occhiali scuri, Lija si destreggia tra una dozzina di ordinazioni. Sebbene sia evidentemente in preda ai postumi di una sbronza, la sua efficienza non ne risente affatto. Le ordinazioni si ammassano solo perché stamattina abbiamo avuto troppi clienti. Il Canal Festival ci ha portato senza dubbio un bel po' di lavoro.

«Non ti sei dimenticata che devi guardare mia madre stasera, vero?»

«No», risponde. «Ma quando ressa è finita, posso andare a casa per vestiti puliti?»

«Ma certo». C'è una cosa che volevo dirle già da un sacco di tempo. «Perché non tieni un po' delle tue cose qui? Puoi usare la stanza di Edie come se fosse la tua. Non ci vado mai, se non per spolverare ogni tanto».

«Non so», dice Lija arricciando il naso. «Che cosa direbbe Edie?».

Sa bene anche lei che, al pari di mia madre, pure Edie può essere stronza.

«Non credo che arrivi a casa nell'immediato futuro», ammetto. «Non dirlo a mamma però».

«Sta ancora con fidanzato stronzo?»

«Sì».

«Cazzo di idiota», borbotta.

Non so se Lija intenda mia sorella o Brandon, il suddetto

fidanzato stronzo, ma credo che il termine si possa riferire a entrambi.

«Pensaci alla stanza, però. Potresti trasferirti. Ti piace qui».

«Ci penserò». Lija lancia un'occhiata alle sue spalle. «Zuppa di Stan Puzzone. È un pezzo che aspetta».

«Gliela porto subito».

Prendo un vassoio, aggiungo i panini per un altro tavolo e mi avvio in giardino. Lascio i panini a una coppia, poi vado da Stan.

«Ciao, Stan». Gli do un bacio su una guancia. «Scusa per l'attesa. Ecco la tua zuppa, finalmente. Cipolle arrosto con crostini al caprino».

«Oh, la mia preferita».

«Oggi siamo impegnatissime».

«Non ho nessuna fretta, Fay», dice. «Mi basta guardare le barche che passano sul canale. Oggi ce ne sono tante. Alcune anche belle».

«È la gente che va e viene dal festival. Mi dispiace non averti visto ieri sera. Ti sei divertito?»

«Moltissimo», risponde Stan ridacchiando. «Sono andato a letto molto più tardi del solito».

Vorrei poter dire la stessa cosa.

«Sono finito al Two Barges a giocare a poker con un gruppo di motociclisti simpaticissimi. Parlando con loro mi sono tornati in mente un sacco di ricordi. Mi hanno rimandato a casa in taxi. Molto gentili».

«Non ti hanno derubato di tutti i tuoi soldi, vero?»

«Proprio il contrario», mi rassicura Stan. «Ho ancora un certo occhio. Sono tornato che ero sopra di cinquanta sterline».

Questo mi fa ridere. Non so perché continui a preoccuparmi per Stan. «Mi fa piacere sentire che hai passato una bella serata».

«Mi è piaciuto anche lo spettacolino di Anthony», aggiunge. «Molto simpatico».

Evidentemente Stan è il pubblico di riferimento di Anthony.

«Ti ho vista lì seduta con quel giovanotto. È bello vedere che la *Dreamcatcher* è tornata». Stan indica il punto del canale in cui è ormeggiato Danny.

Da quello che posso capire da questa distanza, è ancora tutto chiuso, nessun segno di attività. Pensavo che gli amici di Danny se ne andassero presto, ma forse sono ancora a letto. Poi impongo al mio cervello di passare oltre, prima di fissarmi su quelli che potrebbero essere stati gli accordi per dormire.

«Sì. È stato bello anche rivedere Danny al festival».

«Lo sapevo che sarebbe tornato», osserva facendomi l'occhiolino.

«Meglio che vada, Stan».

«Prima che mi dimentichi». Si china per prendere qualcosa di fianco alla sedia. «Una cosetta per te». Mi passa un biglietto e una scatola di cioccolatini artigianali di una bella cioccolateria del centro commerciale. Che Dio lo benedica, deve esserci andato in autobus a prenderli. «Buon compleanno, Fay».

Prendo il regalo e lo bacio sulla guancia.

«Non è molto. Sia tu che Lija siete tanto gentili con me».

«Oh, grazie Stan. Non dovevi».

«Spero che quel tuo giovanotto ti porti in città stasera».

«Andiamo al Manor», confermo.

«Quel posto snob?»

«Già».

«Se la tirano parecchio».

«Dovrò mettermi un vestito».

«Te lo meriti. Nessuno si dà tanto da fare quanto te, Fay.

Sarebbe carino che ogni tanto qualcuno viziasse un po' te, per cambiare».

«Non vedo davvero l'ora».

E anche se noto che uno dei nostri clienti più piccoli ha appena lanciato uno scone nell'aiuola, rientro in casa con passo allegro.

In cucina, sbuffo. «Uff. Che corsa abbiamo fatto, ma credo che adesso abbiamo qualche minuto di tranquillità».

«Bene», dice Lija. Va alla dispensa e prende una torta già sistemata su una tortiera. C'è sopra una candela.

«Per me?», chiedo presa alla sprovvista.

«Tanti auguri».

È un bel pan di Spagna, decorato con abbondanza di frutti estivi: fragole, lamponi, mirtilli e una spruzzata di bei fiori freschi. Ai lati fuoriesce la panna.

«Bellissima. La tua creazione migliore. Abbiamo tempo di mangiarcene una fetta ora?».

Lija controlla rapidamente che i clienti in giardino siano tutti soddisfatti. «Penso di sì». Prende dal cassetto un coltello e me lo passa.

«Sono così emozionata», dico.

«Esprimi desiderio», mi istruisce.

Chiudo gli occhi e sto ancora cercando di svuotare la testa in modo da chiedere qualcosa di bello, quando sento bussare alla porta. La vado ad aprire e mi ritrovo davanti Danny, appoggiato allo stipite.

«Che velocità», scherza Lija, dando per scontato di conoscere l'oggetto del mio desiderio.

Stringe in mano un mazzolino di fiori selvatici.

«Non ho idea di che cosa siano», commenta Danny porgendomi i fiori. «Ma li ho raccolti con le mie stesse mani. Spero che conti qualcosa».

«Sono bellissimi». Le sue mani forti traboccano di fiori estivi: tanaceto, cerfoglio, amarella, acetosella, olmaria, alcuni ranuncoli e persino del tarassaco. «Adoro i fiori selvatici. Molto meglio di qualsiasi bouquet comprato dal fioraio. Sei davvero gentile».

«E giusto in tempo per torta», aggiunge Lija.

«Ciao, eh», saluta Danny.

«Ciao eh te», ribatte lei.

«Sembri una a cui ha vomitato in testa il gatto», nota lui.

«Anche tu».

«Ho avuto una serata pesante», ammette Danny. «Sono andato a letto praticamente all'alba».

Di nuovo, cerco di non stare a pensare se sia andato a letto da solo o no.

«Ho appena accompagnato i ragazzi in stazione. Eravamo tutti un po' verdi in faccia quando è arrivato il taxi».

«Si sono divertiti al festival?»

«Sì. Anche se penso che per loro fosse un po' sottotono».

«Taglia torta», ingiunge Lija. «Non abbiamo tutto giorno».

Perciò taglio delle grosse fette della sua bella torta e lei tira fuori piatti per tutti.

«Ne prendi un po', Danny?»

«Prova a impedirmelo. Sembra buonissima». Si avventa sulla fetta di torta che gli porgo. «Uh. Una meraviglia». Fa l'occhiolino a Lija. «Dovrei portarti via prima che lo faccia un ragazzino malnutrito. Mi faresti il grande onore di sposarmi, Lija?»

«Vaffanculo». Fa un cenno della testa verso di me e dice: «Sposa lei».

Mentre io arrossisco furiosamente, Danny ride. «Credo che Fay sia già impegnata».

«Ne prendo un po' anche per Stan», dico affrettandomi a tagliare un'altra fetta.

«Dai a me». Lija tende il piatto. Solo lei potrebbe farlo in modo tanto burbero.

Le passo un po' di torta per Stan. «Ci penso io. Tu hai altro da fare».

«Porto *io*». Mi lancia un'occhiataccia e tiene il piatto sollevato. «Potrei impiegarci tempo», annuncia a voce alta. «*Parecchio* tempo».

Poi esce impettita dalla porta e indietreggiando appena quando la colpiscono i raggi del sole, si ritrova all'aria aperta.

Faccio un'espressione interrogativa. «Ma di che cosa stava parlando?».

Danny mi sorride. «Credi che alludesse sottilmente al fatto che dovrei approfittare del tempo a mia disposizione per darti un bacio di compleanno?»

«Oh». Non ci avevo pensato.

«Immagino che non dovrei farmi sfuggire l'opportunità». Danny ripone la torta e avanza verso di me. Io non posso andare da nessuna parte, sono incastrata contro il tavolo di cucina.

«Penso che per prima cosa ti disarmerò». Mi prende di mano il coltello della torta e lo appoggia sul tavolo.

Il cuore mi batte a velocità doppia. Lui è di fronte a me, vicino, tanto vicino.

«Buon compleanno, Fay».

Piano, esitanti, le sue labbra trovano le mie e sanno di estate e di sole. Mi bacia dolcemente, con tenerezza. Le sue dita si intrecciano ai miei capelli e mi avvolgono la testa, sollevando il mio volto verso il suo. L'intensità cresce e mi sento come se i piedi si alzassero da terra. Quel bacio arriva a toccare recessi del mio essere di cui ignoravo persino l'esistenza.

Oddio. Oddio.

Poi sento *bum bum bum*. È mamma che colpisce il pavimento con il suo bastone. «Fay! Fay!».

Danny si stacca.

«*Fiuu*», dico, talmente sopraffatta dalle emozioni che non mi viene neanche in mente di far finta di niente.

«*Fiuu*, davvero», ribatte Danny e anche lui ha l'aria un po' attonita.

Bum bum bum.

«Mamma», noto.

«Meglio che tu vada».

«Sì». Vorrei toccarmi le labbra. Toccare le sue labbra.

«Passa una bella serata, stasera».

«Stasera?». Sono confusa, mi gira la testa. Deve esserci qualcosa nel suo bacio che mi ha rintronata.

«La cena con Anthony?»

«Ah, sì».

Il suo bel sorriso gli illumina il volto. «Ricordi di che cosa parlavamo ieri sera, Fay?»

«Sì». Non ne ho idea.

«Penso che resterò da queste parti per un po'».

«Oh, sì. Bene. Molto bene».

«Buon compleanno».

Bum bum bum. «Arrivo!».

Mi sorride di nuovo, prende il resto della torta e va verso la porta. Mi saluta con la mano uscendo in giardino e mi chiedo se quello fosse il suo normale bacio di compleanno standard, oppure molto di più.

Capitolo quarantadue

Mentre mi preparo per andare a cena fuori per il mio compleanno, mi chiama Edie su Skype. Porto il laptop in camera da letto e parliamo mentre mi trucco.

«Penso che le cose stiano migliorando», dice. «Brandon parla di nuovo di lasciare la moglie e questo mese mi ha pagato l'affitto».

Non capisco come questo possa rappresentare un miglioramento. «Sono felice per te», le dico in ogni caso. «Se è quello che vuoi».

«Certo che lo è», sbotta Edie. «Brandon è la mia vita».

Mi chiedo se il sentimento sia reciproco. Per lo meno oggi Edie sembra sobria e non è in lacrime, ma laggiù è solo ora di pranzo; c'è ancora una buona parte di giornata da affrontare.

«Ho riflettuto anche sulla mia situazione lavorativa», prosegue. «Penso che cercherò nel settore dei media. La sfera legale è terribilmente monotona».

Cerco di mettere l'eyeliner tenendo lo specchietto in equilibrio su un ginocchio. «Mm mm».

«Non mi stai neanche ascoltando», si lamenta Edie. «Per che cosa ti stai agghindando, comunque?»

«È il mio compleanno», le ricordo.

«Lo so», ribatte irritata. «Per questo ti ho chiamato. Tanti auguri».

«Grazie».

«Non ti ho spedito il biglietto», aggiunge. «Lo sai com'è la posta».

«Non importa, ora che sono dalla parte sbagliata dei quaranta, non credo di voler sottolineare queste ricorrenze».

«Sicuramente Anthony ti porta fuori, no?»

«Sì, al Manor», confermo. «Sono molto nervosa ma anche emozionata. È un posto molto formale. Ho sempre paura di usare la forchetta sbagliata».

«Tipico tuo, Fay. Devi rilassarti, vivi un po'».

«Ci proverò», prometto. «È una cosa su cui stavo meditando».

«Peccato non esserci», fa Edie. «Ci penserei io a farti divertire».

Scoppio a ridere. «Ne sono certa!». Poi guardo l'orologio e mi rendo conto che il tempo è volato. «Scusami, Edie, ma ora devo finire di prepararmi. Anthony sarà qui a momenti e non sopporta quando lo faccio aspettare. Abbiamo un tavolo prenotato per le sette e trenta».

«Non ti trattengo, allora», risponde in tono un po' offeso.

«Vuoi dire due parole a mamma? Le farebbe piacere».

«No, no. Non adesso», risponde. «Mi terrebbe ore e ho un po' di cose da fare. Cose importanti».

«Ora mi disconnetto», dico. «Sono davvero felice che le cose si stiano sistemando per te».

«Già, buona cena, sorellina. Non ti ubriacare troppo».

Lo schermo diventa nero.

Capitolo quarantatré

Alle sette e trenta sono prontissima e in trepidante attesa di uscire, ma Anthony non si è ancora fatto vedere. Non è da lui. Puntualità è il suo secondo nome. Se arriva in anticipo di soli quindici minuti lo considera un ritardo.

Provo a chiamarlo sul cellulare, ma parte subito la segreteria telefonica. Allora gli scrivo un messaggio e aspetto e aspetto, ma non arriva risposta.

Lija è andata a casa a prendere un cambio e tornerà per badare a mia madre un po' più a lungo. Se fosse ancora qui, potremmo per lo meno festeggiare con una bottiglia e un'altra fetta della sua magnifica torta.

Alle otto meno un quarto telefono al Manor e avverto che, come è evidente, siamo in ritardo. L'uomo all'altro capo del telefono mi comunica, parecchio contrariato, che possono tenere il tavolo soltanto fino alle otto. Mando un altro messaggio a Anthony e accendo la televisione su *Coronation Street*. Cerco di seguirlo, ma non riesco proprio a concentrarmi.

Quando arrivano le otto, riprovo a contattare Anthony. Ormai il tavolo è perso e, non ricevendo alcuna risposta, richiamo il Manor profondendomi in scuse per non esserci presentati. Non sono certo più contenti di me, da quanto intuisco, dopotutto per prenotare nel fine settimana ci sono liste d'attesa di più di un mese.

Mia madre bussa dal piano di sopra. «Fay! Fay! Non sei ancora uscita?»

«Anthony sta tardando», grido dalle scale. «Spero non per molto, ormai».

«Hai sicuramente sbagliato giorno», risponde, nella sua solita convinzione che Anthony sia infallibile.

Poi telefono a Lija per avvertirla che abbiamo perso il tavolo e che la serata di compleanno è saltata. Per tutta risposta fa un versaccio e riversa su Anthony pessimi epiteti in lettone.

«Ci vediamo domani», la saluto.

«Porto bottiglia di Lambrini».

«No. Sarei una pessima compagnia. Goditi piuttosto l'improvvisa serata libera da mia madre».

«Doveva essere libera per te», risponde. «Prossima volta che si presenta a caffè, sputo in suo tè».

Faccia pure, non mi interessa. Non pretendo molto da Anthony e non mi va giù che non si sia fatto vedere senza darmi spiegazioni. So per certo che andava a fare due tiri a golf stasera, ma se avesse ritardato, avrebbe dovuto avvertirmi. Mi ha chiamato a ora di pranzo, quindi non si può nemmeno dire che si è dimenticato del mio compleanno. O sì?

Passa un'altra ora. Comincio a entrare in ansia. Anthony non perderebbe mai un tavolo al Manor. Lo adora. Dev'essere stato trattenuto da qualcosa di grave. Già mi vedo la sua auto ribaltata in un fosso, con le ruote che girano a vuoto. Ora sto entrando proprio nel panico e nell'angoscia e ho lasciato perdere ogni tentativo di guardare la televisione, ripiegando sul camminare su e giù per il salotto, affacciandomi di tanto in tanto alla finestra per controllare eventuali auto in arrivo. Niente.

Poi, proprio quando sto pensando di saltare in macchina e andare a casa sua a controllare che non abbia avuto un malore, o di telefonare agli ospedali per sapere se lo hanno ricoverato in seguito a un terribile incidente, mi chiama lui in persona.

«Dove sei?». Il cuore batte all'impazzata mentre rispondo.

«All'ospedale», dice leggermente affannato.

«Oddio, oddio». In un attimo, tutte le mie cattiverie si dissipano e mi sento malissimo ad averle anche solo pensate. «Sei ferito?»

«Io no di certo», ribatte scocciato.

E, in un attimo, tutte le cattiverie ritornano.

«Che ci fai all'ospedale, allora?»

«Deborah è caduta», spiega. «Una caduta piuttosto brutta. È conciata male. Ha un polso fratturato e mancano solo due settimane alla festa della parrocchia di St Andrew. Come faremo? Come si fa senza una delle nostre artiste chiave?»

«Ma perché sei all'ospedale con lei?»

«Ehm...», comincia. «Sono il primo che ha trovato».

«Ah...». C'è una piccola pausa, quando in teoria uno dei due dovrebbe dire qualcosa. Per esempio "perché non ha chiamato quel belloccio che ha trovato su Internet invece che te?". Il silenzio, però, si prolunga e alla fine sono io a riempirlo. «Abbiamo perso il tavolo. Ho chiamato io il Manor».

«Dovremo festeggiare il tuo compleanno un altro giorno», conclude senza scusarsi.

«Da quanto sei lì?»

«Ore ormai», brontola. «Le hanno appena fatto la radiografia. Ora dobbiamo aspettare che la ingessino».

«Ah».

«Che cosa ti aspetti che faccia, Fay?», dice teso. «Non posso mica lasciarla qui».

«No, certo. Resta con lei. Anzi, dille che mi dispiace che si sia fatta male».

«Ti chiamo domani», conclude.
«Ti posso aspettare, se ti va di fare un salto».
«Vai a dormire. Ti farà piacere andare a letto presto».
E riaggancia.
Guardo il telefono che ho ancora in mano. Mi dispiace davvero che Deborah si sia fatta male, però non ho ancora capito perché abbia chiesto assistenza a lui. Non solo, Anthony non avrebbe potuto spiegarle che era il mio compleanno e avevamo un programma speciale per la serata? Non avrebbe potuto chiedere a un'altra delle signore di accompagnare Deborah? Mi sembra un'imposizione. Va bene che è nelle Village Belles, ma la conosce appena.
Quindi, con tutti i miei amabili piani andati a rotoli, mi abbandono sul divano. Potrei portare una bottiglia di vino in camera di mia madre al piano di sopra e farmi uno o due bicchieri con lei, ma si addormenterebbe presto, se non dorme già. E poi non farebbe altro che cantare le lodi del meraviglioso Anthony che si prende cura di un'amica in difficoltà e forse avrebbe anche ragione. Ma allora la sua ragazza in difficoltà? Certe volte, come oggi per esempio, mi piacerebbe essere in cima alla lista di Anthony… Mia madre troverebbe sicuramente anche il modo di dimostrare che è colpa mia se ha mancato il mio compleanno. Figurati se può essere colpa di Anthony. Invece sì. Stavolta è proprio colpa sua. Potrei farmi un bicchiere da sola, ma che festeggiamento sarebbe?
Di una cosa sono assolutamente sicura: non voglio andare a letto presto. Voglio fare qualcosa per rendere questa serata una serata da ricordare. Compio quarantadue anni e finora solo Lija, Stan e Danny mi hanno fatto un regalo. Mia madre, Edie e Anthony no. Le persone che dovrebbero essermi più care e più vicine non mi hanno regalato niente.
Che schifo di compleanno.

Capitolo quarantaquattro

Esco e mi siedo sulla veranda a piangermi addosso. Sono dovuta uscire perché non potrei proprio sopportare quel *bum bum bum* di mia madre sul soffitto e le sue domande sul perché non sia ancora uscita. Se dorme, spero che continui. Ho fame e dovrei mangiare qualcosa, ma in questo momento di cenare proprio non mi va. Be', quello che proprio non mi va, in realtà, è cucinare.

La serata è calda e afosa. Il cielo limpido e pieno di stelle sfavillanti. Quanto sarebbe stato bello starsene seduti sulla terrazza del Manor dopo cena – una cena deliziosa senza dubbio – con un caffè e un brandy. Ma è inutile piangere sul latte versato. È andata così.

Quando gli occhi si adattano al buio, riesco a intravedere la sagoma di una barca ormeggiata dietro la *Maid of Merryweather*, e ho un tuffo al cuore, anche due, nel rendermi conto che è la *Dreamcatcher*. Danny deve averla riportata qui chissà quando nel tardo pomeriggio.

Il solo sapere che è lì, a portata di mano è di un conforto esagerato. Un attimo dopo, sento il suono di una chitarra e realizzo che è Danny, sulla panca a prua. Tendo l'orecchio per riconoscere la canzone, ma non riesco a coglierla.

Poi penso: "Perché me ne sto qui da sola quando potrei avere compagnia?". Non voglio stare sola il giorno del mio compleanno e perché dovrei, in fondo? E non mi aveva forse detto di andare a trovarlo sulla barca, ieri? Ha detto che i suoi amici – inclusa la signorina Sienna – sono tornati a Londra. So che è tardi, ma forse potrebbe fargli piacere una visita.

Prima di poterci ripensare, scatto all'interno. Acchiappo il cardigan e ciò che resta della magnifica torta di Lija e, senza neanche avvisare mia madre, esco dal giardino. Scartando tutte le ragioni che mi vengono in mente per cui dovrei tornare indietro, mi avvio deliberatamente verso la *Dreamcatcher*.

Quando arrivo sulla passerella, Diggery abbaia e Danny si volta di scatto. Smette di suonare.

«Ehi», dice quando mi riconosce nel crepuscolo. «Che succede?»

«È stata una schifezza di compleanno».

«Sei in cerca di tè e comprensione?»

«Più che altro pensavo a Jack Daniel's e comprensione».

Danny ride. «Il Jack è finito tutto. Ieri è stata una serata tosta. Ma ho della vodka». Solleva una bottiglia piena per tre quarti.

«Anche quella va bene», rispondo.

«Salta a bordo, allora». Mi tende una mano e mi aiuta a salire sulla barca.

Scansa Diggery e mi fa posto sulla panca accanto a lui. Il cagnolino mi si accuccia ai piedi.

«Che ne è stato della tua cena sciccosa?».

Sospiro. «Anthony è all'ospedale. Con un'amica che si è rotta il polso».

«Che tempismo».

«Pessimo. E mi dispiace anche molto per lei. È una brava persona e, dopo un inizio traballante, sembra essere diventata il fiore all'occhiello di Anthony».

Ride di nuovo. «Elogio debole».

«No», dico con una risatina colpevole. «La prendono tutti molto sul serio. Non potrebbero provare di più se dovessero suonare davanti a ventimila persone all'O2».

«Buon per loro». Si alza. «Ti prendo un bicchiere».

Prende un altro bicchierino dalla cambusa e lo sistema accanto al suo. Li riempie entrambi fino all'orlo. «Lo shot è la scelta giusta», afferma.

«Se lo dici tu».

Sollevati i bicchieri, tocca il mio con il suo. «Anneghiamo i tuoi dispiaceri».

«Cin cin».

Entrambi lo buttiamo giù, ma solo una dei due rabbrividisce, non avvezza a bere in questo modo. Una dei due potrebbe perfino aver tossicchiato.

«Tutto okay?», chiede Danny.

Annuisco, la voce bruciata dalla potenza della vodka.

«Ho un po' di vantaggio su di te», continua Danny. «Devi metterti in pari. Di nuovo?».

Ridacchio. «Se proprio insisti».

«Insisto». Mi riempie il bicchiere. «Questo è per un buon compleanno».

«Sta già migliorando», commento tossendo già un po' meno.

Li riempie di nuovo e, al brindisi di «Tanti auguri!», lo buttiamo giù entrambi.

Anthony si infurierebbe se mi vedesse. Odia le donne che bevono e diventano sciocche. Probabilmente stasera è la mia motivazione maggiore.

Danny prosegue a servircene un altro e sento un piacevole calore al petto. Non ho bisogno del cardigan, mettiamola così. Un altro shot, poi lui prende dal divano i cuscini con la Union Jack e me li passa.

«Se dobbiamo darci dentro, almeno mettiti comoda», dice.

Metto i cuscini dietro la schiena e mi tolgo le scarpe. Danny, già scalzo, in jeans e maglietta dei Guns N' Roses, imbraccia di nuovo la chitarra e suona. Stendo le gambe sulla panca, così che le dita dei piedi quasi toccano le sue e perfino questa minima intimità mi accende il viso di calore. Piego la testa all'indietro e guardo le stelle cullata dalla sua voce suadente.

Dopo un po' si interrompe e mi guarda. «Non c'è niente tra me e Sienna, sai», dice. «Non più».

«Prima sì? Non che siano affari miei...».

«Sono io che li sto rendendo affari tuoi. Abbiamo passato insieme qualche notte. Tutto qui. Quando eravamo colleghi. Se dovevamo restare a dormire da qualche parte allora qualche volta – di solito – stavamo insieme». La sua franchezza mi sciocca. «Ora l'abbiamo superata, però. Quando è venuta in barca lo scorso fine settimana ha dormito nel mio letto e io sul ponte con Digs».

«Un po' strettino...».

«Strettino, ma senza complicazioni», ammise. «Sienna non è il mio tipo».

«E qual è il tuo tipo?». Non so da dove mi venga il coraggio, probabilmente è l'alcol, ma gli pongo quella domanda cruciale.

«Ho cambiato idea in proposito, Fay. In modo alquanto significativo. A Sienna voglio molto bene, è una gran bella persona, ma ho capito che non voglio una relazione con un tipo così. In questi ultimi sei mesi sono cambiato. Sto cercando qualcosa di diverso ora. Qualcosa di più. Voglio qualcuno che sia profondo, caldo. Leale. Una donna cui importi degli altri. Che condivida i miei valori e i miei interessi». Sembra voler aggiungere altro, ma si ferma. Riprende la chitarra e ricomincia a cantare.

Mi rimetto seduta e lo ascolto, lasciando decantare le parole che ha appena pronunciato.

«*You don't know you are beautiful*». "Non sai quanto sei bella", canta dolcemente nella notte.

«Bella», commento alla fine. Il testo è davvero commovente. «Bob Dylan?»

«One Direction», risponde ed entrambi ridacchiamo.

«Be', era davvero bella».

Pausa per un altro shot.

«Hai mai desiderato fare musica? A tempo pieno?»

«Nah», risponde. «Sono intonato, so strimpellare, ma non sono abbastanza bravo da farne una professione. Da quando ho lasciato il lavoro non so più qual è il mio forte. Potrei anche essere abbastanza bravo da rimediare qualche serata nei pub, se sono fortunato. I soldi non mi dureranno per sempre, quindi devo farmi venire in mente qualcosa».

«Mi hai sempre colpito per essere una persona dalle mille risorse».

«Anche tu».

«Ah, no», scuoto il capo. «Non per davvero. Mi sono solo ritrovata a gestire la pasticceria per necessità. Ero una direttrice amministrativa in Comune e lo odiavo. Decidere di fare la badante a tempo pieno di mia madre non è stato troppo difficile. Adesso adoro l'idea di avere il caffè e la pasticceria, ma non c'è mai stato alcun grande progetto».

«A volte è il modo migliore. Vedere che cosa ti riserva il destino».

Sarebbe bellissimo, se il destino ti portasse dove vuoi tu. Se invece ti porta sempre nella direzione sbagliata?

Mentre medito sui capricci del fato, Danny alza lo sguardo su di me. «Scommetto che non hai cenato. Hai fame?»

«Da morire», confesso. Mi brontola anche lo stomaco, ora che qualcuno gli ricorda che non vede cibo dall'ora di pranzo.

«Dammi cinque minuti». Abbandona la chitarra e dà istruzioni a Diggery. «Intrattieni la nostra ospite, Digs». Poi scende in cabina.

Mentre mi adagio sui cuscini, Diggery mi si accoccola accanto e gli accarezzo la pancia. Tutt'intorno mi avvolgono i suoni del canale che si prepara per la notte. Il richiamo di un gufo, il fruscio degli alberi, il ronzio del generatore.

Pochi minuti dopo, quando ho già gli occhi pesanti, Danny torna su. In mano ha un grande piatto pieno di triangoli di toast al formaggio sistemati con cura intorno a una candelina da tè accesa.

«*Tanti auguri a te*», è un canto lento, melodioso. «*Tanti auguri a te. Tanti auguri, cara Fay, tanti auguri a te*».

Mi porge il piatto. «Esprimi un desiderio».

Rifletto e soffio sulla candelina. E subito mi preoccupo che il mio desiderio possa realmente avverarsi.

Capitolo quarantacinque

«Ti senti più tranquilla adesso?»

«Sì». Forse la parola più adatta è *brilla.*

I toast al formaggio che Danny mi ha premurosamente preparato sono riusciti in qualche modo a placare gli effetti della vodka, anche se nel frattempo ci sono stati altri due shot. Di certo non ho più remore a trovarmi qui. E comunque, santo cielo, perché non dovrei essere un po' allegra il giorno del mio compleanno?

«Ho anche un'altra cosetta», dice Danny tirando fuori uno spinello. «Non è la normalità in questi ultimi tempi, ma è stato un regalo di addio di Sienna. Ti dispiace?»

«No, no».

Onestamente non so che cosa pensare. Sono la tipica persona nata troppo tardi per gli anni Sessanta e troppo presto per l'attuale disinvoltura nei confronti delle droghe leggere. In tutta la mia vita non ho mai fumato né erba, né altro. Non mi ha mai attirato e già conoscete a sufficienza Anthony per capire da soli che non toccherebbe mai e poi mai una sostanza illegale. Non mi piace neanche troppo l'idea di un loro uso ricreativo. Penso che la legge sia fin troppo morbida in merito e, nella mia esistenza in qualche modo protetta, non ho mai avuto niente a che fare con questa roba, se non quando cercavo di evitare che ci si dilettasse una sorella adolescente.

Sto ancora cercando di elaborare queste informazioni con il mio cervello annebbiato, quando Danny accende lo spinello con un vecchio Zippo e fa un tiro. Abbandona la testa all'indietro, a occhi chiusi. Poi me lo passa.

Sarà l'alcol, sarà che non voglio passare per una vecchia noiosa, fatto sta che, a dispetto di tutti i miei precedenti e recentissimi pensieri sui mali della cannabis, mi ritrovo a prenderlo e portarmelo alle labbra. Forse, a quarantadue anni, è ora di provare. Sperando che non mi guardi, inspiro a pieni polmoni e subito mi gira la testa.

«Tutto okay?», mi chiede.

«Sì».

Danny riprende a suonare e intanto ci passiamo lo spinello avanti e indietro finché non si esaurisce. Sono rilassata come non mi sentivo da anni. Il corpo è pesante e leggero allo stesso tempo. Mi viene da ridere e da piangere.

Ci facciamo un altro shot facendo tintinnare i bicchieri con entusiasmo e lasciandoci colare la vodka sul mento. Non so quanto tempo sia passato.

Danny ha ricominciato a cantare e ha la voce più bella che abbia mai sentito. Da sempre. Sul serio. Non mi ritrovo spesso a cantare ma ora, con la lingua sciolta dalla vodka, non mi manca il coraggio di avvicinarmi e accompagnarlo a bassa voce.

Un paio di canzoni dopo, che hanno riempito la notte di note e risate, mi alzo in piedi con la bottiglia di vodka vuota come microfono e mi metto a ballare sul ponte al ritmo della musica. Sollevo le braccia e ondeggio i fianchi senza percepire quasi alcuna instabilità.

Danny mi sorride. «Hai una voce dolcissima».

E sono felice che sia buio, altrimenti mi vedrebbe arrossire. Sopra di noi, il cielo è di una vellutata sfumatura indaco, le stelle sfavillano e luccicano. Non vedo la Via Lattea, ma so che è lassù, magnifica e misteriosa. È un pianeta bellissimo il nostro. Davvero. A pensarci mi vengono i brividi.

«Infreddolita?». La voce di Danny sembra arrivare da un luogo lontano.

«No, felice». Ho i sensi all'erta e storditi allo stesso tempo. Scoppio a ridere.

«Vieni qui». Quando posa la chitarra i nostri occhi si incontrano, così tende le braccia e mi tira delicatamente a sé. Ha le mani bollenti, bruciano sulla mia pelle fresca. Mi stringe e appoggio la testa sul suo petto. Mi sembra di aver passato la vita sdraiata così con lui. Come se gli appartenessi da sempre. Poi le gambe in qualche modo si intrecciano, i corpi aderiscono. Qui, accoccolata contro di lui, mi sento al riparo da ogni male. La brezza che sale dall'acqua ci stuzzica, mi sento formicolare ovunque.

«Lo desidero da quando ti ho conosciuto Fay», dice baciandomi dolcemente i capelli. «Stare semplicemente sdraiato con te sulla *Dreamcatcher* sotto le stelle. L'ho anche sognato».

«Anch'io», confesso.

«So che stai insieme a un altro…».

Gli metto un dito sulle labbra. «Adesso no. Stanotte no».

Ci muoviamo nello stesso momento, le labbra si uniscono e il suo bacio mi va dritto alla testa. Sopra di noi esplodono le stelle. E cado, cado, cado.

Capitolo quarantasei

Ci baciamo fino a intorpidirci le labbra, i miei sensi sono impazziti. Mi bacia viso, labbra, collo, capelli. Poi si alza e apre la cabina. Mi prende la mano per farmi alzare e mi guida dentro.

«Resta, Diggery», dice.

Con suo grande sgomento, il cane viene chiuso fuori.

Ricominciano i baci e so che li dovrei fermare. Sono ben cosciente di essere ubriaca, so che è la cannabis ad aver allentato tutti i freni inibitori perché, se così non fosse, non avrei mai il coraggio di fare ciò che sto facendo ma voglio farlo, lo voglio tantissimo.

Siamo stretti uno all'altra e Danny abbassa lentamente la cerniera del vestito. Gli strattono la maglietta e mi aiuta a sfilargliela. Alla luce della luna il suo corpo nudo è così forte, così definito che mi accontenterei anche solo di guardarlo per tutta la notte.

Titubante, gli passo una mano sul petto e lo vedo rabbrividire di piacere. Oh, mio Dio. Che sensazione inebriante. Quest'uomo, questo splendido giovane, reagisce al mio tocco.

Abbassa le spalline del vestito, che scivola giù, e subito porta le mani sul seno. Qualcuno annaspa al culmine del piacere e penso di essere io. La sua bocca segue le mani e mi lascia baci sul petto e sulla pancia che, per una volta, non mi importa di trattenere. Mi usa una reverenza totalmente nuova per me, mi fa sentire una regina, una dea. Da sempre le donne vogliono solo sentirsi desiderate in questo modo, ma a me non era mai successo.

Mentre mi slaccia il reggiseno e sfila gli slip si sazia la vista con il mio corpo. E sono felice di aver avuto programmi per la serata perché perlomeno indosso la biancheria migliore. Penso a Anthony all'ospedale con Deborah e so che dovrei tornare sui miei passi, prendere seriamente coscienza di ciò che sto facendo, invece no. Questa è la mia notte, il mio momento. Per una volta, non voglio pensare ad altri se non a me stessa, non voglio più ballare la musica altrui. Voglio essere io. Fare quello che voglio. Qualunque siano le conseguenze.

Poi, in quel buio vellutato, Danny mi dà piacere in un modo a me sconosciuto, così intenso da farmi tremare le gambe. Armeggio con la sua cintura, i jeans, la biancheria finché non siamo entrambi nudi e gli faccio cose che non ho mai fatto a nessun altro prima. Non ho neanche il coraggio di dire cosa, ma lo faccio comunque. Mi fa stendere sul patchwork davanti all'angolo cottura e facciamo l'amore. Il suo modo di amare è una novità assoluta per me. Tenero. Duro. In ogni delizioso modo possibile e immaginabile. E non mi basta mai.

La *Dreamcatcher* asseconda i nostri movimenti e li trasmette alla natura circostante. È un atto pagano, crudo, biologico, ed è tutto ciò cui normalmente non dedico tempo. Mi immagino alla deriva, in balìa dell'acqua, trascinata via dal canale. Il leggero rollio della barca mi fa sprofondare ancora di più nella beatitudine.

Danny si muove sopra di me, mandato dal cielo a mostrarmi ciò che ho perso in tutti questi lunghi anni. Facciamo l'amore ancora e ancora. Mi ama fino a confondere sensi, emozioni e corpi tanto che non so più dove finisca uno e cominci l'altra. In estasi sotto di lui si contorce una donna sexy e lasciva e non so chi sia, ma mi piace.

Quando siamo finalmente sazi, mi prende per mano e mi porta in camera. Sotto le lenzuola, la pelle è ancora umida e calda di lussuria. Mi accoccolo contro di lui e intrecciamo le gambe.

I suoi occhi scuri si piantano nei miei. «Ti amo», mormora.

Mi accarezza il viso e tanto basta per riaccendermi di desiderio. «Ti amo anch'io», dico.

Facciamo l'amore di nuovo, con tenerezza, lentamente, poi, al riparo tra le sue braccia, cado nel sonno più profondo della mia vita.

Capitolo quarantasette

Mi risveglio all'alba quando la luce filtra esitante attraverso l'oblò. Mi guardo intorno disorientata e, quando mi rendo conto di dove mi trovo, torno bruscamente alla realtà.

Accanto a me Danny dorme ancora profondamente. Se possibile, addormentato è ancora più bello. Ha il braccio abbandonato sul cuscino sopra la testa e i capelli più arruffati del solito. La sua espressione è morbida, angelica. È disteso dalla sua parte di letto e le lenzuola sgualcite sulle cosce disegnano gambe lunghe e muscolose che sporgono dal bordo. Dallo stomaco, una sottile striscia di peluria punta verso il basso e sparisce sotto le coperte. Resisto alla tentazione di passarci sopra le dita.

Quando penso a cos'abbiamo fatto stanotte sento un nodo di ansia ed eccitazione allo stomaco. Non riesco a credere di essere stata così disinibita. È stata la notte più appassionata ed eccitante di tutta la mia vita e mi ha lasciato ancora più voglia di lui. Neanche sapevo di poter essere capace di un simile ardore o di quanto avessi perso finora.

Chissà che aspetto ho, ora che sono di nuovo io. La bocca impastata come il fondo di una gabbia di canarino si abbina a un gran mal di testa e la sensazione che qualcuno mi stringa il cervello in una morsa. Non so neanche se imputarlo alla vodka o alla cannabis. Forse è la loro micidiale combinazione; non ho esperienza di droghe a uso ricreativo annaffiate di alcol.

Una barca mattiniera si muove accanto alla *Dreamcatcher* che ondeggia nella sua scia. Il festival si è concluso e di sicuro ci sarà una bella flotta di barconi che rientreranno in territorio casalingo. Poi mi ricordo che oggi dobbiamo aprire il caffè per assicurarci l'ultimo traffico extra che il festival ha portato e sarà meglio che mi dia una mossa. Quanto vorrei ora che avessimo deciso di restare chiusi.

Vorrei svegliare Danny con un bacio, assaporare di nuovo le sue labbra. Vorrei avvinghiarmi a lui e fare l'amore, invece me ne resto distesa qui senza sapere bene cosa fare, mentre lui dorme appagato. Dovrei andarmene, penso. Ho delle cose da fare e non si faranno da sole mentre me ne sto qui a sognare, beandomi della vista del mio amante.

Esco pian piano dal letto e mi muovo in punta di piedi. Passando, prendo i vestiti. In bagno cerco di fare pipì nel modo più silenzioso possibile e mi sciacquo il viso nel tentativo di svegliarmi. Farsi la doccia sembra complicato e potenzialmente rumoroso, quindi lascio perdere, nonostante una rilassante cascata di acqua bollente sia proprio quello che mi ci vorrebbe.

Se la bocca è una gabbia di canarino, i capelli sono il nido. Ci passo le dita in mezzo per cercare di sistemarli, poi mi spremo un po' di dentifricio sul dito e me lo passo su denti e gengive per rinfrescare l'alito. Ora vedo l'utilità di portare sempre con sé degli slip di ricambio e uno spazzolino: a una come Lija queste occasioni capitano regolarmente. Inumidisco un pezzo di carta igienica e mi tolgo gli sbaffi di mascara da sotto gli occhi. Il resto del trucco se n'è andato tra baci e carezze, un pensiero che mi fa di nuovo sfarfallare lo stomaco.

Mi rivesto in fretta con gli abiti della sera prima e torno nella cabina dove Danny è ancora beatamente cullato nel suo sonno profondo. Che faccio? Lo sveglio? Sgattaiolo via senza che ne se accorga? Non ho mai avuto avventure da una notte prima d'ora e non so quale sia l'etichetta. La mattina sono ancora in imbarazzo con Anthony e stiamo insieme da dieci anni!

Mi chiedo che cosa penserà Danny di stanotte: eravamo entrambi alticci, per non dire fatti. Una volta sveglio, se ne pentirà? Ci siamo detti cose che forse hanno perso parte del loro valore alla fredda luce del giorno. Ha dichiarato di amarmi e così io. Quanto vorrei svegliarlo per sapere se lo pensa ancora.

Stanotte ero la donna più adorata del mondo e stamattina la più insicura. È un calo dovuto all'erba? È così che funziona? O dipende solo dall'essere stata in intimità con qualcuno che, di fatto, non conosco davvero? Mi chiedo se per tutti e due non sia stata altro che l'avventura di una notte, ma non è un discorso che voglio affrontare.

Mentre io me ne sto qui a stressarmi e tergiversare, Danny dorme ignaro. Dovrei lasciarlo così. Magari verrà in casa più tardi, quando si sveglia. Sono certa che lo farà; o forse, quando si accorgerà che me ne sono andata e basta, me ne sarà grato.

Poi mi vengono in mente Edie e Brandon. Edie dice che per fare sesso con lei Brandon deve aver bevuto e fumato. È questa l'unica ragione per cui Danny e io abbiamo fatto l'amore? L'avremmo fatto se fossimo stati completamente sobri? So già che, per quanto riguarda me, la risposta è no. Senza la corazza di diversi shot di vodka ben mirati, mi sarei fatta prendere dal panico e sarei fuggita. Mi sto forse trasformando in Edie, sviluppando un attaccamento a qualcuno di assolutamente inadatto a me? Se solo non avessi preso quella sbronza mostruosa, riuscirei a essere più lucida.

Osservo Danny e vorrei tanto fare l'amore ora, ma ho il terrore di svegliarlo. Per darmi coraggio dovrei farmi un'altra serie di shot ma, a quest'ora, non sarebbe un comportamento ragionevole. Solo a pensarci mi si rovescia lo stomaco.

La cosa migliore è andarmene a casa, farmi la doccia bollente di cui ho bisogno, un po' di tè, toast e una manciata di Nurofen. Forse allora sarò in grado di affrontare la giornata.

Con un ultimo, languido sguardo a Danny, scatto una foto mentale. Nonostante tutte le mie svariate ansie, me ne vado con una luce calda nel ventre. Sulla porta, gli soffio un bacio silenzioso sussurrandogli un «grazie».

Poi, più silenziosamente possibile, mi avvio sul ponte. Quando apro le porte. Diggery solleva un orecchio e balza a salutarmi. Da come scodinzola sembra che abbia trascorso un mese abbandonato chissà dove, invece che una sola notte a prua di una barca.

Gli accarezzo le orecchie e mi si appoggia alle gambe. «Scusa se ti ho rubato il posto, piccolo», mormoro. «Non so se succederà ancora».

Piagnucola perché i cagnolini hanno bisogno di fare colazione.

«Resta qui fuori», gli dico. «Non voglio che Danny si svegli».

Voglio che vaghi nei suoi sogni il più a lungo possibile perché, una volta sveglio, la realtà ci travolgerà di nuovo. E non sono sicura di voler affrontare le conseguenze.

Capitolo quarantotto

Faccio capolino in camera di mia madre, che dorme ancora. Con un pizzico di fortuna non dovrebbe neanche essersi accorta che sono stata fuori tutta la notte. Come il più silenzioso dei topi, richiudo la porta.

«Fay! Fay! Sei tu?».

Mi appoggio alla parete e conto fino a cinque. «Sì», rispondo sperando di sembrare più allegra di quanto mi senta. «Un attimo».

Da dietro la porta della mia camera, afferro la vestaglia e me la infilo sui vestiti prima che si accorga che sono ancora quelli di ieri sera. Poi riapro. «Buongiorno».

«Non ti ho sentita rientrare stanotte», dice.

«Devi aver fatto un bel sonno allora». Ho quarantatré anni e un giorno. Sono più che adulta. Perché devo ancora mentire a mia madre in questo modo? Ci sono donne che alla madre possono dire tutto. Io no, non proprio. Non mi pare di aver mai avuto una conversazione sincera con lei in tutta la mia vita. E di certo non voglio che sappia dove ho passato la notte. «Pronta per la colazione?»

«Non voglio uova, oggi», risponde. «Non mi sento tanto bene».

«Un toast?»

«Giusto un pezzetto».

«Sono da te tra cinque minuti».

Così, in vestaglia e senza cambiarmi, preparo il tè e i toast e li porto subito a mia madre.

«Se ti serve sono sotto la doccia».

Ma lei ha già acceso la TV e non mi sente neanche.

Me la squaglio, mi spoglio e apro l'acqua. Prima di entrare, mi guardo nello specchio a figura intera del bagno: una cosa che solitamente evito. Osservo il seno pieno e i fianchi altrettanto abbondanti. Non che non sia in forma, ma è indubbiamente il corpo di una donna matura. A parte tutto ciò che mi ha dolcemente mormorato stanotte, Danny potrebbe davvero amarlo? Come può una carcassa logora e segnata competere con la snella e flessuosa Sienna? Non è forse un corpo più adatto ai tipi come Anthony?

Ed ecco la prima stilettata di senso di colpa. Ho tradito Anthony e non lo merita. Sarà anche un uomo che a volte rasenta la freddezza, ma è solido e in nessuno caso avrei dovuto fargli questo. Lo chiamerò subito dopo la doccia per vedere come è finita con Deborah all'ospedale.

Ma poi lo stomaco mi si contrae e non so se avrò il coraggio di parlarci. Come posso affrontarlo dopo ciò che ho fatto? Sono sempre stata infallibilmente fedele e, di punto in bianco, non lo sono più. Da oggi in poi, ci sarà sempre un segreto tra noi, che dovrò tenere chiuso nel mio cuore. Che futuro potremo mai avere se non posso essere totalmente sincera? E posso davvero prendere in considerazione un futuro dopo stanotte? Come farò a non fare paragoni con Danny e a non trovare delle carenze nel nostro rapporto? Riuscirò più a fare l'amore con Anthony senza pensare a qualcun altro – più bello, più virile, più entusiasta, più perfetto sotto ogni punto di vista – che si muove dentro di me? La verità è che, dopo essere andata a letto con Danny Wilde, ho superato un confine e, qualunque cosa accada, le cose non torneranno più com'erano prima.

Che cosa ho fatto? Che cosa ho fatto esattamente?

Mi sono osservata anche troppo, entro nella doccia e mi abbandono sotto l'acqua. È meravigliosa, purificante. Sarebbe bello se potesse lavar via i ricordi di stanotte ma, mentre mi insapono, ancora sento il suo odore addosso e rivivo ogni singolo attimo delle sue mani su di me. Ancora fremo di piacere. È più forte di me. Nonostante il senso di colpa e il rimorso, ogni fibra del mio essere vuole stare di nuovo con lui.

Quando scendo al piano inferiore, è arrivata Lija.

«Ciao», mi saluta. «E tuo schifo di compleanno?»

«Ehm… alla fine non si è rivelato proprio uno schifo».

Mi guarda interrogativa. Posso confidarmi con lei? No. Assolutamente no. Devo tenermelo per me. Lo so. La mia notte con Danny è un segreto che mi porterò nella tomba. "Discrezione", penso. "Discrezione".

Poi, però, non resisto. *Devo* dirlo a qualcuno o impazzirò del tutto. Qualcuno deve sapere che sono capace di sprigionare una passione sfrenata. E non posso certo raccontarlo a mia madre o confessarlo a un cliente mentre servo gli scones alla crema.

Lija è impaziente, a braccia conserte.

Fatto trenta, facciamo trentuno. Prendo un profondo respiro. «Mi sono fatta una canna, sbronzata di vodka e ho scopato per tutta la notte su un tappeto».

Il viso di Lija non tradisce il minimo segno di sorpresa. Ma poi penso che per lei è la routine di ogni fine settimana. A giudicare da come si presenta il lunedì mattina al lavoro.

«Con Danny?»

«Certo, con Danny», sussurro. «Chi altri? Difficile che fosse Anthony».

Sorride e colgo un lampo dei suoi denti bianchissimi.

Mi acciglio. «Che c'è?»

«Buon per te», dice.

«Mi avrebbero fatto comodo degli slip di ricambio e uno spazzolino».

Stavolta scoppia a ridere forte. «Sono tuo modello».

«Che Dio mi aiuti».

«È stato bello. Lo so», dice compiaciuta. «Ti leggo in faccia. Non avevo dubbi».

«Ci siamo anche smezzati uno spinello», confesso stentando ancora a crederlo.

«Solo mezzo? Non penso che tu diventi puttana tossica».

Spero che Lija abbia ragione. È un terreno infido. Poi devo chiederle una cosa che mi sta tormentando. «È l'alcol, o il fumo, a far sembrare il sesso un buon sesso?»

«No», dichiara. «Deve essere buono prima di tutto».

«Speravo che lo dicessi». Non volevo che le sensazioni provate dipendessero solo dal mio stato di alterazione.

«Allora, è stato bello?», chiede ammiccando.

L'euforia mi prende di nuovo. «Cazzo, è stato meraviglioso!».

Ridiamo fino alle lacrime e Lija, questa ragazza magra e spigolosa che non cede mai per prima alla fisicità, mi abbraccia calorosamente.

«Non è da te, Fay», commenta quando riprendiamo fiato.

«Lo so».

«E Anthony?»

«Non lo so», ammetto. «Mi sento orribile. L'ho trattato davvero male».

Lija dà la sua solita alzata di spalle. «Lui tratta te come zerbino».

«Due torti non fanno una ragione. Non ne vado orgogliosa».

Lija ricomincia a ridere e alla fine rido anch'io.

«Non ne vado orgogliosa», insisto. «Non è da me».
«Però io preferisco questa te, penso».
«Se devo essere sincera, anch'io. Non devi dirlo a nessuno, però, Lija», imploro. «Ti prego. Non dirlo a nessuno».
«Fay», comincia. «Non ti devi vergognare».
Non sono proprio d'accordo, fatto sta che, per quanto stamattina mi senta a pezzi, sarà difficile togliermi questo sorriso soddisfatto.

Capitolo quarantanove

Quando Anthony mi chiama è ora di pranzo. «Era mezzanotte quando a Deborah hanno ingessato il braccio. Mezzanotte. Ecco come siamo messi al pronto soccorso».

Cerco di mostrare il massimo interessamento. «Sta bene ora?»

«Ha forti dolori», dice Anthony. «Deve stare così sei settimane. Non ce la farà per la *fête* in chiesa e non riuscirà a recuperare neanche per il Natale dickensiano. Non posso avere gente mediocre per lo spettacolo di Olney. Potrebbe essere la fine della sua carriera di suonatrice di campanelle».

Sembra che per Anthony non ci sia prospettiva peggiore.

«Non avevo capito che fosse così grave. Come si è fatta male?»

«È caduta dal letto», spiega Anthony. «Più semplice di così».

A quella risposta non posso fare a meno di scoppiare a ridere, tanto da farmi sentire di nuovo cattiva. «Noo! E che cosa stava facendo? Un incontro entusiasta con Mister Internet?»

«No», risponde lui, secco.

«Be', una bella fortuna che tu fossi a portata di mano per accompagnarla subito al pronto soccorso».

«Ehm… sì», dice. «Sì, infatti».

«Ti prego, falle i miei migliori auguri». E sono sincera. Mi è stata molto simpatica fin da subito.

«Non posso credere di aver perso il tavolo al Manor. Che tempismo pessimo», si lamenta Anthony. «L'avevo prenotato da settimane».

«Possiamo sempre tornarci».

«Be', non vale la pena ormai, no?».

Sto aspettando che esprima il suo rammarico per avermi lasciato sola il giorno del mio compleanno, ma le scuse non arrivano. Per fortuna non mi chiede cos'abbia fatto, anche perché non ho ancora preparato una spiegazione plausibile.

«Passo di ritorno dal lavoro», dice. «Cucini qualcosa?»

«Sì, che cosa ti piacerebbe?»

«Niente di troppo esotico», risponde.

Ed ecco dove sta il vero problema, secondo me.

Al caffè siamo impegnate tutto il giorno, è pieno di gente che si è trattenuta anche dopo la fine del festival. Ci vuole così tanto per arrivare da qualche parte attraverso i canali che più di qualcuno ha deciso di trasformare il viaggio in una vacanza.

Lija sta producendo panini e dolci a getto continuo. Quasi non riesco a star dietro alle ordinazioni e a malapena scambio due parole con Stan. Il che significa che non ho il tempo di pensare a Danny e al perché non sia ancora passato. Ormai dovrà essere in piedi. Guardo in direzione della *Dreamcatcher* e, nonostante le tendine siano aperte, non ci sono segni di vita. Mi chiedo se non sia uscito senza che me ne accorgessi. Pensavo – speravo – che si alzasse e venisse subito da me. Dobbiamo parlare di quanto accaduto stanotte e più tempo passa, più diventerà difficile.

Cerco di tenermi occupata e di non pensarci. Ma di tanto in tanto, ho un flashback delle nostre gambe intrecciate e di lui che si muove sopra di me, sotto di me, e diventa difficilissimo restare stabile. Sono immagini mentali che mi sciolgono dentro.

Arriva il tardo pomeriggio e ancora non si è visto. Mi chiedo perché. Non è da lui. Almeno, non penso. Ora entro in ansia. Sta aspettando che sia io ad andare alla *Dreamcatcher* più tardi? Forse.

Mi distraggo parlando con i Fenson che poco fa sono riusciti a incagliare la *Floating Paradise*. Sono ancora chiaramente traumatizzati e ci vogliono due teiere intere per ridar loro colore alle guance.

Gli ultimi clienti stanno giusto per finire tè e scones e, non appena se ne andranno, sarò libera. Riuscirò ad andare alla barca di Danny prima che arrivi Anthony? Non ne sono sicura, anche se dovrei sbrigarmela in poco tempo. Non pensavo che essere infedeli fosse tanto complicato.

Scartando quei pensieri, porto a mia madre il suo tè e un po' della torta di Lija, ma, quando la vedo, mi rendo conto che non sta affatto bene. Già stamattina sembrava più spenta. È bianca come un cencio e gli occhi sono leggermente vitrei.

«Come va, mamma?». Le scosto i capelli sottili dalla fronte. «Sei stanca?»

«Non mi sento molto bene», ammette.

«Vuoi che chiami il dottor Ahmed? Forse hai di nuovo la pressione alta. Potrebbe fare un salto qui se è di passaggio».

«Penso sia meglio», dice senza discutere. Già questo è molto insolito.

«Posso portarti altro?»

«Voglio solo riposare, Fay».

La lascio con riluttanza e scendo al piano di sotto. Telefono subito al dottor Ahmed. La segretaria mi dice che sarà da noi non appena possibile, ma non prima di un paio d'ore.

Tornando in cucina, trovo Lija. «Mamma non sta molto bene. Ho chiamato il medico».

Forse si accorge che sono più preoccupata del solito, perché non fa battute. «Mi dispiace, Fay».

«Sono certa che non sia niente. Voglio solo che le dia un'occhiata».

«Da giardino sono andati via tutti e ho pulito tavoli», mi informa. «Posso chiudere?»

«Sarebbe meglio». È un grande sforzo per me non correre alla *Dreamcatcher*. «Metto su il tè».

Sto riempiendo il bollitore quando sentiamo un tonfo sordo al piano superiore.

«Mamma», sussulto.

Lascio il bollitore e mi precipito in camera sua salendo i gradini a due a due. Lija mi segue a ruota.

Mia madre è accasciata sul letto. Ha fatto cadere i libri impilati sul comodino rovesciando la tazza che le avevo appena portato. È di un pallore mortale.

«Chiama l'ambulanza, Lija», esclamo. «Chiamala subito, ti prego».

Capitolo cinquanta

In ambulanza verso l'ospedale, mia madre viene colpita da un ictus. Tutti quegli anni sdraiata a letto alla fine le hanno presentato il conto.

Anthony, grazie al cielo, è arrivato insieme ai paramedici e si è impostato subito in modalità organizzativa. Lascio a Lija il compito di chiudere casa e salto in auto con lui. L'ambulanza parte a razzo verso l'ospedale e Anthony cerca di starle dietro meglio che può.

Mia madre viene portata in barella al pronto soccorso dove aspetta – troppo, secondo me – di essere visitata. Alla fine saliamo insieme a lei nel reparto generale dove le hanno trovato un posto. È pallidissima, fragile e ha la parte sinistra paralizzata. Al momento non riesce a parlare e un lato del viso è deformato in modo sinistro.

Non riesco a smettere di piangere e Anthony mi mette un braccio intorno alle spalle.

«Ce la farà?»

«Dobbiamo aspettare e vedere», risponde con aria tetra. «Hai fatto tutto ciò che potevi, Fay». Mi batte la schiena per confortarmi. «Te ne sei presa cura meglio di chiunque altro».

«Sono felice che tu sia qui, Anthony».

«Dove altro dovrei essere?».

Prendiamo posto insieme nella sala d'attesa intanto che mia

madre viene sistemata a letto. Poi ci raggiunge il medico di guardia.

«Temo che le condizioni di sua madre non siano molto buone», ci spiega snocciolando una lista di complicazioni cliniche che non sono neanche sicura di ascoltare fino in fondo.

Alla fine l'infermiera ci accompagna in corsia dove possiamo vederla qualche minuto.

Appare così piccola sotto le lenzuola dell'ospedale e così vecchia, molto più di quanto non sia veramente.

Siedo al suo capezzale e le prendo le mani. «Come ti senti, mamma?».

Annuisce faticosamente e le scende una lacrima.

«Cerca di dormire», le dico. «Ti verremo a trovare domani mattina, non appena ci faranno entrare. Non preoccuparti. Sei in ottime mani, ora».

Fa per dire qualcosa, ma non escono parole, solo un rantolo.

«Tornerai a casa prestissimo», mento speranzosa.

Quando chiude gli occhi lo interpreto come il segno che possiamo andare.

«Ciao, mamma». La guancia che le bacio ha un odore acido.

Anthony le dà dei colpetti sulla mano incartapecorita. «Abbi cura di te, Miranda».

Usciamo lentamente dall'ospedale diretti al parcheggio multipiano. Anthony ha sempre il braccio sulle mie spalle. È tardi, sono passate le undici e siamo entrambi stanchi morti. Gli ospedali non aiutano di certo a rilassarsi. È un'altra serata calda, ma sento freddo dentro.

«Vedrai che si riprende», mi rassicura.

«Lo sapevo che stare sempre a letto senza fare nulla non avrebbe portato niente di buono. Non è neanche vecchia. Perché non può uscire a godersi la vita, come Stan?»

«Tua madre è una donna ostinata, Fay. Sono certo che vincerà anche stavolta».

«Spero che tu abbia ragione». Mentre Anthony infila il biglietto nell'obliteratrice, mi travolge un'ondata di affetto per lui. Stasera è stato tutto ciò di cui avevo bisogno: saldo, imperturbabile di fronte alle avversità. Gli tocco il braccio riconoscente. «Grazie per essere venuto con me, Anthony. Da sola non ce l'avrei fatta. Scommetto che non ti sei neanche reso conto che sono già due sere che passi all'ospedale».

«Infatti», conviene.

«Sarà meglio chiamare Edie su Skype appena torno», dico con un sospiro esausto. «Sarà uno shock per lei, sono sicura che vorrà tornare a casa il prima possibile».

Capitolo cinquantuno

«Non posso tornare», l'espressione di Edie nel pronunciare quelle parole è di puro terrore. «Come faccio? Ho un colloquio di lavoro domani».

«Edie, mamma sta messa male», ripeto allo schermo. «Male davvero. Così ha detto il dottore». Potrei elencarle ogni singola complicazione, ma il mio cervello è troppo stanco e strapazzato.

«Si riprenderà», afferma Edie. «Lo sai come è fatta».

In cucina, Anthony sta bisbigliando al cellulare e mi chiedo con chi, vista l'ora. Pochi minuti dopo mi porta una tazza di tè caldo e qualche biscotto per cena e si siede sulla poltrona di fronte a me. Se Edie fosse al telefono, coprirei il ricevitore per raccontargli l'andamento della telefonata finora, ma siamo su Skype e la mia cara sorellina se ne accorgerebbe.

«Sarebbe un bel gesto se venissi a trovarla», insisto. «Lo sai che ti adora. Le sarebbe di sprone a tirarsi su».

«Ascolta, Fay...», sospira Edie. «Le cose mi stanno andando bene. Brandon sta di nuovo alla grande. Penso che stavolta lascerà davvero la moglie. Tutto va per il verso giusto e sono anche a un passo dal trovare lavoro, stavolta me lo sento».

«È tua madre. Ha bisogno di te qui».

«Oh, Fay...».

«Qualche giorno, Edie, è tutto ciò che ti chiedo».

«Mi stai mettendo troppa pressione». Si abbraccia. «Non lo sopporto».

«Non voglio farti preoccupare, ma questa volta ho un brutto presentimento».

«Oh, Fay, sei sempre così drammatica».

Io?

«Sono io che ti mando i soldi, lo sai».

«Non mi ricattare», piagnucola.

«Non ti sto ricattando, ti sto pregando. Ho paura che stavolta mamma non la superi e non sopporterei che le accadesse qualcosa di irreparabile mentre sei ancora a New York».

«Ehi, Edie». In sottofondo si sente una voce maschile e posso solo presumere che si tratti del famoso Brandon. Spero che non la stia aspettando a letto, ma temo che sia proprio così.

«Senti», riprende Edie, «devo andare. Tienimi informata. Ti chiamo su Skype domani. O dopodomani. Mamma starà bene. Fidati».

«Edie...».

«Ti voglio bene», conclude e lo schermo si spegne.

Con il cuore pesante, mi disconnetto anch'io.

«Tua sorella è un vero incubo», commenta Anthony.

Per una volta non contesto. «Non so che cosa fare», rispondo.

«Dormici su», mi suggerisce. «Stanotte resto con te. Vedrai che domani andrà meglio».

Dovrei andare da Danny. Voglio vederlo. Ma Anthony è stato così carino stasera. È accorso in mio aiuto senza lamentarsi. È stato la colonna che mi ha sostenuto e non lo ringrazierò mai abbastanza. Inoltre, se devo essere proprio sincera, il pensiero di restare sola mi terrorizza.

Capitolo cinquantadue

Nel momento esatto in cui mi alzo chiamo l'ospedale che mi comunica che mia madre ha passato una notte tranquilla. Non so che cosa intendano con "tranquilla". Significa che sta migliorando o che è il meglio che si possa sperare? Non me ne intendo di terminologia ospedaliera e ciò non fa altro che aumentare la mia ansia. L'orario di visita è alle dieci, quindi non posso andare in reparto prima di quell'ora.

Accompagno Anthony alla porta, coprendolo di attenzioni. Com'era prevedibile, non ho chiuso occhio. Ieri notte sono stata con un altro uomo e, per quanto ci provi, non riesco a togliermelo dalla testa. Sono rimasta a letto alternando momenti di angoscia per mia madre ai flashback di ogni singolo istante della notte sulla *Dreamcatcher*. Anthony ha dormito beato e ignaro, russando sonoramente. Ho gli occhi gonfi e arrossati. Trattengo uno sbadiglio esausto.

«Ti chiamo dopo», mi dice Anthony. «Se ho tempo faccio un salto in ospedale a trovarla».

«Grazie. Lo apprezzo molto». Lo stringo in un abbraccio, presa da una nuova ondata di calore per lui. È un uomo austero e anaffettivo, ma c'è sempre quando ho bisogno di lui.

«Non dire sciocchezze», commenta impacciato. Mi bacia sulla guancia. «Cerca di non preoccuparti».

Sono molto preoccupata, invece.

Lo sono ancora quando arriva Lija.

«Come sta Miranda?»

«Male», rispondo. «Ieri sera mentre andavamo in ospedale ha avuto un ictus».

Ottengo il secondo abbraccio da Lija in due giorni. «Quanto mi dispiace».

«Devo andare subito a trovarla. Puoi presidiare tu il forte?»

«Certo».

«Grazie».

«Hai visto Danny?»

«No». Mi piacerebbe poter dire che è l'ultimo dei miei pensieri, ma non è così. «Non sono riuscita a passare da lui, anche perché stanotte Anthony si è fermato qui».

«Imbarazzante».

«Anthony è stato magnifico. Non avrebbe potuto essermi più d'aiuto di così».

«Così dovrebbe essere». Poi Lija mi scocca una delle sue occhiate. «Devi andare da Danny, adesso. Penso io a preparare per pranzo».

«Non so che cosa dirgli. Mi sento davvero a disagio ora».

«Meglio affrontare subito discorso».

Mi mordo un'unghia. «Tu credi?»

«Assolutamente».

Davvero, però, non so che cosa accadrà. Riderà di me, lo congederà come un passatempo? O lo considera l'inizio di qualcosa di nuovo? E che sarà di Anthony, che è stato così buono con me? Non merita un simile trattamento. Da qualunque lato la si guardi, il mio mondo ne è uscito scombussolato e niente più sembra semplice come due giorni fa. Suppongo che Lija abbia ragione: devo andare e scoprire la verità, qualunque sia.

Il primo pensiero, però, è di andare a controllare mia madre… salvo poi ricordarmi che non c'è.

«È strano non dover fare su e giù ad assistere mamma», ammetto. «Mi sento spaesata».

«Va' da lui, allora. Usa questo tempo in modo saggio».

Non è un bene posticipare ancora.

Così esco in giardino; dal nervosismo mi batte forte il cuore. È una bellissima giornata, l'ennesima di una lunga serie ininterrotta. Erano anni che non avevamo un'estate così splendida. Non riesco neanche a ricordare l'ultima volta che è piovuto e perfino il giardino sembra aver bisogno di un po' d'acqua. L'erba, che andrebbe tagliata, sta seccando in un bel colore bruno.

Più mi avvicino all'acqua e più mi risollevo lo spirito. Non vedo l'ora di rivederlo. Ho bisogno che mi stringa, che mi dica che andrà tutto bene, ma quando raggiungo la passerella, mi blocco sui miei passi e mi manca l'aria. L'ormeggio dietro alla *Maid of Merryweather* è vuoto. La *Dreamcatcher* se n'è andata portandosi via anche Danny.

Passo ansiosamente in rassegna il canale, ma non c'è traccia di barche in nessuna direzione. È tutto tranquillo, neanche un alito di vento a increspare l'acqua.

Se n'è andato. Danny se n'è andato.

Me ne sto qui incerta sul da farsi. Quand'è ripartito?, mi chiedo. Stanotte? Stamattina? È forse arrivato alla conclusione che la nostra notte – quella che ritenevo tanto meravigliosa – è stata solo un terribile errore? E se avesse tagliato la corda appena possibile, senza neanche il coraggio di guardarmi in faccia? Si sarà reso conto che, dopotutto, il suo futuro è con i tipi come Sienna. Naturale… chi mai, nel pieno delle proprie facoltà mentali, si metterebbe con una noiosa donna matura di dieci anni più grande? Sarà pure frequente tra le celebrità, ma di certo non accade a chi gestisce un caffè sul canale. Come ho fatto a pensarlo anche solo per uno stupido minuto?

Sono così amareggiata per il fatto che Danny mi abbia lasciato così, senza dirmi ciao, senza dirmi proprio niente. Lo consideravo un uomo migliore.

Invece, dal profondo dell'anima, so che se n'è andato per sempre. Prima mi ha sedotto e poi mi ha abbandonato. Sento un terribile dolore al petto: è il mio cuore che si sta spezzando.

Capitolo cinquantatré

Anche il cuore di mia madre sta cedendo. Lentamente, un pezzo per volta. Durante la sua seconda notte in ospedale, ha avuto un arresto cardiaco seguito da un altro poco prima dell'alba. Alle sette di mattina mi telefonano dal reparto per consigliarmi di andare lì appena possibile. Mi vesto e monto in macchina nel giro di pochi minuti.

Quando arrivo, un medico incredibilmente giovane mi comunica che due atri ventricolari sono rimasti danneggiati.

«Non era quello che ci auguravamo», mi dice. «Mi dispiace davvero molto. Ora sta riposando, ma può comunque vederla».

Armata di Gatorade e uva che ho comprato ieri e di una camicia da notte pulita, seguo l'infermiera in corsia. Prima che arrivassi l'hanno trasferita in cardiologia, quindi so che è nel posto migliore possibile. C'è un silenzio grave qui e luci soffuse. Così diverso dal trafficato e movimentato reparto di degenza. Pochi letti ben distanziati abbracciano le pareti e, non che riesca a vedere molto, ma quei pochi pazienti sono tutti collegati a una miriade di apparecchiature che emettono sonori *bip*.

Mia madre appare minuscola nel suo letto e molto malata.

«Mamma», dico. «Sono qui».

Gli occhi fremono cercando di aprirsi.

Prima che possa dirle altro, uno degli apparecchi si arresta, parte un allarme e mia madre grida di dolore. Non ho neanche il tempo di reagire che intorno a me si scatena il finimondo e la squadra d'emergenza accorre al suo letto. Tirano le tende e vengo accompagnata in sala d'attesa.

E lì aspetto, aspetto e aspetto.

Un'ora dopo, quando arriva Anthony, sono ancora in attesa. Mi abbraccia. «L'infermiera mi ha detto che ha avuto un arresto cardiaco».

«Infarto. Ne ha avuti tre. L'ultimo molto grave».

«Si riprenderà».

«Non credo, Anthony».

«L'hai già vista?»

«Non proprio. Ha avuto l'ultimo appena sono arrivata».

«Povero amore mio», mormora.

Mi si siede accanto e appoggio la testa sulla sua spalla. «Devo chiamare Edie. Deve sapere».

«Aspetta il medico», mi suggerisce. «Vediamo cosa ci dice. Non serve farla preoccupare inutilmente».

Non credo, però, che Edie si preoccupi affatto.

«Annullo tutti gli appuntamenti di oggi pomeriggio», dice Anthony.

«Non devi. Davvero. Se sono importanti».

«Sì, invece», dice. «Hai bisogno di qualcuno che stia qui con te».

Sto per oppormi, sapendo quanto sia impegnato, ma è anche vero che non riuscirei ad affrontare tutto da sola e sono stufa di dimostrarmi sempre coraggiosa.

«Grazie», dico allora. «Mi farebbe piacere».

«Dammi cinque minuti», ed esce a fare le sue telefonate.

Così resto seduta a sfogliare riviste vecchie di decenni e ridotte a brandelli, senza guardarle davvero, ma chiedendomi più che altro quanti germi siano annidati tra quelle pagine.

Poi arriva un'altra dottoressa. Giovane anche lei. Terribilmente giovane. È cinese e dimostra quattordici anni. Viene da domandarsi se tutti questi medici bambini siano effettivamente abbastanza grandi da capire la situazione. «La signora Merryweather?».

Annuisco e mi alzo per stringerle la mano.

«Suo marito dov'è?».

Prima che abbia la possibilità di spiegarle che non siamo sposati e che non sono neanche "signora", torna Anthony con due caffè nelle tazze di polistirolo.

«Eccomi».

«Temo di non avere buone notizie», ci comunica in tono grave.

Mi preparo al peggio ed è proprio ciò che arriva.

«I danni agli atri ventricolari si sono ulteriormente aggravati. Le sue condizioni sono instabili».

«Ma si riprenderà?»

«Difficile a dirsi, signora Merryweather. Faremo del nostro meglio per farla stare tranquilla».

Di nuovo quella parola. *Tranquilla.*

«Potrebbe restarle una settimana o più. O forse pochi giorni. Potrebbe succedere anche oggi».

«Morirà?»

«Le condizioni di sua madre sono critiche, temo che non ci si possa aspettare una ripresa».

In qualche modo ritrovo la voce. «C'è qualcosa che posso fare?»

«Non mi allontanerei troppo», consiglia. «Le faremo sapere se ci saranno cambiamenti. Ora si tratta solo di aspettare. Mi dispiace».

«Devo chiamare subito Edie». Anthony annuisce d'accordo.

«Può andare da sua madre adesso», dice la dottoressa. «Ma potrebbe non riconoscerla. Può restare quanto vuole in corsia. C'è una cucina se vuole prepararsi un tè o dei toast o riscaldarsi una minestra. Se vuole fermarsi qui stanotte, possiamo sistemarle una sedia a sdraio accanto al letto».

«Sì, grazie, dottoressa. Vorrei».

«Dico a una delle infermiere di occuparsene». Mi tocca il braccio. «Mi dispiace terribilmente di non poterle dare notizie migliori».

«La ringrazio», rispondo. «Grazie per tutto quello che state facendo».

Chiamo Edie, poi insieme a Anthony attraverso il reparto di cardiologia ancora semibuio. Mia madre è nel letto d'angolo e sembra un'aliena con tutti quei tubi che entrano ed escono. È una vista insopportabile. Dopo tanti anni a gridare "al lupo al lupo", a starsene a letto quando avrebbe potuto ancora uscire a godersi la vita, alla fine si è ammalata davvero e senza alcuna speranza di guarire.

Anthony e io le sediamo accanto. Le accarezzo con cautela la mano dalla pelle fragile, nell'unico punto libero tra il tubicino che ha infilato sul dorso della mano e quello del monitor, o quello che è, attaccato al dito.

«Sono qui, mamma. Sono qui».

Sbatte gli occhi ma non mette a fuoco. «Edie?»

«Fay», la correggo. «Sono Fay».

«Ah». La sua delusione è più che evidente.

«Sarà qui presto», le prometto.

E posso solo pregare di aver ragione.

Capitolo cinquantaquattro

Edie torna a casa. Controvoglia. Vado a prenderla all'aeroporto di Heathrow dove arriva con un volo notturno.

Alla barriera ci abbracciamo. La trovo dimagrita. Troppo.

«Che bello rivederti», dico prendendole la valigia. «Sono felice che tu sia tornata».

«Avevo altra scelta?», esordisce. «Non ho ancora ben capito che cosa posso fare».

«Stare qui per mamma. Desidera disperatamente vederti».

Ci avviamo al parcheggio, Edie mi segue. Nonostante la triste circostanza, non vedevo l'ora di rivederla, ma ora percepisco tra noi una tensione quasi palpabile.

«Ho dovuto annullare il colloquio», si lamenta. «Per un gran bel lavoro».

«Sono certa che mamma apprezzerà i sacrifici che hai dovuto affrontare per essere qui».

Mi guarda per capire se ci sia una vena sarcastica. C'è, in effetti.

Mi blocco e mi giro a fissarla. «Sta morendo, Edie».

Mia sorella sembra aver ricevuto uno schiaffo, ma si riprende subito. «Lo sai com'è fatta, Fay. Fa un sacco di storie per attirare l'attenzione e poi si riprende».

«Non penso, Edie. Non questa volta. Dobbiamo andare all'ospedale il prima possibile».

Messa in riga, ricomincia a seguirmi.

Mia sorella è tutta in tiro in abiti firmati, come al solito, ma è così minuta ora che sembra una bambina. Indossa una T-shirt candida con una gonna a pois bianca e rosa. Cinta gialla e ai piedi scarpe con tacco sottile dello stesso colore che scalpitano sul pavimento come gli zoccoli di un pony.

Nonostante abbia viaggiato di notte il suo aspetto è impeccabile. Capelli ramati, proprio come quelli che aveva nostra madre una volta, lucidi e mossi sulle spalle. Pelle immacolata, manicure ugualmente perfetta.

Per quanto riguarda me, ho trascorso la notte sulla sdraio in ospedale e, anche se sono passata a casa a cambiarmi e fare una doccia, mi sembra di essere entrata e uscita più volte dai rami di un cespuglio. Edie e io sembriamo avere così poco in comune che la cosa risulta quasi preoccupante.

Devo confessare che, nel brevissimo tempo in cui sono stata a casa, ho trovato cinque minuti per spingermi al di là del giardino verso il canale con la scusa di schiarirmi le idee, ma la *Dreamcatcher* non è tornata. Era sperare troppo. Vorrei poter raccontare a Danny gli ultimi avvenimenti, perché non sono riuscita ad andare da lui. Non so proprio che cosa potrebbe fare in questa situazione, ma sono sicura che la sua sola presenza mi sarebbe di conforto.

L'auto è nel parcheggio a sosta breve. Edie sale sul sedile del passeggero mentre io sistemo la valigia nel portabagagli. Parto in direzione di casa. Mia sorella fissa fuori dal finestrino, impassibile. Forse è solo stanca e io di certo non ho l'energia per chiacchierare.

«Mi fa una strana sensazione tornare», dice poi Edie, quando imbocco la rampa per l'autostrada. «Mi sembra un paese straniero, non casa mia. La conferma che questo posto non mi è mancato per niente».

Sono anni che mia sorella è via e, in tutto questo tempo, non è mai tornata a trovarci nonostante al giorno d'oggi

New York sia praticamente dietro l'angolo. Ieri le ho fatto un bonifico di novecento sterline per il volo, il prezzo migliore che sia riuscita a trovare con tempistiche così brevi. È una somma notevole, ma non certo astronomica. Sarebbe potuta venire a casa almeno una volta, no? Non era così difficile. Prenotando in anticipo si trovano voli più economici. Invece non è mai tornata per nessuna occasione: compleanni, Natale, Pasqua. Sono passati tutti sotto silenzio per Edie. E, per via del locale da gestire e l'assistenza a nostra madre, neanch'io sono mai riuscita ad andare da lei. Siamo rimaste in contatto su Skype – grazie a Dio esiste la tecnologia – ma non è la stessa cosa e ora sento che la distanza ha alzato un muro tra di noi.

Durante il tragitto si rianima un po'. Chiacchiera su quanto sia stupenda Manhattan e mi comunica gli ultimi aggiornamenti su Brandon, ma non è che riesca a seguirla ora. L'unico mio pensiero è mia madre e il fatto che non voglio lasciarla sola troppo a lungo. E se succedesse qualcosa – l'innominabile – quando non ci siamo? Per quanto possa essere una persona difficile, non riesco a immaginare una vita senza di lei. Sarà perché Edie è stata via troppo a lungo o perché non la vede tutti i giorni, ma non mi sembra altrettanto coinvolta.

Tenendo per me tutte queste considerazioni, escludo la sua voce e mi concentro sulla guida, sperando solo di dire "sì" e "no" al momento giusto.

Dopo un'ora e mezza, nonostante il traffico della mattina, sobbalziamo per la stradina sconnessa che porta a casa nostra.

«Dio, quanto odio questo posto», dice Edie con un sospiro teatrale. «È proprio il buco del culo dei confini del mondo».

«Io lo adoro invece», dichiaro. «Non mi vedo a vivere da nessun'altra parte».

«Sembri papà».
È vero. Anche lui amava questi luoghi.
«Ce l'hai ancora quel suo relitto di barca?»
«Certo. Non me ne separerei per nulla al mondo. La *Maid of Merryweather* è ancora ormeggiata in fondo al giardino, ma non naviga da un po' di tempo. La utilizzo come pasticceria, vendiamo dolci e altri prodotti direttamente sul canale». Do uno sguardo a mia sorella. Sta guardando fuori dal finestrino arrotolandosi una lunga ciocca intorno al dito. È chiaro che il mio discorso non le interessa minimamente. «Ma te ne avevo già parlato».
«Sì», commenta distratta. «È sicuramente pittoresca e tutto quanto, ma a me piace l'eccitazione della grande città. New York pulsa per tutta la notte. È la città che non dorme mai». Personalmente, non potrei immaginare niente di peggio. «Non vorrei mai vivere altrove, ormai».
Entriamo nel vialetto e devo ammettere che la vecchia casa appare un po' trascurata, messa male. Mi piacerebbe avere il denaro sufficiente per riportarla all'antico splendore, ma me la ricordo così da sempre. L'antico splendore risale sicuramente a molto prima che l'acquistassero i miei genitori.
«Non possiamo trattenerci molto, ma pensavo volessi rinfrescarti un po' e fare colazione».
«Va bene».
«Poi andiamo subito in ospedale».
Arriccia il naso.
«Lo so che è dura, ma davvero non mi va di stare troppo lontana da mamma».
«Lo sai che non vado d'accordo con la malattia», ribatte infastidita. «Resteremo lì all'infinito?»
«Mamma sta molto male».
«Lo so, ma non la faremo certo guarire standocene sedute lì tutto il giorno, no?»

«Per cos'altro sei tornata, Edie? Per fare shopping? Una manicure?».

Mi fissa, interdetta dalla mia battuta acida.

«Scusa», dico. «Non volevo aggredirti, ma la situazione è più grave di quello che sembra. E non mi pare che tu lo capisca».

«Ci sto provando», insiste.

«Vediamo come va». Spero che, una volta arrivata lì, quando vedrà le reali condizioni di nostra madre, mostri più compassione.

Placata per un momento, esce dall'auto e va dritta in casa. Tiro fuori la sua valigia dal portabagagli e la seguo.

In cucina c'è Lija, già al lavoro. Nell'aria si spande il fragrante profumo di pane. È così accogliente che mi fa venire voglia di piangere.

«Che profumo delizioso», esclamo.

Lija si pulisce le mani infarinate sulla maglietta e guarda sospettosa Edie.

«Come sta Miranda?»

«Non bene, temo», rispondo.

«Salve», fa Edie fin troppo allegra.

«Ciao», le risponde Lija tenendo caparbiamente le braccia incrociate.

«Quindi lei è la famigerata Lija». Edie solleva un sopracciglio. «Ho sentito molto parlare di te».

Non bene da parte di mia madre, immagino.

Lija la guarda in cagnesco.

«L'hai messo su carino questo posto, Fay». Dalla finestra, mia sorella guarda il giardino, che fa ancora la sua figura, grazie al duro lavoro di Danny. Tavolini e sedie in sfumature pastello sono sistemati qua e là tra le rose rampicanti. La clematis in piena e vibrante fioritura abbraccia tutto il muro. «Non è così male come ricordavo. Sono nuovi gli ombrelloni?»

«Sì»

«Fantastici. E hai lavoro?»

«Abbiamo avuto una gran bella estate, vero Lija?».

La mia assistente annuisce, impassibile. Non so chi vincerebbe una gara di sguardi tra lei e Edie.

«Ho fatto arieggiare la tua stanza», dico a mia sorella. Per fortuna Lija non ci ha più sistemato la sua roba... sarebbe stato antipatico da spiegare.

Edie sale al piano di sopra e la seguo con la valigia.

«Sono contenta del boom nei tuoi affari», mi dice.

«Non lo definirei in questi termini, ma ci difendiamo. Ogni anno va meglio e non potrei chiedere di più». È sufficiente a mandarti i soldi, penso acida. «È faticoso, però. Non ce la farei senza Lija».

«A me sembra una giumenta lunatica».

«È fantastica», la difendo. «Si è presa cura di mamma al posto mio più di una volta».

Una tale referenza nel curriculum, però, non sembra avere alcun effetto su Edie.

«Ah, la mia vecchia camera», sospira.

Prende un soprammobile dal comò. Un pacchiano gattino cinese.

«Mi ci sono voluti anni per scappare da questa casa, Fay». Mi scocca un'occhiata di ghiaccio. «Non riuscirebbe a trascinarmi qui neanche un branco di cavalli selvaggi».

Se mamma dovesse sopravvivere, e me lo auguro contro ogni probabilità, è ovvio che non potrò contare sull'aiuto di Edie per assisterla. Ma questo l'avevo già capito.

Capitolo cinquantacinque

Mia madre muore. Facciamo appena in tempo ad arrivare in ospedale.

Al ritorno dall'aeroporto, Edie ha fatto un lungo bagno, si è lavata i capelli e ha fatto colazione. Poi si è presa il lusso di una lunga e bisbigliata telefonata oltreoceano con Brandon, con tutto che a New York non sarà stata neanche l'alba, mentre io camminavo su e giù per la cucina a disperarmi.

Ero riuscita a stento a trattenere la mia frustrazione aiutando Lija a lavorare un impasto in modo particolarmente aggressivo mentre aspettavo impotente i comodi di Edie. Poi, proprio quando mi ero decisa ad andare da sola in ospedale e a dirle di prendere un taxi quando lo avesse ritenuto opportuno, ha squillato il telefono.

Era un'infermiera dalla cardiologia: mia madre si era ulteriormente aggravata e ci consigliavano di andare subito. Mi ci sono voluti altri dieci minuti per convincere Edie a dare un taglio alla sua telefonata e salire su quella maledetta macchina.

«Brandon ha qualche problema», mi comunica mordicchiandosi le unghie quando, dopo aver perso altro tempo, schizziamo verso l'ospedale. «Ha perso il lavoro. Come può essere? È uno dei soci e gli è stato chiesto di andarsene. Dove si è mai sentito? Penso ci sia qualcosa dietro. È fondamentale per la società. Ci deve essere qualche motivo per cui lo vogliono fuori».

Non mi importa proprio niente dei problemi di Brandon. Non ora.

«Cosa significherà per me?», piagnucola. «Finché non troverà un'altra partnership o qualcosa, dipenderà esclusivamente dalla moglie. Come farà a pagarmi l'appartamento?»

«Non lo so, Edie», dico. «Ma non posso pensarci adesso».

«Grazie tante per la comprensione», ribatte infastidita tornando a fissare fuori dal finestrino a braccia conserte.

«Dall'ospedale dicono che le condizioni di mamma stanno precipitando. La situazione è seria».

Quando sfrecciamo nella superstrada a doppia corsia di Milton Keynes, sono letteralmente fuori di me. Con uno stridio di gomme entro nel parcheggio multipiano e, trascinandomi dietro Edie, corro a più non posso nel labirinto di corridoi del reparto. Lo sapevo, lo sapevo che sarebbe successo oggi.

Ho quasi la schiuma alla bocca quando entriamo nella grave immobilità del reparto di cardiologia. Edie ha perso ogni colore e, adesso che ci siamo, penso che finalmente abbia compreso come stanno davvero le cose.

Ci avviciniamo al letto e gli occhi di nostra madre si illuminano nel vedere Edie lì accanto. È tutto quello che mi interessava. Mia madre sa che Edie è tornata per lei, che è qui.

«Ciao, mamma», mormora debolmente mia sorella. «Sono venuta appena ho potuto».

Mia madre è troppo debole per parlare, ma Edie le stringe forte la mano.

Al suo capezzale ha le due figlie, ed è l'unica cosa che conta per me.

Poi, con il suo ultimo respiro, sussurra «Oh, Edie». E questo è tutto.

Capitolo cinquantasei

Frastornate, Edie e io restiamo in ospedale e ci abbracciamo forte, non sapendo cos'altro fare.

«Se n'è andata», singhiozza Edie. «Sarei dovuta venire prima».

«Sei arrivata in tempo», la consolo. «È questo che conta».

Mi sorprende la velocità con cui vengono a portare via mia madre dal reparto, ma probabilmente c'è qualcun altro in condizioni altrettanto critiche in attesa del letto. Staccano tutti i fili e i tubi con brusca efficienza, al limite della crudeltà. Poi la caricano su una barella e la portano via. Sembra che non sia rimasto niente da fare per noi qui, così lasciamo il reparto, in lutto.

Non so come mi rimetto in macchina verso casa. Forse avrei dovuto prendere un taxi ed evitare di guidare, solo che in quel momento non ci ho pensato, né Edie ha detto nulla. Comincia a piovere mentre mi immetto nel traffico e, nel mio stato di confusione, non ricordo neanche come si azionano i tergicristalli.

Una volta a casa, Lija capisce dai nostri volti chiazzati di lacrime che non portiamo buone notizie. Senza bisogno che dica niente, mi abbraccia forte. «Mi dispiace tantissimo, Fay».

«Grazie».

«Io ci sono».

«Lo so».

Chiamo Anthony sul cellulare, ma non risponde, quindi gli lascio un messaggio per informarlo e dirgli che siamo a casa. Sarebbe terribile per lui arrivare in ospedale e scoprire così che mia madre non c'è più.

Lija ci prepara un tè.

Edie siede al tavolo della cucina tirando su con il naso. Non posso gestire il suo dolore adesso: ho bisogno di qualche minuto per me. Fuori piove forte, ma devo uscire. Sapevo che questo giorno sarebbe arrivato, ma è pur sempre un colpo durissimo quando accade.

«Ho bisogno di aria». Sento freddo fino alle ossa, così mi infilo il cardigan e mi porto la tazza di tè in giardino.

Al riparo sotto uno degli ombrelloni sistemati da Danny per me, guardo la pioggia che cade. Le gocce picchiettano sul canale creando piccoli cerchi concentrici e, ignare del mio dolore, le anatre ci sguazzano allegre. Cerco di trarne più piacere possibile. I fiori piegano la corolla sotto il peso dell'acqua. Anche il mio cuore è pesante come piombo.

Per via del tempo è venuta poca gente al caffè stamattina e ne sono contenta. Mi sarebbe dispiaciuto lasciare Lija allo sbaraglio. Com'è comprensibile, il giardino è praticamente vuoto e i pochi audaci sono al riparo nella sala interna. Le porte finestre sono saldamente chiuse alle intemperie. Non c'è traccia neanche di Stan, chissà se Lija gli ha portato il pranzo al cottage oggi. A volte lo facciamo, quando il tempo è troppo avverso perché possa avventurarsi fuori casa.

Vorrei che ci fosse Danny qui, per poterci parlare. Vorrebbe sapere di mia madre, ne sono certa. Era così facile parlare con lui e vorrei condividere le mie preoccupazioni, le mie paure. Mi rendo conto di non avere neanche il suo numero di cellulare. Se n'è andato e basta.

Guardo la *Maid of Merryweather*, con l'acqua che si raccoglie sulla copertura esterna di plastica e mi chiedo che cosa succederà adesso. Adesso che non ci sono più né mamma né papà, Edie e io siamo tutto ciò che resta della famiglia. Dobbiamo restare unite, siamo solo noi due.

Con tutta la sua irascibilità, mia madre mi mancherà. Vorrei che avessimo avuto un rapporto migliore, ma sono certa che mi abbia sempre amato meglio che poteva. Pur con tutti i suoi limiti, era sempre mia madre, e come tale, sarà triste la sua assenza. Ho trascorso così tanto tempo insieme a lei che lascerà un vuoto enorme nel mio mondo. Se n'é andata in modo rapido e inaspettato, ma tutto sommato sono felice che non si sia trascinata in una lunga malattia. Inoltre, anche se mi vergogno un po' a dirlo, provo anche un certo sollievo perché, per la prima volta da anni, sono libera di concentrarmi sulla mia vita, sul caffè e su tutto ciò che avrei sempre voluto, ma che non ho mai avuto il tempo e la libertà di fare.

Mia madre avrà sicuramente lasciato la casa a Edie e me. Naturalmente voglio proseguire la mia attività, ma ciò significa che dovrò riscattare la metà di Edie che, invece, vorrà sicuramente il denaro. Le tornerebbe molto utile, data la situazione attuale. Riuscirò ad accendere un mutuo? In questo momento storico le banche fanno molta difficoltà a concederli e a me ne servirà uno piuttosto consistente. La casa, però, è un bel valore. Potrà anche aver bisogno di una ristrutturazione interna, ma è pur sempre strutturalmente solida e in una posizione appetibile. Le proprietà sul canale attirano sempre degli extra. Non l'abbiamo mai fatta valutare, ma penso che valga un bel po'.

Addolcendo lo sguardo, lo lascio vagare di nuovo sul canale. Chissà dove si trova ora Danny e perché è andato via senza salutare. So che devo buttarmi tutto alle spalle, ma ripensare alla nostra notte insieme mi porta quel calore di cui il mio cuore ha tanto bisogno in questo momento buio. È stato selvaggio, sfrenato, sconcio. E molto divertente. Dovrei avere rimorsi, invece no. Non rimpiango un solo minuto. È qualcosa che non dimenticherò per un bel po' di tempo. Per una volta nella mia vita sono stata spontanea, avventurosa, folle. Forse conservare nella memoria quest'unica, meravigliosa notte mi aiuterà a vivere una vita destinata invece a essere alquanto ordinaria.

Capitolo cinquantasette

La pioggia è leggermente diminuita e la tazza è vuota, così mi alzo, stiro la schiena e rientro in casa. Il glicine che scende dalla veranda è stato spazzato dal temporale e quasi tutti i petali sono sparsi sul patio.

Apro la porta della cucina nel momento in cui entra Anthony. Mi abbraccia e, non per la prima volta in questi ultimi giorni, mi trasmette un grande conforto.

«Mi dispiace, Fay», dice. «So quanto eravate unite».

Ma lo eravamo davvero? Vorrei con tutto il cuore che lo fossimo state di più. «Grazie, Anthony. È bello averti qui. Sei stato davvero gentile».

«Ho già chiamato anche le onoranze funebri», mi informa. «Sono pratiche terribili. Ci sono già passato quando è morta mia madre. Conosco i vari passaggi».

«Grazie».

Poi fa ciò che gli riesce meglio: entra in modalità organizzativa. Che brutto dover pensare a così tante cose in un momento in cui non vorresti proprio fare nulla.

«Non voglio avere niente a che fare con questo», comunica Edie. «Decidete tutto voi. Ho il jet-lag e me ne vado a dormire un'oretta».

Detto ciò, si ritira in camera sua. Più tardi quello stesso pomeriggio, mentre lei ancora dorme, Anthony e io andiamo alle onoranze funebri per l'organizzazione. Siedo come uno zombie e lascio che se la sbrighi Anthony, chiedendomi solo di confermare al momento opportuno con un cenno del capo. Poi mi porta a registrare il decesso. Dopo tocca al fiorista per il cuscino. Scelgo rose bianche e, mi rendo conto che non so quali fossero i suoi fiori preferiti, un dettaglio che mi fa piangere di nuovo.

Mia madre non avrà una vera e propria veglia. Da quando si è messa a letto, tutti gli amici si sono persi e i pochi che verranno alla piccola cerimonia al crematorio li inviteremo al caffè. Anche questa è stata un'idea di Anthony che ho trovato ottima.

La cremazione si svolgerà dopo qualche giorno e le ceneri saranno tumulate insieme a quelle di mio padre nel cimitero locale. Quando mio padre è morto, avrei voluto spargerle nel canale, com'era suo desiderio, ma mia madre non ne ha voluto sapere. Forse è giusto così, almeno staranno di nuovo insieme. Di certo le non avrebbe gradito se avessimo sparso le sue ceneri in acqua.

Quando Anthony e io torniamo a casa, sono così spossata che vorrei solo buttarmi a terra a piangere. Lija se n'è già andata, ma ci ha lasciato un pasticcio da mettere in forno. Davvero un bel pensiero da parte sua. Una gentilezza che mi commuove quasi fino alle lacrime.

Anthony apparecchia per tre e, proprio quando la copertura di patate inizia a brunirsi, compare Edie.

Pallida, slavata, gli occhi venati di rosso.

«Come ti senti?»

«Di merda», risponde. «Tu?»

«Più o meno uguale. Lija ci ha lasciato la cena».

«Non ho fame».

«Oggi non hai mangiato niente, Edie. Assaggiane un po'».

Alza le spalle. «Mi andrebbe qualcosa da bere».

«Un tè?»

«Pensavo a qualcosa di più forte».

«C'è una bottiglia di bianco in frigo», interviene Anthony. «La apro?»

«Per me no», rispondo.

«Sì», dice invece Edie. «Quella può andare».

Così Anthony gliene versa un bicchiere. Edie lo scola subito e se ne versa dell'altro.

Senza quasi rendermene conto, tiro fuori il pasticcio dal forno, lo porto a tavola e lo servo. Non ho verdure. Non ho proprio pensato ad aprire una confezione di piselli surgelati, ma nessuno fa commenti.

È davvero delizioso. Anthony e io ci sforziamo coraggiosamente di mangiare, mentre Edie sposta semplicemente il cibo nel piatto.

«Ho prenotato il funerale per il prossimo martedì», la informo.

«Ma manca quasi una settimana», esclama inorridita. «Non avevo in programma di fermarmi così a lungo».

«Prima era impossibile», taglio corto. «Di solito c'è da aspettare molto di più. Siamo riusciti ad averlo così presto solo perché qualcuno ha dovuto spostarlo da un'altra parte».

Edie sospira.

Non so se stia valutando di tornarsene comunque subito negli Stati Uniti, ma comunque la anticipo. «Non puoi mancare al suo funerale, Edie. È tua madre. Ci devi essere».

«Lo so», ribatte, ma mette comunque il broncio.

«Inoltre ci sono un sacco di cose da sistemare intanto che sei qui. Dobbiamo andare dal notaio per il testamento. Sono certa che vorrai definire la questione della casa».

«Sì», conferma. «Suppongo di sì. Ma a me non interessa granché».

«La metà sarà tua».

A quelle parole si illumina. «Veramente?»

«Certo. Perché non dovrebbe?»

«Wow. E pensi che potremmo andare dal notaio già domani?».

Vedo quasi il simbolo delle sterline formarsi nei suoi occhi. Dilapiderà la sua parte in un batter d'occhio. «Lo chiamo».

Meglio battere il ferro finché è caldo.

Finita la cena, Anthony e io sparecchiamo. Edie si porta il vino in veranda e si accende una sigaretta. Non vedo da qui, ma spero che sia davvero solo una sigaretta; neanche una come Edie si azzarderebbe a passare la frontiera con qualcosa di diverso.

«Vuoi che resti qui stanotte?», mi chiede Anthony.

Scuoto il capo. So che non gli piace fermarsi troppo spesso a dormire durante la settimana, ma è carino da parte sua averlo domandato. «Penso di dover stare un po' con Edie. C'è molta tensione tra noi e non ci capita spesso di vederci». Gli poso una mano sul braccio. «Apprezzo molto tutto quello che hai fatto oggi. Davvero. Non ne sarei mai uscita senza di te».

«Non mi va che ti occupi di tutto da sola».

«Ti amo», dico. Ma al solo pronunciarle, quelle parole mi fanno piangere di nuovo.

Mi sento una persona orribile per averlo tradito in modo tanto orrendo, per la mia notte di passione sfrenata con Danny Wilde. È così fuori dal mio personaggio, assolutamente non da me. Decido, in questo preciso istante, di diventare una compagna migliore per Anthony. Da questo momento in poi, sarò la donna che merita. Avremo un lungo e felice futuro insieme e prometto che non guarderò mai più un altro uomo.

«Sst, sst», fa Anthony baciandomi teneramente la fronte.

È per questo che mi sono innamorata di lui la prima volta. Con lui so sempre dove stare. Non faremo fuoco e fiamme, non mi provocherà sconvolgenti orgasmi o eccitazioni, ma sono davvero necessari nella vita di tutti i giorni? Anthony è un uomo solido e affidabile. Organizzato. C'è sempre quando ho bisogno di lui. Sarà meglio tenerlo bene a mente.

Capitolo cinquantotto

Edie e io sediamo sul divano. Ho messo della musica sull'iPod. È quella roba che Lija scarica per il locale e di solito sono così indaffarata che non ho mai tempo di ascoltarla davvero. Qualunque cosa sia, è rilassante. Poi, uno dei brani è quello che Danny e io abbiamo cantato insieme sul ponte della *Dreamcatcher*, e concedo a una scintilla di calore di riscaldarmi il cuore traumatizzato. Comunque, ho promesso fedeltà a Anthony appena un paio d'ore fa, quindi devo smetterla di trovare continui rimandi alle sensazioni di quella notte, anche se in questo momento mi sono di grande conforto.

Mia sorella si è portata dietro la bottiglia, di cui ormai rimane ben poco. Ha un bicchiere anche per me così ne verso ciò che resta tanto per farle compagnia. Lo sorseggiamo meditando in silenzio. Il vino, con mia grande sorpresa, arriva là dove non hanno potuto le innumerevoli tazze di tè che ho bevuto oggi. Quasi quasi ne aprirei un altro.

Siamo entrambe in pigiama adesso ed è una notte fresca dopo la pioggia, così accendo il fuoco. Questa stanza può essere molto fredda e le fiamme nel camino contribuiscono a conferirle calore. Non mi sfugge che il pigiama di Edie è alquanto ridotto e striminzito rispetto al mio.

«È bello stare un po' insieme», le dico. «Nonostante la triste circostanza».

«Già», concorda distratta. «Ne è passato di tempo».

Per via della differenza d'età, non siamo così unite come dovrebbero essere due sorelle e, non per la prima volta, mi chiedo perché mamma e papà abbiano fatto passare così tanti anni tra noi.

«Anthony è stato davvero bravo oggi», dice Edie.

«Sì», confermo. «Gliene sono molto grata». In effetti non credo che sarei riuscita a cavarmela senza. È stato un tale sollievo potermi appoggiare a lui, fare affidamento sulla sua forza. Sapeva tutto quello che c'era da fare, mentre io avevo il cervello completamente annebbiato. «Mamma gli piaceva e lei lo teneva in grande considerazione».

«Dubito che Brandon le sarebbe piaciuto», continua Edie. «Non è proprio il tipo da riscuotere l'approvazione di una madre. E comunque adesso non lo conoscerà mai». Ingoia il suo vino. «Non hai mai pensato di convolare con Anthony? State insieme da una vita ma, se non sbaglio, non ho ancora mangiato i confetti».

«Mi sembri mamma».

«Perché questa riluttanza? Dovreste essere sicuri l'uno dell'altra ormai».

«Non lo so», le confesso. «Anch'io pensavo che potessimo stare insieme per sempre, ma ho avuto qualche ripensamento». Anche qualcosa di più, potrei aggiungere, ma non so bene come dar voce ai sentimenti provati nei mesi scorsi. «Stiamo attraversando un periodo difficile. Ho cominciato a dubitare che possa davvero essere l'uomo per me».

«A me è sempre sembrato un emerito coglione», ammette Edie. «Invece è okay. Ti dirò, vorrei che Brandon fosse un po' più come lui. Scommetto che se Anthony ti dice una cosa, ti puoi fidare che è quella. Con Brandon non è così. Non posso garantire la sua presenza da un giorno all'altro».

«Deve essere dura vivere in questo modo».

Mi rivolge un sorriso ironico. «Meglio che vivere senza di lui».

«Tornerai a New York subito dopo il funerale?».

Edie annuisce. «Lo so che è triste, ma non voglio che Brandon si abitui alla mia assenza. Potrebbe scoprire che gli piace».

«Non puoi trovartene uno migliore, Edie? Non mi piace vedere che ti tratta in questo modo».

«Dev'essere lui a chiudere. Io lo amo troppo per lasciarlo. E ora che ha perso il lavoro avrà più che mai bisogno di me. Sarà un colpo terribile per lui e non potrà neanche contare sul supporto della moglie».

Mi chiedo se la suddetta moglie la pensi così.

Edie raccoglie le gambe sul divano. «Mi sento sanguinare dentro quando non sono con lui. Tu hai mai provato una sensazione del genere?»

«No... no», nego con arroganza. «Anthony e io non siamo così».

«Tu sei vecchia dentro, Fay. Dovrebbe esserci ancora una scintilla tra voi, un'innegabile e irresistibile chimica sessuale».

«Non credo che ci sia mai stata, a dir la verità».

«Peccato», commenta. «Allora non mi puoi capire».

Forse per via della lingua sciolta dal vino o forse perché è così raro poter parlare in totale sincerità con mia sorella, mi ritrovo a confidarmi con lei. «C'è stato qualcuno. Recentemente».

Edie sorride con un'espressione sorpresa. «Oh, sorellina!».

«Niente di serio in realtà», mento. «Era solo uno di passaggio sul canale».

«Non sarà mica uno di quegli hippy del cazzo che non hanno ancora capito che gli anni Sessanta sono finiti?»

«No», rido. Penso a Danny: giovane, gioioso e vibrante. «Decisamente non è un hippy».

«Fin dove siete arrivati?»

«Oh, non molto lontano».

«Sguardi languidi? Lingua? Altro? Mi servono dettagli».

Dopo una pausa, confesso. «Ho passato una notte con lui». Una notte fantastica, bollente, piena di passione.

«Hai capito l'acqua cheta, Fay Merryweather! Presumo che non abbiate giocato a Scarabeo».

Mi sento arrossire sotto quell'interrogatorio. «No, decisamente non abbiamo giocato a Scarabeo».

«Suppongo anche che Anthony non lo sappia».

«No». È un segreto che mi porterò nella tomba.

«Cavolo!». Edie scoppia in una risata fragorosa. «Non ti credevo capace di simili furberie! Tu sei la brava ragazza, la pecora nera della famiglia dovrei essere io!».

«È stata solo una notte».

«Sì, ma è qualcosa che da te non ci si aspetterebbe mai».

«Lo so».

«Ed è stata una volta sola?»

«Ho detto che è stata una sola notte. Non una sola volta». Sto cercando di sdrammatizzare, ma lo stomaco sfarfalla di piacere, di desiderio inappagato al pensiero di quelle ore e ore trascorse ad amarci.

«Dio onnipotente!», sgrana gli occhi, scioccata. «Non sono più sicura di conoscerti».

«Non mi riconosco più neanche io».

«E poi, che cosa è successo? Scommetto che la mattina dopo l'hai buttato fuori dal letto a calci, piccola sfacciata!».

«Non proprio». Dovrei essere in vena di confidenze, ma non riesco a spingermi oltre e raccontare a Edie le circostanze della nostra separazione. «È partito il giorno dopo», è tutto ciò che mi limito a dire.

«E finisce così? Non torna più?»

«Non lo so», ammetto.

«Adesso sono invidiosa», commenta. «È così romantico!».

E lo è stato davvero. Spontaneo, sexy e tenero. Chissà se proverò mai più simili emozioni.

«E sei sicura che non fosse uno di quei rasta che non si lavano e con le mosche che gli girano intorno alla testa?»

«Sono sicura», dico. «Non era assolutamente un rasta».

«Porca puttana». Edie salta già dal divano. «Dopo una simile rivelazione, mi serve un altro bicchiere di vino. Ce n'è ancora in frigo?»

«Sì, c'è una bottiglia di Chardonnay». Ce l'ha messa Anthony prima. E, a essere sincera, ne serve un po' anche a me.

«Fantastico».

«Edie», la richiamo mentre si avvia scalza in cucina. La voce è incerta. «Non lo dirai a Anthony, vero?»

«Ma che razza di sorella pensi che sia?», mi guarda cupa. «Certo che no. Tu hai mantenuto il mio segreto con mamma per anni».

Tutti i tuoi segreti, preciso nella mia testa.

«Come potrei dimenticarlo?». Edie fa il segno di chiudersi a chiave la bocca. «Ho le labbra sigillate».

Capitolo cinquantanove

Così la vita continua, immagino. Il Fay's Cake deve ancora aprire e per fortuna arriva Lija, come sempre. Attualmente con me si muove in punta di piedi, non è brusca come suo solito e penso che le costi un grande sforzo.

Edie dorme ancora. Erano passate le due quando siamo andate a letto ieri sera, dato che è ancora scombussolata dal fuso orario. Per quanto mi riguarda, sono completamente esausta, ma è stato piacevole starmene raggomitolata sul divano a chiacchierare con lei fino a tardi. Penso che potremmo recuperare una certa vicinanza, se ce ne diamo il tempo.

«Fay». Lija interrompe i miei pensieri.

«Sì?»

«Vuoi portare dolci di oggi su *Maid of Merryweather*? Ieri ho preparato *Lemon Drizzle*. Sono rimasti pochi, penso».

«Certo». Così me ne carica una mezza dozzina su un vassoio – sono i più venduti – e mi apre la porta posteriore.

Oggi c'è il sole, è tornata l'estate. L'erba è ancora umida e mi si bagnano i piedi mentre mi avvicino alla *Maid*.

Concentratissima, tengo i dolci accuratamente in equilibrio e salgo sul ponte per aprire la cabina. Se mi cadessero in acqua passerei le pene dell'inferno. Sarebbe meglio darsi alla macchia, in quel caso.

L'interno è accogliente e il calore del sole ne intensifica l'odore naturale di legno. A volte colgo perfino un accenno del profumo di mio padre qui sopra. Malinconica, mi chiedo se questa barca tornerà mai a navigare. Rifornisco gli scaffali con i dolci di Lija, poi controllo che non manchi altro.

Sono lì a fare l'inventario, quando sento una barca più piccola avvicinarsi alla *Maid of Merryweather*. Un cliente mattiniero, forse. Continuo a contare le torte, prendendo nota di ciò che manca. Potrebbero servirci altre crostate alla fragola, penso, la stagione della frutta estiva è al culmine e la gente non ne ha mai abbastanza.

Poi, mentre medito sulla delizia di quei succosi frutti rossi, sento il tonfo di anfibi sulla passerella e ho un tuffo al cuore. Non può essere, vero? Un attimo dopo, però, ecco il gradito zampettare sul legno e un inconfondibile abbaiare. Resto inchiodata sul posto.

«Diggery». È la voce di Danny. «Qui, bello».

Mi viene da piangere. Di gioia. È tornato. Danny è tornato.

Subito dopo arriva l'ansia. E se non fosse solo? Mi sembra già di vederlo aiutare l'adorabile Sienna a scendere dalla *Dreamcatcher* e resto impietrita dove sto.

I passi si avvicinano alla *Maid of Merryweather*, ma ancora non mi sono mossa.

In un istante Danny è lì, in tutta la sua prestanza, accovacciato sulla passerella a guardare dentro la cabina attraverso la porta aperta. «Ehi, c'è nessuno in casa?».

Esco alla luce.

Danny si apre in un sorriso e salta a bordo venendosi ad appoggiare allo stipite.

«Ciao». Il suo sorriso mi fa sciogliere dentro. «È bello rivederti, Fay».

Cerco di placare il battito impazzito del cuore, di trattenermi dal lanciarmi tra le sue braccia. «Anche per me».

Inclina la testa di lato. «Un po' freddino».

«Scusa», dico. «Non era mia intenzione. È davvero una piacevole sorpresa».

«"Una piacevole sorpresa"?», mi fa il verso. «Allora è così che la mettiamo?».

Incrocia le braccia e si accomoda all'interno. Come al solito sembra troppo grande per l'ambiente, la sua presenza ruba ogni atomo di spazio. Trovo difficile perfino respirare. L'ansia mi pugnala al petto.

«Ho delle notizie per te», mi dice Danny.

«Quali?»

«Notizie belle», precisa. «Non fare quella faccia preoccupata».

È da così tanto tempo che non ricevo belle notizie, che il panico ormai è la mia prima reazione.

«Ho conosciuto un tipo alle tre chiuse di Leighton Buzzard. Doveva disfarsi di un motore. Ho pensato che potrebbe tornarti utile per la *Maid of Merryweather*».

«Sarebbe magnifico. Ma quanto vuole?»

«Se ti interessa, a quello ci penso io», risponde. «Tutto si può contrattare in cambio di un po' di lavoro. A conti fatti non è messo benissimo, deve essere ricondizionato, ma suppongo di poterlo far andare, con un po' di fortuna. Vale la pena provarci».

«Mi piacerebbe molto. È stato gentile da parte tua pensare a me».

«Nessun problema». Mi guarda negli occhi. «Ma sai che non è questo il motivo per cui sono qui».

Non so che cosa dire, che cosa fare.

«Abbiamo due possibilità: o continuare con queste chiacchiere amichevoli, ma leggermente imbarazzanti», dice, «oppure andare dritti alla conversazione più difficile».

«Chiacchiere», scelgo.

«Conversazione difficile», ribatte.

Non posso fare a meno di sorridere.

«Sono dovuto tornare, Fay. Non volevo», prosegue, «ma non sono riuscito a stare lontano».

Mi sembra un buon inizio.

«Dovevo capire come stanno le cose tra noi. Quella mattina te ne sei andata senza dire niente», continua. «Neanche una parola. Perfino un "addio" sarebbe stato meglio».

«Scusa».

«Per tutta la notte abbiamo...», tentenna. «Be', lo sai cos'abbiamo fatto. Pensavo che ci fosse una connessione forte tra noi. Non è stato lo stesso per te?»

«Oh, Danny», mi sento andare a fuoco sotto quello sguardo intenso e preoccupato. «Certo che lo è stato».

«E allora?»

«Non mi ero mai trovata in una situazione simile prima», ammetto. «Non sapevo che fare, che dire. Avevo bisogno di tempo per pensare. Credevo che saresti passato a casa dopo».

«E l'ho fatto», conferma. «Dopo la chiusura. Non volevo disturbarti mentre lavoravi. Anche perché ero sicuro che mi avresti detto di aver commesso un errore e di levarmi di torno e non volevo che ci fosse qualcuno ad ascoltarci. Quando sono arrivato, però, in casa non c'era nessuno».

«Ah».

«Allora sono tornato la sera, quando ho visto le luci accese, ma eri con Anthony. In camera da letto. Non credo che avresti gradito visite».

«Non era ciò che sembrava», lo rassicuro stropicciandomi poi il viso con le mani. Troppe cose sono successe in questi ultimi giorni. Tra tutti questi alti e bassi mi sento uno straccio sfibrato. «Quel pomeriggio mia madre si è sentita male», gli spiego. «E ha avuto un ictus mentre la portavano in ospedale».

«Oh, Fay», mormora. «Non ne sapevo niente».

«E come avresti potuto? Non ho neanche il tuo numero di telefono».

«Mi dispiace davvero».

«Anthony è stato eccezionale. È venuto con me in ospedale. Ed è rimasto per la notte. Non volevo stare sola, Danny. Cos'altro potevo fare?»

«Dio», esclama, «che tempismo pessimo. Sta meglio ora?».

Scuoto il capo. Non so bene come dargli la notizia. «Ha avuto un arresto cardiaco ed è morta ieri». Riesco a fatica a contenere il crollo emotivo.

Danny si strofina il viso con le mani. «Quanto mi dispiace».

«Non potevi saperlo».

«Cristo, ora mi sento una merda colossale».

«Sono scesa giù per dirtelo», aggiungo, «ma te n'eri già andato. Anch'io ero convinta che fossi scappato».

«Pensavo di essere una complicazione di cui potevi fare a meno. Hai il caffè, una vita ben ordinata. Anthony. Stai con lui da così tanto tempo… Non volevo arrivare io e scombinare tutto. Stai meglio senza di me, Fay. La tua vita è qui». Fa un respiro stanco. «Cosa posso offrirti io? Non ho un lavoro vero. Faccio una vita da vagabondo sul canale. Non ho nemmeno una somma di denaro da potersi definire tale».

«Non è questo che conta».

«Sono fuggito a gambe levate dalla città e non sono ancora pronto a stabilirmi. Non posso restare qui fisso, non ancora. Mi sto godendo la libertà… Voglio spiegare le ali finché posso».

La mia mente è troppo in subbuglio per elaborare i pensieri. Perfino ora che non c'è più mia madre, sono legata a questi luoghi. Devo pensare a Lija, Stan, Anthony. Ora anche a Edie. Il peso di tutti questi obblighi mi schiaccia. Non mi meraviglia che Danny non muoia dalla voglia di firmare per tutto questo.

Dato che non parlo, è lui a chiederlo. «Quindi, adesso che cosa facciamo?»

«Non lo so. Il funerale è la prossima settimana. Edie è tornata a casa. Non riesco a mettere ordine nei pensieri».

«E io sto solo aggiungendo stress».

«No. Sono davvero contenta di vederti. Davvero. Ma è difficile concentrarmi con tutto quello che è successo».

«Sento che ti sto incasinando la vita, Fay. Che cosa posso fare per aiutarti?»

«Mi serve solo un po' di tempo», rispondo. «Dobbiamo affrontare tutto questo ognuno a modo suo».

«Me ne dovrei andare», afferma. «Stare lontano. Non sono ciò di cui hai bisogno in questo momento. Facile a dirsi, ma non a farsi». L'espressione cupa sul suo viso ne tradisce tutta l'ansia. «Dio, l'unica cosa che vorrei fare è baciarti».

Mi tira a sé ed è una gioia ritrovarmi tra le sue braccia. Per un attimo, tutta la sofferenza che ho nel cuore si scioglie.

Poi si sente una voce. «Fay!», grida. «Dove sei?».

Diggery comincia ad abbaiare.

«È Edie», spiego. Faccio istintivamente un passo indietro e lui riporta le braccia lungo i fianchi. Non voglio che Edie ci veda abbracciati. Se devo essere sincera, non voglio proprio che ci veda. Volevo assaporare qualche minuto da sola con Danny.

«Vuoi che mi tolga dai piedi?», chiede.

«No, le ho parlato di te. Di noi». Arrossisco. «Sa tutto». Sento i passi in avvicinamento e lo guardo mesta. «E comunque, penso che ormai sia tardi per scappare».

Capitolo sessanta

«Sono venuta a dare uno sguardo a questo rottame ammuffito», cinguetta Edie infilando la testa oltre la copertura di plastica. «Ho ancora gli incubi quando ripenso a quelle squallide vacanze su questa schifezza con il sole a picco che...». Quando si accorge che non sono sola si interrompe. «Oh».

«Buongiorno, Edie».

Mia sorella scocca un'occhiata di palese apprezzamento a Danny. «E questo chi è?»

«Danny», risponde lui tendendole la mano per aiutarla a salire a bordo.

Edie è ancora nel suo pigiama striminzito e con sopra la mia vestaglia aperta davanti. Le infradito scintillanti sono sporche di erba.

«Ti faccio le mie condoglianze», dice Danny.

«Grazie», risponde indifferente. Sta ancora passando lo sguardo da me a lui e da lui a me.

Ieri sera siamo andate a letto da amiche, ma stamattina percepisco di nuovo una certa tensione.

Capisco che anche Danny è a disagio. «Allora io riparto, Fay».

Vorrei dirgli di restare, ma come faccio con Edie lì? Se se ne va è la cosa migliore. Ho una vita troppo complicata, mentre Danny vuole andare ovunque lo porti la *Dreamcatcher*.

Voglio che resti, che non si muova dal mio fianco. «Mi ha fatto piacere rivederti», dico invece.

«Intendevo davvero quello che ho detto», mi guarda dritto negli occhi. «Quella sera sulla *Dreamcatcher*. Ogni parola. Vale ancora».

Me lo dice di nuovo con gli occhi: ti amo.

Poi se ne va. Schiocca le dita e Diggery lo segue a ruota.

Lo guardiamo allontanarsi, poi Edie si gira verso di me. «Che carino». Spalanca gli occhi. «E non intendo il cane».

Quella battuta mi strappa un sorriso.

«E lui chi sarebbe?», vuole sapere. «Se non erro, c'era molto più che chimica qui, sorellina».

«È Danny», rispondo. «Quello di cui ti ho parlato».

«Quello con cui hai passato la notte?».

Annuisco.

«Vuoi scherzare?». La sua espressione passa da occhi sgranati a eccitazione pura. «Hai fatto sesso occasionale con quello lì?»

«Con *lui*», la correggo.

Perché poi parlare di "sesso occasionale" come se non dovesse lasciare strascichi? Mi ha complicato la vita ancora più di prima. Di strascichi ne ha lasciati eccome.

Senza dubbio la mia attrazione per Danny risale a ben prima di quella notte, ma, nel tempo, avrei potuto accantonarla come una stupida infatuazione. È gentile, affascinate, per non dire bellissimo. Ma ora che ci sono andata a letto insieme, questa attrazione ha raggiunto livelli inimmaginabili per me. Quell'unica esperienza ha cambiato ogni cosa. Mi è entrato sotto pelle. Sono diventata parte di lui e lui di me. E non posso più tornare dov'ero prima.

Inoltre, quando sono con lui sono una persona diversa e quella persona mi piace molto. Non una sciattona noiosa, invecchiata prima del tempo, provata dalla vita, ma una persona divertente, leggermente frivola e che trasuda passione.

«Buon Dio, non mi sorprende che tu sia potuta soccombere a un tale fascino. Lo avrei fatto anch'io».

Sì, Edie sicuramente sì. Lo so. E non sarebbe neanche rosa dai sensi di colpa come me.

«Pensavo che il solo aspetto della *Maid of Merryweather* tenesse tutti alla larga».

«Spiritosa», commento. «È venuto proprio a dirmi che c'è un motore disponibile per questa barca».

«È un messaggio in codice?»

«No».

«Wow, che romantico».

«È gentile e divertente».

«E tutto il resto». Mi guarda torva. «E te lo lasci scappare?»

«Sto con Anthony», le ricordo. «Non potrei mai ferirlo».

«Che si fotta, Anthony!», esclama.

In effetti, io non lo faccio quasi mai.

«Qui si tratta di quello che vuoi tu, Fay. Lo sai, almeno?»

«Non posso mollare tutto per Danny», le dico. «Guardalo. È giovane, single, libero. Perché dovrebbe farsi imbrigliare da una come me? Si stancherebbe. Sicuro».

«Devi lavorare un po' sulla tua autostima», decreta Edie.

«Non penso di essere l'unica», ribatto.

Quelle parole hanno l'effetto di uno schiaffo su di lei.

«Scusa».

«Stai dicendo che Brandon non va bene per me».

«Sì. No». Riprendo fiato. «Devi deciderlo da te, Edie». Faccio marcia indietro davanti al suo sguardo di fuoco.

«Ognuna di noi deve essere in grado di decidere che cosa sia meglio, in fatto di amore. Danny e io siamo persone diverse. Vogliamo cose diverse. Anthony è l'uomo più adatto a me. Gli ho dato dieci anni della mia vita, i migliori. Come faccio a buttare via tutto?»

«Ma ti stai ascoltando?»

«Ho il caffè da gestire. Lija a cui pensare. Ho delle responsabilità. Non posso semplicemente voltare le spalle a tutti perché ho avuto un'unica, fantastica notte di sesso».

Edie si illumina di un lento sorriso. «E così è stato fantastico, eh?»

«Sì», ammetto sconfitta.

«Lo sento che cosa provi per lui. E lui per te». Edie torna improvvisamente seria. «Un amore così capita una sola volta nella vita, Fay. Non fartelo scappare».

Temo, però, che sia facile solo a parole. Non posso voltare le spalle a tutto ciò per cui ho lavorato, che ho allevato.

Mia sorella sospira. «Comunque, ero venuta a dirti che ha chiamato il notaio. Vuole vederci tutte e due il giorno dopo il funerale. L'ho pregato di anticipare, ma non ha voluto, così ho confermato l'appuntamento».

«Okay».

Vorrà aprire il testamento, ne sono certa, e sarà quella la fase cruciale per il mio futuro, altro che questioni di cuore.

Capitolo sessantuno

Siamo al funerale di mia madre. Un gruppetto scarno, tutti radunati in cucina. Edie sembra Audrey Hepburn. Magrissima, indossa un nuovo abitino di taffetà nero lungo fino al ginocchio, attillato e svasato in fondo, senza maniche, con una cintura di finti diamanti. Occhiali da sole a mosca e tacchi alti di marca, altro nuovo acquisto. Fin troppo glamour per una cerimonia sotto tono al crematorio locale. Alla mia cara sorellina, però, piace distinguersi in ogni occasione.

Edie ha comprato tutto il completo, inclusa la borsetta in tinta, con tante grazie dalla mia carta di credito mentre io, ovviamente, ho richiamato in servizio dal fondo dell'armadio il capo meno malridotto che avevo.

C'è anche Lija, con un austero abito nero preso in prestito da un'amica e Doc Martens neri. Non sarà stata una grande fan di mia madre, ma so che vuole essere presente per me. Al momento ha infilato un grembiule sul vestito e sta preparando dei panini per quando torneremo.

Oggi il caffè è chiuso perché non avrei saputo come fare altrimenti.

Forse avrei potuto chiedere a Danny di sostituirci e presenziare la postazione. So che l'avrebbe fatto per me, ma non mi è venuto in mente subito e ora se n'è andato. Così sono arrivata fino al palo della luce in fondo alla strada e ho attaccato un foglio in una custodia di plastica con su scritto "Oggi il caffè è chiuso per circostanze impreviste".

Ho lasciato aperta la *Maid of Merryweather*, così la gente può comprare comunque i dolci da godersi lungo il canale. Possono lasciare i soldi nella cassetta di cortesia o portarseli via e basta. Oggi non me ne importa niente.

C'è anche Stan. Sono stati buoni amici lui e mia madre, prima che lei decidesse di mettersi a letto in pianta stabile. Da quel giorno, non ha permesso più a nessuno di andare a trovarla e, con il tempo, tutte le amiche del Women's Institute e le persone come Stan ci hanno rinunciato.

Il nostro caro Stan oggi è elegantissimo nel suo completo nero con cravatta e camicia bianca inamidata. Sul petto ha una fila di medaglie luccicanti.

«Stai un amore, Stan», gli dico, spolverandogli il bavero senza alcuna necessità. Poi indico le medaglie. «E queste per che cosa sono?»

«Oh, un po' di questo e un po' di quello», risponde. «Di tanto in tanto mi piace che prendano un po' d'aria. Le ho messe come forma di rispetto per Miranda».

Le guardo meglio. Non sono esperta di decorazioni di guerra, ma ce n'è una che mi sembra familiare. «È la Croce vittoriana?».

Stan sembra improvvisamente intimidito. «Ah, quella? Sì, esatto».

«È la più alta onorificenza al valore nel nostro Paese. Ho ragione, no? Che cosa hai fatto?»

«Niente di che», dice prudente. «Quello che avrebbe fatto chiunque».

Lo bacio sulla guancia. «Sono sicura che è molto di più, ma per il momento non insisto. Non sapevo fossi un eroe di guerra».

«Ah, non direi proprio», insiste.

Nel frattempo si è unito a noi anche il dottor Ahmed quindi, a questo punto, manca solo Anthony.

Abbiamo affittato una sola vettura per seguire il carro funebre e ci hanno assicurato che ci saremmo stati tutti. Restiamo pazientemente ad aspettarlo fuori, ma non c'è molto tempo e dobbiamo muoverci se non vogliamo perdere il turno.

Sto giusto pensando di mandargli un messaggio per chiedergli dov'è, quando sento la sua auto svoltare nel vialetto.

«Scusa», dice precipitandosi in cucina. È leggermente paonazzo e senza fiato. «Scusa il ritardo».

Lo bacio sulla guancia. «Appena in tempo».

«Pronti?», chiede Edie.

«Prontissimi», rispondo.

Capitolo sessantadue

Trovo la funzione più che consona. Sei persone imbambolate dirette dal parroco di St Anselm in the Field nella versione mugugnata di *All Things Bright and Beautiful*. Mia madre non frequentava la chiesa da anni – come famiglia abbiamo sempre partecipato solo alle funzioni nelle feste comandate – ma quando lo faceva era lì che andava. Sullo schermo è proiettata la sua fotografia a circa trent'anni. L'ha pescata Edie nella scatola dentro la credenza del salotto.

La guardo sorridere all'obiettivo. Magra, forte, felice, come chi ha davanti a sé una vita piena e meravigliosa. Non sembra avere alcun pensiero al mondo, e io mi domando tristemente che cosa l'abbia portata a ritirarsi di proposito in quella sorta di clausura, anni prima del dovuto. A quell'età, quali erano le sue speranze e i suoi sogni? Ha mai amato veramente papà? A volte me lo chiedo.

L'eulogia è gradevole, il sacerdote non sa che tipo difficile e litigioso fosse, tanto da non avere un solo amico nei suoi settantasette anni di vita. Fa solo un rapido accenno alla scelta che l'ha portata a costringersi a letto di sua volontà.

Per molti, lunghi anni, ha deciso di non avventurarsi oltre le quattro pareti della sua stanza quando invece, con un piccolo aiuto e supporto, avrebbe potuto farlo benissimo. Era stanca della vita? Voleva attenzione? Nonostante i migliori sforzi dei medici aveva davvero un problema serio che non era stato mai scoperto? Lo sguardo mi cade sul feretro lì al centro: ormai non lo sapremo più. Ancora qualche parola, poi la bara sparisce al di là della tenda.

Anthony mi prende la mano. Edie singhiozza rumorosamente al mio fianco, mentre io, a occhi asciutti, mi rammarico per non aver mai veramente conosciuto mia madre, nonostante tutti quegli anni di amorevole assistenza.

Un'ora dopo, a cerimonia ultimata, siamo a casa. Solo in cinque, perché il dottor Ahmed è andato direttamente in clinica dal crematorio.

Edie è ancora in lacrime. «Avrei dovuto esserci di più per lei. Diamo sempre per scontate le persone, vero?».

Non potrei darle più ragione di così, ma non è oggi il giorno per recriminare. Le do dei colpetti sulla mano. «Sapeva che le volevi bene e lei ti adorava».

Le lacrime le scorrono lungo le guance. «Mi mancherà».

Non è neanche il momento per ricordarle che non è mai voluta venire a trovarla quando era ancora viva.

Anthony si dimostra molto sollecito. Mi gira intorno come una mamma chioccia, il che è molto carino da parte sua. Mi posa una mano sulla spalla. «Vuoi altro tè, tesoro?»

«Sì, un'altra tazza la prendo volentieri, grazie».

Il sole è alto e siamo seduti in giardino. Lija ha accostato due tavolini così possiamo stare tutti insieme. C'è un vassoio di panini, alcune delle torte speciali di Lija e stiamo ingurgitando tazze e tazze di tè. La mia assistente è gentilissima con tutti, il che è leggermente sconcertante.

Di tanto in tanto ho l'istinto di salire a controllare mia madre, ma poi ricordo che non c'è più e non ci sarà mai neanche più il suo bastone che batte sul pavimento. Niente più medicine da somministrare, docce da fare, capelli da asciugare e pettinare. Sono libera di entrare e uscire come voglio ora e, stranamente, mi ci vorrà un po' per abituarmi alla cosa.

Tutto sembra ancora irreale. Domani il sole sorgerà, il negozio riaprirà, Edie prenoterà sicuramente il volo per New York e la vita riprenderà il suo corso.

«Vado a sedermi lungo il canale qualche minuto», dico a Anthony.

«Vuoi che venga con te?»

«No, tranquillo».

«Allora torno in ufficio, ti dispiace?»

«Assolutamente no». Gli tocco il braccio. «Sei stato magnifico oggi. Grazie».

«Stasera ti lascio con Edie, ma passo domani dopo il lavoro». Mi dà un bacio sulla guancia.

Appena se ne va, prendo il tè e mi avvio verso la passerella. Siedo sul bordo e mi tolgo le scarpe lasciando penzolare i piedi a pochi centimetri dall'acqua. Stranamente mi ritrovo a pensare a mio padre invece che a mia madre. Sono andata molto raramente al crematorio dove abbiamo tumulato le sue ceneri e la cosa mi intristisce. Poi però penso che l'ho sempre sentito molto più vicino qui, sul canale. È qui che mi piace ricordarlo, non in quella terra fredda dove neanche voleva stare. Chissà cosa penserebbe di me se mi vedesse ora. Sarebbe orgoglioso di ciò che ho costruito o penserebbe che ho sprecato la mia vita?

Pochi minuti dopo mi raggiunge Edie. Guarda il suo nuovo vestitino elegante valutando la sporcizia a terra, poi mi siede accanto con un sospiro rassegnato.

«Ti piace qui, eh?»

«Sì, è il mio angolo di paradiso».

«Per me, invece è l'inferno in Terra».

Mi giro e le sorrido. «Siamo sempre state molto diverse».

«A volte mi chiedo se non abbiano preso la bambina sbagliata dal reparto maternità», dice. «Sono così diversa da te e papà».

«Ma sei uguale a mamma».

«Oddio non lo dire», sospira. «Sono la copia conforme e la cosa mi terrorizza. Non voglio finire scorbutica e sola, rinchiusa in camera. Tu hai preso i geni migliori».

Rido. «Il futuro è nelle tue mani».

«Anche il tuo», ribatte.

«Mi preoccupano i prossimi passi», confesso. «Dovrò mettere insieme i soldi per riscattare la tua parte e non so bene come fare».

«Non si arriverà a questo», risponde Edie. «Ora siamo solo noi due. Tu e io e basta, sorellina. Troveremo una soluzione. Siamo una famiglia». Si appoggia a me, con la testa sulla mia spalla. «E le famiglie restano unite».

Capitolo sessantatré

Il giorno dopo, Edie e io siamo nella sala d'aspetto del notaio. Non parliamo granché. Mia sorella si è svegliata di umore molto strano e non riesco a inquadrarne il motivo. Al momento sta fingendo di leggere una copia di «Country Life» che ha preso dal tavolino e mi ignora deliberatamente.

Oggi ho lasciato in carica Lija, così non devo preoccuparmi del caffè. In questi momenti di pace ne approfitto per pensare a Danny. Lascio che il suo aspetto, le sue movenze mi passino davanti agli occhi. Lo vedo in piedi a poppa della *Dreamcatcher*, che si gira a sorridermi.

«Signorine Merryweather». La voce maschile che ci chiama mi riporta bruscamente alla realtà.

Edie e io alziamo lo sguardo.

«Potete accomodarvi nel mio ufficio».

Non possediamo così tanto da dover coinvolgere un notaio ma, quando si è reso necessario, è sempre stato il signor Crawley a seguire le questioni di famiglia. Avrà sui settant'anni o più, ormai. Di certo non ne dimostra meno.

Si trascina nell'ufficio dietro di noi. Prende posto alla sua scrivania davanti alla quale Edie e io sediamo composte e con la schiena ben dritta. Mi sembra di essere stata convocata nell'ufficio del preside.

«Allora», comincia in tono gentile. «Mi è dispiaciuto molto venire a sapere della scomparsa di vostra madre. Oggi siamo qui per le dovute pratiche esecutive relative al suo testamento».

Non penso che mia madre avesse chissà che patrimonio. Sul conto c'era ben poco denaro e anche gli oggetti di valore sono scarsi. I beni consistenti sono la casa e il suo contenuto. Chissà se Crawley è a conoscenza del caffè che vi gestisco all'interno. Non so bene a quando risalga l'ultima revisione del testamento da parte di mia madre, ma di certo il notaio è venuto a casa nostra un paio di volte negli ultimi due anni.

Crawley fa gran mostra di organizzare e controllare le carte che ha davanti, mentre Edie e io, entrambe con le mani raccolte in grembo, cerchiamo di mantenere la calma.

Alla fine si toglie gli occhiali tondi, li infila nel taschino e ci guarda corrucciando le labbra. «Temo che sia un po' difficile».

Non fornendoci ulteriori delucidazioni, chiedo se ci sia qualche problema con il testamento.

«No», risponde. «È tutto pronto e sistemato». Passa lo sguardo da me a Edie e viceversa. «Siete già a conoscenza delle volontà di vostra madre?».

Scuoto il capo. «No».

«No», mi fa eco Edie.

«Santo cielo».

All'improvviso ho un'illuminazione: e se mamma avesse lasciato tutto a me e diseredato Edie? Non le andava giù che non venisse mai a trovarla; e se avesse voluto fargliela pagare nel modo più crudele possibile? Non mi stupirebbe da parte sua. Ne sarebbe stata capacissima, se avesse voluto. Sarebbe terribile, però. Mi giro verso Edie, tetra.

«Cosa?», fa lei. «Che c'è?»

«Qualunque cosa ci sia scritta nel testamento», le dico,

«la risolveremo tra noi». Mi sarebbe insopportabile saperla esclusa così.

«Giusto», conferma incerta. Ovviamente è preoccupata quanto me adesso.

Il dottor Crawley si schiarisce la gola. «Ci siamo?».

Ricomincia la trafila di tirare fuori gli occhiali dal taschino, aprirli e inforcarli. Legge tutte le formalità legali del testamento mentre aspettiamo che arrivi al punto che davvero ci riguarda.

Fa una pausa, chiaramente restio a darci una brutta notizia. Con un sospiro sofferto, guarda da sopra le lenti e dice: «A mia figlia Edie Merryweather lascio Canal House e tutto ciò che contiene».

Sia Edie che io annaspiamo rumorosamente, ma per motivi diversi.

«A Fay Merryweather, lascio la barca *Maid of Merryweather*».

E poi un altro po' di bla bla bla su quanto c'è sul conto e la polizza di assicurazione sulla vita che ammonta a poco più di quattrocento sterline, che vanno sempre a Edie. Resto lì, ammutolita dallo shock, intontita dalla testa ai piedi. Mia madre ha lasciato tutto a Edie. Tutto. E non ho la più pallida idea del motivo.

"Perché?», mi chiedo. "Perché diavolo l'ha fatto?".

Il notaio appoggia le mani sul tavolo. «Non è ciò che vi aspettavate?»

«No», rispondiamo all'unisono.

Sento il sangue defluirmi dal volto, invece Edie ha piccole chiazze rosse sulle guance.

«Le ha lasciato anche una lettera, Fay», aggiunge Crawley. «Non ne conosco il contenuto, ma spero che in qualche modo possa spiegarle il suo pensiero».

«Grazie». Mi alzo per prendere la busta celestina dalle sue

mani nodose. Ho lo stomaco così teso che mi sembra di avere i crampi.

Guardo Edie, la nuova proprietaria della mia casa, del mio caffè. È raggiante e non fa niente per nasconderlo.

Capitolo sessantaquattro

«Andiamo a prendere un caffè», propongo quando siamo di nuovo in strada. A essere sincera, non me la sento di guidare. Le gambe mi sostengono a malapena e mi gira la testa. Mia madre mi ha diseredato. Completamente.

Edie guarda l'orologio, ma non deve andare da nessun parte.

«Okay», non potrebbe sembrare più riluttante neanche se volesse.

«Devo sapere che cosa dice la lettera».

«Forse dovresti leggerla per conto tuo», suggerisce mia sorella.

«Non vuoi sapere perché ha lasciato tutto a te e a me niente?»

«Ti ha lasciato la barca», ribatte Edie.

«Tu hai avuto una casa che vale mezzo milione di sterline. Che, tra l'altro, è anche la mia abitazione e la mia attività», puntualizzo. «A me resta una barca che ha quarantacinque anni e neanche funziona».

Avanzo a grandi passi con Edie che mi trotterella dietro in quei suoi ridicoli tacchi gialli.

Al primo caffè che incontriamo, mi ci tuffo. È pieno, ma c'è un tavolino libero accanto alla finestra dove vado dritta a prendere posto. Non credo che sarei riuscita a stare ancora in piedi.

«Io prendo un caffellatte», dico a Edie. Se pensa che riesca ad andare al banco a ordinare, farà bene a ricredersi. Tiro fuori dal portafoglio una banconota da dieci sterline e gliela passo.

«Qualcos'altro?». A malapena mi guarda negli occhi.

«No».

Si avvia al bancone e io resto lì con la busta appena ricevuta tra le mani tremanti.

Non so che cosa provare. Rabbia, ira, disperazione, umiliazione, delusione. Tutto quanto. Un miscuglio di emozioni che mi si agitano nella mente e non ho il potere di fermare. Perché l'ha fatto? Che motivo aveva di trattarmi in modo così vergognoso, favorendo Edie rispetto a me? Penso a tutte le cure in cui mi sono prodigata… Davvero meritavo un simile sgarbo? Forse è tutto un terribile errore. Forse Crawley è così vecchio che ha perso il senno e ha mal interpretato il testamento o letto quello di qualcun altro.

Il sole picchia contro la finestra e mi sento fusa e sudata. Non me la sento di leggere la lettera, ma so che devo farlo. Le mani mi tremano così tanto che quasi mi cade a terra e devo stringere la presa. Quando riesco a bloccare il tremore per un attimo, infilo il dito nel risvolto e la strappo. Sì, è l'inconfondibile, netta grafia di mia madre.

Cara Fay,

avrei dovuto dirtelo tanto tempo fa. Non so perché non l'abbia fatto, forse perché l'avevo promesso a tuo padre.

Ho lasciato tutto a Edie, perché lei è la mia unica, vera figlia. Tu avevi solo un anno quando tuo padre e io ci siamo conosciuti. Era vedovo da poco, rimasto solo con una bambina e io ti ho accolto come se fossi mia.

Non aveva un centesimo di suo. Quando è venuto da me aveva solo la barca che lui e la prima moglie, tua madre, amavano molto ed è questa che ti lascio. La casa me la comprarono i miei genitori quando ci siamo sposati, ecco perché la lascio in eredità a Edie. Deve restare in famiglia. Nella *mia* famiglia.

Sei stata molto buona con me negli anni, ma non sei carne della mia carne e sangue del mio sangue. Sei sempre stata la figlia di tuo padre.

Con affetto,

Miranda

Quando Edie ritorna con i nostri caffè ho ricominciato a tremare. La mia storia è stata appena riscritta e non so come gestire lo shock. La donna che ho amato per una vita come una madre, biologicamente non lo è, e non ho avuto mai, neanche per un minuto, il benché minimo sospetto.

«Che c'è?», chiede Edie nel vedere la mia faccia esangue e sconvolta.

Le passo la lettera che legge rapidamente.

«Oh, merda», dice. «Non sei neanche mia sorella».

«Sì che sono tua sorella», confermo. «Cosa cambia?»

«Be'…». Lascia la frase in sospeso. «Neanche lo sapevo che papà era già stato sposato. Tu?»

«No. Non lo sapevo».

Alza la testa di scatto. «Però lui è mio padre, giusto?»

«Certo», sbotto. «Sono solo le mie origini a essere state messe in discussione».

«*Fiuu*».

«Grazie per la solidarietà, Edie». Non riesco a credere che Miranda non fosse mia madre. Come ha fatto a mantenere il segreto per tutti questi anni? E papà? Avrebbe dovuto dirmelo. Avrebbero dovuto dirmelo tutti che la donna che ho sempre considerato mia madre era in realtà la mia matrigna. Chi era allora mia madre? «Ho appena scoperto che tutto ciò in cui credevo era una menzogna».

«Lo so», dice Edie. «Roba forte».

«"Roba forte"? Non solo sono appena venuta a sapere che mia madre non è quella che per tutta la vita ho considerato tale, ma adesso tu erediti la mia casa e la mia attività e io vengo buttata per strada con un calcio nel sedere. Che cosa farò?».

Edie trattiene il fiato. «È complicato».

«È devastante».

«Potresti provare a riscattarla», propone.

«La metà?»

«Ehm...».

«A parti inverse, se avesse lasciato tutto a me, io avrei diviso a metà».

Mi guarda impertinente. «E io come faccio a saperlo?»

«Perché ti voglio bene. Siamo state cresciute come sorelle. Qualunque cosa dica questa lettera», gliela agito davanti agli occhi con rabbia, «siamo una famiglia. Dovremmo prenderci cura l'una dell'altra».

Voglio che Edie si avvicini e mi abbracci, che mi dica che si risolverà tutto. Invece rimane inchiodata sulla sua sedia. Mi è crollato il mondo addosso e non sembra importargliene un fico secco.

«Non la voglio quella stupida casa», dice. «La odio. Per quanto mi riguarda, te la potresti pure prendere così com'è. Voglio solo tornare da Brandon il prima possibile, ma sai qual è la mia situazione. Sono al verde. E lui ha perso il lavoro. Ora potremmo comprarci la nostra indipendenza. Lui potrebbe lasciare la moglie... È una manna dal cielo».

«E un incubo per me».

Mi guarda accigliata come se non vedesse il problema. «Di quella casa mi serve solo il corrispettivo in denaro».

È proprio questo il problema.

«Non riuscirò a mettere insieme la somma che serve a ricomprarla per intero. Le banche non mi daranno mai un mutuo così grande». Mi prendo la testa tra le mani. «Dev'esserci un'opzione. Dev'esserci qualcosa che posso fare».

Al momento, però, non mi viene in mente nulla.

Capitolo sessantacinque

Sono le tre di notte e sono sveglissima. Stesa a letto, accaldata e insofferente, ho gettato via le coperte e le gambe non trovano pace. Fisso il soffitto. Non so di quale ansia occuparmi per prima, quindi sto cercando di risolverle tutte allo stesso tempo.

Non sta funzionando.

Mia madre, la donna che ho amato come figlia per tutta la mia vita, si è rivelata non essere affatto mia madre, ma la mia matrigna. Sto disperatamente cercando di venirne a capo.

Mi ha tagliato fuori dal testamento perché mi ha serbato rancore per tutti questi anni? In effetti sono sempre stata la preferita di papà, ma Edie era la cocca di mamma. Non ho mai pensato che potesse esserci qualcosa di complicato dietro. Non è così in tutte le famiglie? Almeno un pochino? Quanto vorrei poter parlare con mio padre, adesso. Solo lui potrebbe dirmi chi era la mia vera madre. Raccontarmi della sua morte e dell'incontro con Miranda. Era troppo difficile per lui, forse, gestire una figlia da solo? Dovrei essere riconoscente a Miranda per avermi accettato: non dev'essere stato facile accogliere in casa una bambina così piccola. E non posso neanche dire di aver avuto un'infanzia infelice, anzi. Ho sempre saputo che mio padre mi adorava. Eppure a volte, quando mi sentivo giù, percepivo un vuoto dentro e ora mi chiedo se, inconsciamente, non fosse la mancanza di mia madre.

E la situazione di mio padre? È stata la sua prima moglie, e non Miranda, l'amore della sua vita? È per questo che ora lei ha scelto di punirmi? Cerco di scavare nella memoria alla ricerca dei ricordi della mia vera madre, ma non ce n'è neanche uno e questo fatto mi rattrista profondamente. Devo scoprire chi era al più presto. Non chiuderò occhio finché non ne avrò saputo di più. Adesso però, ho problemi più urgenti.

Al di là della preoccupazione delle mie origini, devo ancora trovare una soluzione brillante per tenermi stretta la casa di famiglia e il mio piccolo caffè-pasticceria. Ho cercato di parlarne di nuovo con Edie stasera, ma è stranamente poco loquace sul tema. Appena finito di cenare, pressoché in silenzio, se l'è svignata in camera sua e ha passato quasi tutto il tempo a parlare oltreoceano con quel cavolo di Brandon.

Domani mattina, come prima cosa, devo chiamare la banca e sentire se possono concedermi un prestito per acquistarla. Spero anche che durante la notte Edie abbia un ripensamento e si renda conto che, di regola e per correttezza, la proprietà immobiliare andrebbe divisa equamente in due parti. Se se ne convincesse, allora forse potrei – con qualche sacrificio – permettermi di restare qui. Se non riuscissi a ottenere un mutuo, forse potrei perfino pagarle un affitto mensile. Ma finora non ha lasciato trapelare tale magnanimità. La conosco fin troppo bene. Non ha detto granché, ma so che vorrà disfarsene nel minor tempo umanamente possibile e che sperpererà tutto con le sue mani bucate. Non mi dispiacerebbe neanche troppo, se almeno le piacesse la casa e progettasse di abitarci, ma non è così. Sono l'unica a considerarla casa. L'unica ad amare questo posto.

E pensare che nello studio del notaio, per un attimo, ho creduto di essere l'unica beneficiaria indicata da mia madre. Dopotutto, sono l'unica a essersi presa cura di lei per tutti questi anni, mentre Edie non è mai neanche venuta a trovarla. Questo non conta niente?

Così pare.

A parti inverse, non sarei mai rimasta a guardare mentre Edie veniva diseredata così. Avrei mosso mari e monti per dividere in parti uguali.

Un'altra cosa che potrei fare è sposare Anthony. Non che me l'abbia chiesto, ma ormai stiamo insieme da così tanto tempo che sappiamo di poterla rendere una relazione ufficiale. Se ci sposassimo, potrebbe vendere casa sua e, con un bel salto, permetterci di ricomprare questa. So che la ama. Forse non quanto me, ma potrebbe sicuramente renderla casa nostra. Capirà il bisogno che ho di restare qui, lo so che capirà. Anthony sarà una garanzia per il nostro futuro e si comporterà in modo meraviglioso e splendido come quando è morta mia madre. Potrei chiedere di più?

Poi lo stomaco mi si contrae e mi rendo conto che il languore che provo non è per Anthony.

Mi alzo e, dalla finestra, guardo verso il canale. C'è solo un accenno di brezza che fatica a smuovere l'aria. Sotto la luna l'acqua è un nastro grigio ferro. In questo momento è la mia unica connessione con Danny che, chissà dove, là fuori, starà dormendo profondamente sulla *Dreamcatcher*.

Mi manca. Dio, quanto mi manca. Quanto vorrei parlare con lui adesso. Raccontargli quello che è successo. Ma cosa potrebbe fare? Come potrebbe aiutarmi? Danny ha ragione, il mio futuro non è con lui, ma con Anthony. Non devo gettare via il cuore per qualcuno di totalmente inadatto a me. Mi serve un uomo solido, presente, che mi sostenga. Devo sposare Anthony. È la cosa più giusta.

Cercare di dormire è inutile, tanto vale scendere e cominciare a impostare la giornata. C'è il caffè per i clienti da preparare ma, per la prima volta, non ci metto il cuore. Devo telefonare in banca appena apre, per sentire se riescono a sbrogliare la matassa in cui mi trovo. Non mi faccio illusioni, però.

Rinuncio ai preparativi per la giornata e mi siedo, fissando la teiera che ho davanti come se potesse avere tutte le risposte. Non ne ha.

Sto ancora così, quando alle otto arriva Lija. Mette giù la borsa e mi si siede di fronte.

«Un po' di tè?», le propongo.

Annuisce. Faccio scivolare una tazza verso di lei e glielo verso.

«Hai aspetto di merda», osserva.

«È proprio come mi sento».

«Ti posso aiutare?».

Sollevo lo sguardo stanco. «Solo se riesci a trovare mezzo milione di bigliettoni, o giù di lì, da dare a mia sorella».

Aspetta pazientemente una spiegazione.

«È scoppiata una bella bomba ieri», continuo quando ritrovo la voce tra le lacrime che montano. «Mia madre, che si è scoperto non essere davvero mia madre, ha lasciato l'intera proprietà a Edie. La casa, tutto il contenuto e tutto il denaro».

«Che cosa?». Lija è furente. «Ma come ha potuto? Maledetta Vecchia Bacucca!».

Al momento non me la sento di dissentire.

«E non era tua vera madre?»

«Matrigna».

«E tu non sapevi?»

«Non ne avevo idea. È venuto fuori che mio padre era vedovo di un precedente matrimonio. Miranda mi ha accolta che ero molto piccola ma, a quanto pare, non mi ha mai considerato una "vera" figlia».

«Ti sei fatta culo a strisce per lei». Lija è in ebollizione, la vedo. «È stata molto ingiusta con te».

«Ah, mi ha lasciato la *Maid of Merryweather*». Amo teneramente quella barca, davvero. Ora come ora, però, quel pensiero non basta a tirarmi su.

«Perché?», continua Lija. «Perché ha fatto questo?»

«Me lo sto chiedendo dall'istante in cui ho ascoltato le parole del notaio ieri e ancora non ti so dare una risposta».

«Adesso che cosa farai?»

«Telefonerò alla banca, vedo se riesco a trovare una soluzione. Nel caso, devo riuscire a racimolare i soldi per ricomprare la casa da Edie».

«Sono senza parole. Di sicuro, però, tua sorella non permetterà».

Proprio allora scende Edie. Me la sarei aspettata in pigiama, data l'ora, invece è già vestita.

«Lo so che è difficile, Fay», commenta.

Quanto ha sentito della nostra conversazione?

«Molto», concordo.

«Devo andare in città», dice. «Mi presti la macchina?»

«Sì, certo. Le chiavi sono appese al gancio».

«Non puoi fare questo a tua sorella», dice Lija appassionata. «Dove va ad abitare? Come fa a vivere?»

«Io non c'entro niente», risponde Edie altezzosa. «Sono le volontà di una donna morente».

«Nostra madre», dico.

«*Mia* madre», corregge.

Poi prende le chiavi ed esce e, nel farlo, ha perlomeno il buon senso di mostrarsi in imbarazzo.

Capitolo sessantasei

Telefono alla banca. Mi ridono in faccia. Chiaramente il piano A, "ottenere un prestito", è fallito.

Allora telefono al notaio Crawley.

«Non lo si può impugnare in nessun modo?», mi informo.

«Ci si potrebbe provare», risponde, «ma non penso che ci siano delle solide basi e le costerebbe molto. Inoltre, decidendo di portare Edie in tribunale, resterebbe tutto bloccato per anni».

L'indecisione mi sta rodendo.

«Per quel che vale», dice Crawley, «lo trovo molto scorretto da parte di sua madre. Gliel'avevo sconsigliato, ma è stata irremovibile sulle sue volontà. Sapeva essere una donna molto difficile».

Solo ora sto imparando quanto.

«Sua sorella Edie potrebbe farsi persuadere», ipotizza. «Soldi ed eredità tirano sempre fuori il peggio dalle persone. Riflettendoci con calma, potrebbe cambiare idea».

Temo di non nutrire grandi speranze in proposito.

Lija è in cucina a preparare la minestra per il pranzo quando vado a darle la cattiva notizia.

«La banca non mi presterà un centesimo», le comunico. «E comunque, non ho molto da poter versare come anticipo». Principalmente perché Edie ha dato fondo a tutti i risparmi che avevo accantonato per la *Maid of Merryweather*, ma non ritengo saggio mettere a parte Lija di questo dettaglio.

Mi tormento su questo per tutta la mattina e sono certa di essere più d'impaccio che d'aiuto per Lija che, però, non si lamenta come farebbe normalmente. Mormora solo «Cazzo» a intervalli regolari tra sé e sé.

Naturalmente, oggi che la voglia di lavorare scarseggia, il caffè è pieno. Al momento abbiamo tutti i tavoli occupati e diversi bambini che scorrazzano in giardino, essendo anche cominciate le vacanze scolastiche.

«Ecco Stan», l'avviso quando lo vedo entrare dal cancello laterale.

«Crema di funghi», annuncia Lija preparandogli il piatto.

«La sua preferita», commentiamo in coro, ridendo. È il primo raggio di sole della giornata.

«Che cosa farà Stan Puzzone?», chiede, «senza più te che badi a lui?»

«Non lo so». Non ce la faccio a pensare anche a questo adesso. «Però ho avuto un lampo di genio».

Mi guarda stupita. Forse non dovrei dirglielo, ma non ho altri con cui confidarmi.

«Chiederò a Anthony di sposarci».

Lija resta basita. «Non puoi farlo», dice.

«Stiamo insieme da abbastanza tempo. Farà bene a entrambi impegnarci ufficialmente. Potrebbe vendere casa e trasferirsi qui». Se Anthony vende bene, avremmo abbastanza denaro da ricomprarci Canal House. «Sarebbe la soluzione perfetta».

«No», dice Lija. «No».

«Starò comunque con lui per sempre, Lija. Potremmo anche farlo un passo ufficiale».

«No», ribatte. «Tu ami Danny».

«Ho passato una sola notte con lui, Lija. Anche un po'

avventata. E adesso dov'è? Anthony, almeno, è qui per me. È il mio futuro».

«Non fare cazzate». Lija si batte la tempia per la frustrazione. «Fai ragionamenti folli».

«È l'unica risposta». Non avrei mai dovuto dirglielo. Sapevo che non avrebbe approvato. Afferro frettolosamente la minestra di Stan. «Sarà meglio che gliela porti prima che si raffreddi».

Mentre mi affretto in giardino, Lija mi segue alla porta e mi urla dietro. «Non puoi sposare Anthony! Cazzo, neanche lo ami!».

Tutti i clienti nel giardino mi fissano a bocca aperta.

Ho le guance in fiamme. «Scusate», dico dolcemente alle madri che coprono le orecchie ai figli e mi guardano scandalizzate. «Scusate tanto».

«Che sta succedendo?», mi chiede Stan quando gli porto la minestra.

Lo metto al corrente del disastro che mi è caduto addosso nelle ultime ventiquattr'ore.

«Quella Edie è senza spina dorsale, mica come te», commenta. «Ma alla fine si comporterà bene, ne sono sicuro».

Non mi trovo proprio d'accordo. «Non nutro più molte speranze, sai, dopo che tutto quello che nella mia vita ritenevo definito e sicuro, si è rivelato infondato».

«Miranda ti voleva bene», dice. «A modo suo».

«Fatico a credere anche questo».

«Vorrei tanto poterti aiutare in qualche modo».

Com'è che tutte le persone che non mi sono parenti vorrebbero fare qualcosa per me, mentre quelle che lo sono sembrano intenzionate a trattarmi male?

«Se avessi i soldi per ricomprarla, lo farei», gli dico. «Ma la banca mi ha mandato a spasso».

«Se li avessi, te li darei volentieri».

«È molto gentile da parte tua».

Poi gli si illuminano gli occhi. «Posso darti le mie medaglie», propone. «Vendile».

«Stan». Sono senza parole. «Non potrei mai».

«La Croce vittoriana dovrebbe fruttarti un bel gruzzolo», continua imperturbabile. «Ci sono collezionisti specializzati. Prendile, Fay. A che mi servono? Non ho più nessuno a cui lasciarle».

«Sei davvero premuroso, ma non posso. Te le sei guadagnate con il coraggio e il valore. Non le venderei mai».

«Però faresti felice un vecchio».

Scuoto il capo. «Non me lo sogno neanche. Me la caverò da sola in qualche modo». Mi alzo. «Riporto la minestra in cucina e te la faccio scaldare. Ho chiacchierato troppo e si è raffreddata».

«Cos'è?»

«Crema di funghi».

«Che delizia», dice. «La mia preferita».

E, a quelle parole, mi viene da piangere.

«La mangio fredda», aggiunge. «Non voglio infastidire Lija. Oggi mi sembra un po' scorbutica». Lancia uno sguardo nervoso alla cucina sul retro, da dove è impossibile non sentire l'acciottolio di pentole e padelle.

«È solo preoccupata per me», ammetto. «E anche per il suo lavoro, temo. Questo non vuol dire che devi mangiare la minestra fredda».

«Penso di preferire così».

Rido. «Stan, non ti manca certo il coraggio per affrontare una schermaglia sulla minestra. Hai la Croce vittoriana. Probabilmente hai abbattuto da solo tutta la Luftwaffe o qualcosa del genere».

«Sì, d'accordo», replica, «ma è di Lija che stiamo parlando».

Capitolo sessantasette

Come al solito Anthony passa al caffè di ritorno dal lavoro. È alquanto inquieto e non sono sicura di voler procedere con il discorso che sto per fargli.

Edie è stata via tutto il giorno e, nonostante le ripetute chiamate sul cellulare, non ho avuto riposta. Ho mandato via Lija presto per poter restare da soli.

«Che giornata!», si lamenta Anthony. «Che giornata!». Si toglie la giacca buttandola sullo schienale della sedia.

Sono certa che le insidie del piano regolatore impallidirebbero fino a svanire di fronte a ciò che ha riservato a me questa giornata.

Mi dà un buffetto sulla guancia e si siede, le gambe robuste ben piantate a terra. Gli do un bicchiere di vino rosso già versato in anticipo.

«Magnifico», commenta. «Pensi che ne abbia bisogno?»

«Sì. Se non ora, sicuramente tra un minuto».

Abbassa la voce. «Problemi con tua sorella?»

«In un certo senso. Ma adesso non c'è».

«Ah, e dov'è?»

«Non lo so», ammetto. «È uscita stamattina presto e non la vedo da allora».

Forse avrei dovuto mandarle un messaggio, ma devo confessare che non l'ho fatto.

«Avete litigato?»

«Molto peggio, Anthony. Penso che sia meglio che tu beva un po' di vino prima che cominci».

Obbedisce.

Nel modo più breve e conciso possibile, gli espongo il contenuto del testamento e della lettera di mia madre.

Resta a bocca aperta, ascoltando tutto senza dire una parola. Di tanto in tanto, si accompagna con un sorso di vino. Torno a riempirgli il bicchiere.

«Non ci posso credere», commenta infine con un filo di voce. «Semplicemente, non ci posso credere».

«Neanch'io».

«Ci sarà qualcosa che possiamo fare. Non è una cosa da niente». Sono felice che abbia parlato al plurale. «Un testamento simile non può essere valido, questo è certo!».

«Crawley dice di sì. Mia madre era pienamente capace di intendere e di volere e bla, bla, bla. Ha detto che impugnarlo sarebbe molto costoso e potrebbe bloccare la proprietà per anni».

«Buon Dio». Anthony si versa altro vino.

«Voglio ricomprarla a Edie», gli comunico. «E c'è un solo modo per farlo». Prendo un respiro profondo e piuttosto tremante. «Non sarà la dichiarazione più romantica che tu abbia mai sentito, Anthony, ma penso che io e te ormai ci conosciamo abbastanza bene».

Anthony sembra vagamente terrorizzato, ma vado avanti lo stesso. Se anche ho il minimo ripensamento, lo accantono. So di non essere stata una compagna perfetta, ma sono pronta a buttarmi tutto alle spalle. Tutta la mia storia è stata completamente riscritta, quindi perché non potrei cancellare dalla mia vita anche Danny Wilde? Anthony mi perdonerebbe quell'unica trasgressione, ne sono sicura. È l'unica volta in cui ho guardato un altro uomo nei dieci anni che stiamo insieme. Danny è stata un'anomalia, nient'altro. Sarò sincera e fedele a Anthony per il resto della mia vita.

«Ti amo», gli dico. «Lo sai».

Annuisce incerto.

«Un modo per uscire da questa crisi, insieme, è unire le nostre risorse», insisto. «So che ti sto chiedendo molto, ma prenderesti in considerazione di mettere tutto in comune con me e salvare la mia casa e la mia attività?».

Anthony è ancora senza parole.

«Quello che sto cercando di dire», mi avvicino alla parte della cucina in cui è seduto e, con un altro respiro per farmi forza, mi inginocchio davanti a lui sul pavimento. Ho il cuore in gola e le mani sudate. «Anthony Bullmore, vorresti farmi il grandissimo onore di sposarmi?».

La sua mandibola cade di peso.

In quel momento si sente uno stridio di freni seguito da uno schianto. Corro alla finestra.

«È Edie», dico. «Ha preso il palo del cancello».

Capitolo sessantotto

Mia sorella è ubriaca. Fradicia. Apre lo sportello ammaccato – il mio sportello – e cade sul vialetto mentre Anthony e io ci precipitiamo da lei.

«Ciao, tesoro», biascica. «Sono a casa».

«Edie… dove sei stata?»

«A testare pub e bar della costa del Keynes».

«A quanto pare hai fatto un ottimo lavoro».

Cerca di mettermi a fuoco e non ci riesce. «Scusa, Fay. Mi dispiace, cazzo. Pago io per la macchina».

Le gambe sono inservibili come gelatina, così la solleviamo in due e la trasciniamo in cucina. La mettiamo seduta su una sedia, ma la testa ciondola all'indietro.

Anthony la guarda inorridito. «Non dovremmo metterla direttamente a letto?»

«E se vomita? Potrebbe soffocare».

«Caffè allora. Le serve del caffè nero».

Faccio per andare ad accendere il fuoco sotto il bollitore ma, appena la lascio, Edie comincia a scivolare giù dalla sedia.

«Non riesce neanche a stare seduta. Facciamola stendere», dico. «Mettiamola sul divano con dei cuscini dietro la schiena».

Così, insieme, la trasportiamo fuori dalla cucina e la sistemiamo sul divano. Per essere il fuscello che è, pesa una tonnellata. Una volta ero più che abituata a queste cose. Da adolescente Edie si ubriacava su base regolare ed ero io che l'accompagnavo in camera senza che nostra madre se ne accorgesse.

«Dobbiamo parlare», mormora,

«Dopo», dico. «Quando sarai di nuovo sobria».

«Adesso», dice. «Adeeeessoooo. Ti devo dire delle cose», ma ricade all'indietro come una bambola di pezza.

Le sprimaccio i cuscini intorno per metterla comoda e le sistemo la gonna per restituirle un minimo di decoro. Con un filo di bava e i capelli da spaventapasseri, però, non credo di poterla migliorare molto. Ha perfino perso una scarpa.

«Che disastro», borbotta Anthony.

«Mi dispiace per tutto questo», dico. Perché poi devo scusarmi per mia sorella non lo so.

«Dove eravamo rimasti?».

Abbozzo una risatina incerta. «Ti avevo appena chiesto di sposarmi».

«Ah, giusto», risponde Anthony. Si passa una mano tra i capelli e arrossisce. «Giusto».

Non mi sembra molto ben disposto.

«Che cosa provi a questo proposito?»

«Ehm...».

Di nuovo una risatina nervosa. «Devo mettermi in ginocchio?»

«Io... ecco...».

Edie si tira su appoggiandosi ai cuscini. Il suo sguardo vaga per la stanza, poi si ferma più o meno su di noi.

«Si scopa un altro, sai?», dichiara. E poi ricade sui cuscini.

Anthony impietrisce come se fosse stato colpito in pieno viso.

Mi sento impallidire.

Mi fissa a bocca aperta. «Fay?».

Emetto un respiro tremante. L'atmosfera tra di noi è così densa che si potrebbe tagliare con un coltello. Resto lì, in imbarazzo, in attesa delle conseguenze.

«Allora?», chiede Anthony. «È vero?»

«Sì». Cos'altro potevo dire? Perché Edie ha scelto proprio questo momento per spifferarlo, non lo so proprio. Sarà anche sbronza, ma non c'è dubbio che mi abbia messo alle corde. La mia colpa segreta è stata svelata.

Anthony mi guarda come se non riuscisse a respirare. Dondola sui tacchi lentamente. «Penso di aver bisogno di un altro sorso di quel vino rosso», dice con voce tremante.

«Anch'io». Uscendo dal soggiorno, punto un dito contro la Edie comatosa. «Con te parliamo dopo, signorina», minaccio, ma non sono sicura che mi senta davvero.

Così, in un silenzio imbarazzato, Anthony e io torniamo in cucina.

«Prendiamo il vino e sediamoci fuori. È una bella serata». Che idiozia ho detto. La serata non potrebbe andare peggio di così.

Io porto i bicchieri e Anthony la bottiglia. Nessuno dei due parla. In fondo al giardino, prendiamo due sedie rivolte verso il canale. Il posto preferito di Stan.

C'è ancora qualcuno sull'alzaia, che si gode l'ultimo sole. Continuiamo a guardare il canale, ancora in silenzio. Anthony versa il vino e beve meditabondo. Resto seduta e mi sento un relitto. La tensione tra noi è palpabile.

«Scusa», dico infine, quando ritengo che siano quelle le parole dovute. «Non so davvero come scusarmi». A malapena riesco a guardarlo in faccia. Mi sento male per il rimorso. Come ho potuto fare una cosa del genere? «Non so che mi è preso. Se potessi tornare indietro e cancellare tutto, lo farei subito».

«Va avanti da molto?», chiede Anthony rigido.

«Una notte», dico. «È stata una notte sola». Perfino in questo momento buio, critico per Anthony e per me, fatico a scacciare dalla mente le immagini del tempo trascorso con Danny.

«Con chi?». Anthony mi guarda cupo. «Non fai mai niente e non vai mai da nessuna parte».

Spaventoso riassunto della mia vita.

«Non sarà mica Stan?», ride a disagio.

«Danny», confesso abbassando il capo umiliata. «Il tipo della *Dreamcatcher*».

«Lui?». Sembra leggermente sorpreso da quella confessione.

Confermo con il capo. «Ti prometto di non guardare mai più nessun altro per tutto il tempo che staremo insieme».

«Ed è stata l'unica notte?».

Annuisco di nuovo.

«Quando?»

«La sera del mio compleanno. Mi sentivo così sola», dico. «So che sei dovuto rimanere all'ospedale con Deborah, ma… be'… comunque non ho scusanti».

«Non è assolutamente da te, Fay».

«Ho passato la notte con lui, ma avevo bevuto e fumato».

Questa rivelazione sembra lasciarlo più basito che il tradimento in sé.

«La mia lucidità era fortemente compromessa», aggiungo per fugare eventuali dubbi residui.

La verità, però, è che posso rammaricarmi dell'esito, pentirmi della sofferenza arrecata a Anthony, ma non c'è niente che mi farà pentire di quella notte.

Anthony, l'uomo che conosco da così tanto tempo, rilascia un respiro incerto. «Ti rendi conto che la mia risposta è no, vero?»

«Certo».

«Non posso sposarti, Fay».

«Speravo che potessi riuscire a perdonarmi, ma vedo che non è possibile. Mi dispiace davvero tanto, Anthony. Ho commesso un atto imperdonabile».

Mi guarda dritto negli occhi e sospira. «Non posso sposarti, perché sono innamorato di un'altra».

E, per chissà quale motivo, quella notizia non mi sorprende affatto.

«Deborah», dico. Ovvio. Ora torna tutto. Tutte quelle sessioni di esercizi extra, i passaggi a casa, i messaggi, l'ospedale. «Ha chiesto aiuto a te la sera del mio compleanno perché eravate insieme».

«Sì», ammette.

Mi prendo la testa tra le mani. «Come ho fatto a non capirlo?».

Anthony arrossisce. «A quanto pare siamo entrambi colpevoli di tradimento».

Tutto quel tempo a sentirmi in colpa per i miei sentimenti verso Danny, e Anthony era nella stessa identica situazione, e da più tempo di me, immagino. Proprio ciò che mi merito. «Non starò a chiederti i perché e i per come, Anthony. Non mi sembra di averne il diritto. Ma ho la sensazione che questa tua relazione vada avanti da un po' di tempo, vero?»

«Da quando è entrata nelle Village Belles». Gli brillano gli occhi. «È stato amore a prima vista».

Mi intristisce non essermi mai resa conto che il mio Anthony fosse capace di un tale fervore. «E Mister Internet?»

«Stava cercando di voltare pagina. Pensava che non ti avrei mai lasciato. Sono molto affezionato a te, Fay. Non volevo ferirti».

Affezionato. Dieci anni della mia vita in cambio di affetto. *Che botta*. Non bisognerebbe mai sposare qualcuno per "affetto".

«Quando sto con Deborah mi sento in cima al mondo». Il suo viso si illumina. «Riesco a essere davvero me stesso con lei».

«Sono contenta per te», commento sincera. «Dico davvero».

«Mi dispiace, Fay. Non sapevo neanche se sarei mai riuscito a dirtelo».

E così gli ho facilitato il compito. È bastata un'unica frase di Edie ubriaca, e dieci anni della mia vita mi si sono sbriciolati davanti. «Avremmo potuto fare di più, Anthony? Avremmo dovuto fare qualcosa di diverso?»

«Non lo so, Fay. Non mi sono mai reso conto che mi mancasse qualcosa fino a che non ho conosciuto Deborah. Avremmo potuto benissimo andare avanti insieme così».

Non mi sembra un bel modo di vivere una vita. Andando avanti.

Anthony si schiarisce la gola. «Ti ha infiammato il cuore?», chiede. «Questo Danny?».

È una domanda sentimentale assolutamente atipica per Anthony. Il mio caro Anthony, che fa colazione sempre con gli stessi cereali ogni mattina, che indossa solo scarpe nere con i lacci e camicie bianche. E che ora mi parla di amore che infiamma il cuore. Tutto questo mi fa scendere una lacrima. È straziante che dopo tanti anni insieme non siamo mai riusciti a trovare questa passione nel nostro rapporto.

«Sì». Ed è la pura verità.

«Allora dovresti stare con lui».

Forse è così, ma in questo momento, non so neanche dove sia.

Anthony mi si avvicina con tutta la sedia. Mi stringe tra le braccia e gli appoggio la testa sulla spalla, probabilmente per l'ultimissima volta.

«Penso che ci siamo amati molto, Fay», dice. «A modo nostro. Forse non abbastanza, però».

Quindi Anthony è innamorato di qualcun altro, qualcuno che lo merita di più. Non verrà in groppa al suo cavallo bianco a salvarmi, a salvare la mia casa, la mia attività. Al contrario, ho perso un'altra delle cose che mi erano care.

Quando ho detto che la serata non poteva andare peggio di così, a quanto pare mi sbagliavo.

Capitolo sessantanove

Avete presente quando si resta svegli tutta la notte e non si riesce a chiudere occhio o a spegnere il cervello e farsi venire sonno? Ecco.

Ho gli occhi gonfi ed esausti quando si presenta Lija la mattina seguente. Tengo tra le mani una piccola mug con tre cucchiai di caffè istantaneo. Al momento non è servito a molto.

«Sembra che ti hanno presa a scarpate in testa», commenta.

«La notte non è stata delle migliori».

«Sempre per madre?»

«Sì, ma solo per metà».

«Mi serve caffè?»

«Probabile, buona idea». Così Lija se lo prepara e taglia una fetta della torta di carote rimasta da ieri. Poi, in quello che sembra ormai diventato il nostro rituale mattutino, si siede di fronte a me. In effetti è un bel modo di cominciare la giornata. Vorrei solo avere delle belle notizie da darle, invece mi tocca sempre parlare della mia vita che va a rotoli.

Lija manda giù un bel sorso di caffè. «Racconta».

«Ieri sera ho chiesto a Anthony di sposarmi».

Lija sputacchia la torta. Non è un bello spettacolo. «Cosa? Tu sei tutta scema!».

«Così pare».

«Non puoi sposarlo! Ti proibisco. Spero che ha risposto di no».

«Infatti».

«Almeno uno di voi non è stupido. Grazie a Dio».

«Mia sorella è tornata a casa ubriaca ed è andata a sbattere contro il cancello con la mia macchina».

Lija si massaggia la fronte. «Non posso lasciarti da sola neanche cinque minuti».

«Ha fatto di peggio», spiego. «Ha detto a Anthony che sono andata a letto con un altro».

«Male, molto male», conclude Lija. «Ma non è fine di mondo».

«Così Anthony ha confessato di avere un'altra».

«Porca troia!», esclama Lija. «È meglio di *EastEnders*. Come ho fatto a perdere tutto questo divertimento? Mi auguro che tu l'hai cacciato fuori a calci in quel culo neanche tanto bello».

«Ovviamente, no». Alzo gli occhi su Lija e sospiro. «Abbiamo messo a letto Edie e sono rimasta un po' con lei per assicurarmi che non vomitasse».

«Troppo gentile», mi deride. «Sei sempre troppo gentile».

«È la cosa migliore, credo. Non sono il tipo da sotterfugi. Ora è tutto alla luce del sole».

«A volte penso che sei troppo stupida per vivere», mi rimprovera.

«Purtroppo questo significa che il mio grande progetto di sposare Anthony e vivere per sempre felici e contenti è crollato come un castello di carte. Non è mai stato fattibile».

«E tu hai fatto proposta a lui per questo motivo?»

«Non mi è venuto in mente niente di meglio per poter conservare la casa e il caffè, Lija. Non ho soldi, la banca non mi concederà nessun prestito e Edie mi sembra più che intenzionata a vendere».

Questo mi fa piangere un altro po'.

«Ma cos'ha in testa Edie?», commenta arrabbiata. «È stata crudele».

«Era ubriaca», dico. «Molto. Sono sicura che oggi si sentirà malissimo».

«Non devi farti calpestare da lei. Deve cambiare idea. Devi lottare per tua casa», mi sprona Lija. «È molto importante per te».

«Non penso che l'abbia fatto di proposito».

In quel momento, mia sorella scende le scale. Occhiali neri sul naso e valigia ai piedi.

«Cos'è che non avrei fatto di proposito?», chiede con voce roca.

«Ieri sera, mentre eri ubriaca, hai detto a Anthony che sono andata a letto con un altro», le dico in tono piatto. «E così mi ha lasciato».

Non credo di doverla informare dell'infedeltà di Anthony con l'adorabile Deborah. Non ancora, comunque. Merita di soffrire un po', prima.

«Ah», dice. «Mi dispiace davvero, Fay». Per un momento sembra veramente ridimensionata. «Posso solo chiederti scusa...», poi resta senza parole, quasi intimidita.

Guardo in modo eloquente la valigia ai suoi piedi. «Come ti senti stamattina?»

«È tutto molto difficile», risponde.

Per quanto ci provi, non ho parole di conforto da offrirle, perché sono troppo arrabbiata con lei e con il modo in cui sta gestendo la situazione. Dovrebbe sostenermi, invece sembra che mi stia smontando la vita pezzo dopo pezzo.

«Mi trasferisco», annuncia. «Finché resterò qui starò in albergo. Penso sia la cosa migliore».

Mi si stringe il cuore. È la mia famiglia, l'unica che ho. Non posso restare a guardarla andar via in questo modo. «Non andartene, Edie. La risolviamo. Non c'è davvero motivo perché te ne vada così. Sto soffrendo e anche tu. È una situazione penosa per tutte e due».

L'espressione sul suo viso, però, racconta un'altra storia.

Provo da un'altra angolazione. «Sei mia sorella. Dobbiamo metterci sedute e trovare una soluzione a quello che sta succedendo. Questa è casa nostra».

«È casa mia in realtà», precisa. «Mia. E l'ho messa in vendita, Fay».

Mi sento impallidire.

«Ieri sono andata all'agenzia immobiliare». Come una bambina viziata, solleva il mento mentre parla. «Stamattina vengono a mettere i cartelli. Hanno detto che la venderanno molto facilmente».

«Oh, Edie», dico. Sto per soccombere alla stanchezza. Potrei stendermi a terra e piangere.

«Come puoi farmi questo?»

«Conosci la mia situazione», risponde.

«E tu la mia», ribatto.

«Litigare non ci porterà da nessuna parte, penso». Solleva la valigia. «Ecco perché è meglio che me ne vada».

«Dovrai prendere un taxi», l'avviso. «Mi hai sfasciato la macchina ieri. Non è prudente guidarla».

«Oh», dice con voce sottile. «L'avevo dimenticato».

«Sembri dimenticare un sacco di cose ultimamente, Edie», è il mio commento acido.

Per tutta risposta, prende la valigia e se ne va.

Capitolo settanta

Prima della fine della mattinata, si presenta un uomo a mettere il cartello di "vendesi", mentre io e Lija facciamo avanti e indietro dalla cucina con le ordinazioni per il pranzo. Quando mi chiede se può metterne uno anche in giardino, lungo il canale, per attirare l'attenzione di chi passeggia sull'alzaia, mi oppongo. Un piccolo quanto inutile gesto di sfida, ma almeno mi dà l'illusione di poter fare *qualcosa*.

Edie mi sta vendendo la casa sotto i piedi e non ho alcun potere per impedirglielo.

«Bastardo», borbotta Lija tra sé e sé trafiggendo con lo sguardo quel pover'uomo che sta solo facendo il proprio lavoro.

Sono assolutamente certa che Edie non andrà fino in fondo. Ci ripenserà. Deve ripensarci. Ne sono sicura. Quando si renderà conto di cosa sta facendo esattamente, mi tratterà nel modo giusto. Perché non dovrebbe?

Poi mi viene da pensare che se mi trovo in questa situazione è proprio perché la mia stessa madre non mi ha trattato nel modo giusto. Cioè, la donna che *pensavo* fosse mia madre. Il cervello rischia di nuovo di andare in tilt.

Per distrarmi, metto nel piatto la zuppa di Stan ed esco in giardino a portargliela.

IL cielo è coperto e il caffè è molto tranquillo. I nuvoloni neri incombono. Le previsioni minacciano pioggia e l'aria si è rinfrescata. Perfino il canale sembra infelice, grigio e inospitale.

Stan indossa l'amatissima giacca di tweed e una sciarpa. Ha portato con sé il bastone da passeggio oggi, il che di solito significa che si sente un po' stanco.

«Non vuoi venire dentro, Stan? Fa freschetto. Non vorrei che ti prendessi un raffreddore. Possiamo apparecchiare in salotto, ti va? Ci vorrà un minuto».

«No, grazie Fay», dice. «Preferisco sedere fuori comunque sia il tempo».

«Oggi Lija ha preparato la zuppa di lenticchie e bacon, Stan. Ti terrà bello caldo».

«Le odio quelle maledette lenticchie», dice con enfasi quando le vede. «Ma non lo dire a Lija. La mangio lo stesso».

Rido. «Dai, ti porto qualcos'altro».

«Non me lo sogno nemmeno», ribatte. Poi accenna con la testa alla facciata di casa. «Ho visto quel tipo dell'agenzia che metteva il cartello».

«Opera di Edie, temo. È decisa a prendersi i soldi di questa casa e non so proprio cosa fare per evitarlo».

«È davvero triste».

«Mi dispiace amareggiarti, Stan. Dove andrai a mangiare ogni giorno?»

«Oh, in qualche modo farò, vedrai. Potrei perfino aprirmi una o due scatolette da solo». Mi mette una mano sul braccio. «La mia offerta delle medaglie è sempre valida, Fay. Non so quanto ci si possa ricavare ma, se le vendi, lo saprai. Vorrei che almeno lo prendessi in considerazione».

Scuoto il capo. «È davvero gentile da parte tua, ma no. Non posso proprio».

«E cosa farai quando venderanno la casa?»

«Non lo so davvero, Stan», ammetto. «Non è il massimo,

ma al momento la mia unica strategia è sperare che tutti quelli che la vedranno la odino al primo sguardo».

Ma non va così, naturalmente. Il cartello non ha fatto neanche in tempo ad assestarsi nel terreno, che dall'agenzia telefonano per fissare il primo appuntamento. La casa, spiegano, è stata valutata bene per la vendita e si aspettano grande interesse. Nella mia lingua, significa che hanno fissato un prezzo di partenza molto basso, così che possano darla via subito senza lavorarci troppo.

Si sta svolgendo tutto troppo in fretta, mi sembra di non riuscire neanche a tirare il fiato.

Un certo signor Wakeman arriva alle tre, accompagnato dall'agente immobiliare più giovane che abbia mai visto. Mi stringe la mano, ma i suoi occhi scivolano via da me per osservare Canal House, la mia casa.

Wakeman è un professionista ben vestito e gira per casa mia con spietata efficienza, senza mai cambiare espressione. Seguo lui e l'agente bambino come accessorio di troppo, chiaramente ben accetta come una flatulenza in una tuta spaziale.

In giardino, l'uomo osserva il canale impassibile. Indica la *Maid of Merryweather* al suo ormeggio. «Quella se ne va?»

«Sì». Fatico a pronunciare quella conferma. Suppongo di sì. Ma dove e come, dato che non ha motore?

«Bene. Non vorrei dovermene liberare».

Neanch'io, penso.

Poco dopo, alle quattro, ho appena il tempo di riprendermi, che arrivano i coniugi Everson-Green, un'orribile coppia con due odiose bambine al seguito: Mabel ed Eli. I due girano e rigirano per casa, guardano nelle mie credenze, storcono il naso al mio bagno antico, alla mia cucina da lavoro messa su in quattro e quattr'otto con pensili sgangherati.

Nel giardino, un'iperattiva Eli cerca di arrampicarsi sul melo. Si sbuccia il ginocchio e di conseguenza partono gli strilli. Dovrei andare a prendere garze e disinfettante, ma non ci riesco. Sono troppo provata da tutto. Magari lo odieranno il giardino, ora che si sono resi conto che ci si può scorticare e far male. Mabel mi strappa via alcuni fiori risvegliando i miei istinti omicidi. La signora "ce-l'ho-solo-io" neanche si scusa.

Questi maleducati, poi, marciano verso l'acqua dando un'occhiata superficiale.

«Avere il canale alla fine del giardino è un bel rischio con due bambine piccole», faccio presente.

Le suddette bambine mi guardano malissimo. I genitori non sembrano minimamente interessati al posto. Sono così sollevata che preparo il tè e, con Lija, ci prendiamo una fetta di torta alle banane che supplica di essere mangiata.

«Non gli è piaciuta per niente», sorrido radiosa.

Lija mi batte il cinque «E andiamo, cazzo!».

Capitolo settantuno

Alle sei e mezza gli Everson-Green hanno presentato un'offerta più bassa di diecimila sterline rispetto alla richiesta. Mezz'ora dopo, mi chiama l'agente per comunicarmi che mia sorella ha accettato.

Si può dire che sono sotto shock. Sinceramente avevo pensato che la casa non fosse proprio piaciuta.

«È una compravendita», mi spiega l'agente, ma riesco a seguirlo a malapena. «Non hanno ancora venduto la loro, ma abbiamo un potenziale acquirente molto interessato. Non prevedo difficoltà a concludere».

«Che mi dice del negozio e del caffè?», riesco a chiedere. «Rileveranno l'attività?»

«Oh, no», risponde sprezzante. Chiaramente è un locale troppo modesto per loro. «Sarà solo una residenza».

E così la mia casa è venduta e il delizioso Fay's Cakes svanirà nel dimenticatoio.

«La tengo aggiornata», mi comunica l'agente. «Comunque dovrebbe svolgersi tutto molto rapidamente».

"Mi avete lasciato senza un tetto", penso. "Ho perso la mia fonte di sostentamento. Dovete proprio apparire così bruschi e professionali?".

Invece di sfogare il mio malumore con lui, però, rispondo educatamente con un «Grazie». Quest'uomo sta solo facendo il suo lavoro. Lo sfogo lo riserverò a Edie.

Riaggancio e resto seduta al tavolo della cucina con la testa tra le mani, ammutolita. Non penso di aver mai provato un'infelicità così totale. Com'è potuto accadere tutto così velocemente?

«Che c'è?», chiede Lija. «Che succede?»

«È andata», dico. E basta. «Edie ha accettato un'offerta per la casa».

«Non è possibile».

«Quelle persone orribili compreranno Canal House», ribadisco. È troppo per me da accettare.

«Quelli con ragazzine pestifere?»

«Sì».

Lija si fionda sul frigo e torna con una bottiglia di vino.

«Distruggiamoci», dichiara.

Scuoto il capo. «A che servirebbe?»

«A niente», ammette. «Ma non ho altro da offrire».

Non avendo un piano migliore, accetto.

Lija versa due bicchieri di vino scadente che trangugiamo senza fiatare. Poi li riempie di nuovo. Lentamente, facciamo fuori l'intera bottiglia. Poi un'altra.

«Quanto vorrei avere numero di Danny», biascica sulla seconda bottiglia. «Così chiamavo io per te».

«Tanto cosa potrebbe fare?»

«Farti sorridere», dice. «Io non ci riesco, mi pare».

«Ce la stai mettendo tutta».

«Stanotte resto qui», mi comunica. «Non voglio lasciarti sola».

«Magari», rispondo. «Neanch'io voglio stare sola».

«Ci troviamo schifezze in TV o film e restiamo sveglie fino a tardi».

Così ce ne andiamo in salotto a raggomitolarci sul divano insieme, proprio come abbiamo fatto io e Edie solo qualche giorno fa.

Lija trova *Non mi scaricare*, un film davvero orribile, ma me lo lascio scorrere davanti agli occhi e, di tanto in tanto, mi unisco a Lija – che sembra ancora più assente di me – in una debole risata, tanto per essere gentile. Poi pesca nella mia magra raccolta di DVD e mette qualcos'altro, non so neanche che cosa.

Una serie di domande angoscianti mi affollano la mente: quanto durerà il processo di compravendita? I coniugi Everson-Green devono ancora vendere; non so altro. Non sono interessati a rilevare il Fay's Cakes, però, e questo mi addolora. Tutto il mio duro lavoro, il duro lavoro di Lija anche, annullato così, in un attimo. Sono arrabbiatissima con Edie. Non mi sta dando il tempo di pianificare qualcosa per il mio futuro. Dove andrò? Cosa farò? Come mi guadagnerò da vivere quando il caffè sarà chiuso definitivamente?

Allungo di nuovo la mano sul vino. Una buona idea. Davvero una buona idea.

Quando finisce il secondo film è passata mezzanotte, ma sono ancora troppo su di giri per dormire.

Lija prende dal tavolino il suo pacchetto di sigarette ammaccato. «Fai tè», mi ordina. «Io vado a fumare».

Così esce e io metto su il bollitore. Mentre aspetto che l'acqua si riscaldi, mi appoggio al davanzale e guardo pensierosa verso il giardino.

La mia amica spigolosa cammina su e giù, soffiando rabbiosamente fuori il fumo e parlando animatamente al telefono. Il puntino arancione della sigaretta e il niveo pallore del suo viso risaltano nel buio. Spero che trovi un altro impiego. Spero che un altro datore di lavoro riesca a vedere la persona amabile e gentile che si nasconde dietro il suo guscio ruvido. Forse dovrei lasciarla andar via subito? Egoisticamente, vorrei tenerla con me fino alla fine di questo amaro calice. Ma non è proprio giusto da parte mia.

Mi mancherà, rifletto. Mi mancherà veramente.

Prendo un pezzo di carta da cucina e ci piango dentro, sperando di sfogarmi prima che Lija rientri e mi sgridi di nuovo.

Capitolo settantadue

Passa una settimana e con Edie non ci siamo dette una parola. Comunichiamo solo attraverso l'agente immobiliare e l'impresario funebre. I miei messaggi e le chiamate non ricevono risposta e non so dirvi quanto questo mi rattristi. È l'unica persona che mi sia rimasta al mondo e non l'ho mai sentita più distante di così. Allo stesso tempo potrei benissimo strangolarla per essere così cocciuta ed egocentrica. Rade al suolo qualsiasi cosa al suo passaggio e già so che, a un certo punto, si pentirà di questo suo incomprensibile egoismo. Almeno spero.

Intanto siamo arrivati al giorno in cui le ceneri di mia madre verranno tumulate al cimitero accanto a quelle di papà e non so neanche se la sua vera figlia sarà presente. Dalle onoranze funebri mi hanno assicurato di averla informata e le ho inviato un messaggio io stessa – di nuovo – ma senza esito.

Suppongo che dovrei telefonare agli alberghi di zona per cercare di scoprire dove alloggia ma, in tutta sincerità, non ne ho il cuore. Mi sento come se fossi sott'acqua, mi muovo con lentezza, scalciando a fatica per tornare in superficie. Quanto vorrei avere una mente acuta e brillante per poter trovare una soluzione a questo ignobile caos, ma non mi è stata concessa.

Così, all'orario stabilito, in una giornata fin troppo luminosa e soleggiata per l'occasione, mi presento al crematorio.

Ho lasciato Lija al caffè per qualche ora. Devo dire che negli ultimi due giorni è stata insolitamente silenziosa. Forse anche lei rimugina su quanto possa riservarle il futuro.

Sono con l'addetto alla tumulazione davanti al punto di incontro stabilito, l'entrata della Oak Chapel, quando si avvicina un taxi e ne scende Edie. Gli occhiali scuri celano la sua espressione.

Indossa lo stesso abito nero del funerale e sembra in tutto e per tutto una star del cinema. Direste che sta andando a una *première* a Cannes invece che al crematorio di Milton Keynes.

Mi chiedo dove sia andata a stare da quando si è trasferita, cos'abbia fatto. Forse me lo dirà, forse no. Con Edie non si può mai sapere e mi scopro ormai molto più cauta verso le cose che dice.

«Ciao, Edie».

Mia sorella si guarda i tacchi firmati. «Fay».

«Quando siete pronte», dice l'addetto con delicatezza prima di procedere attraversando i graziosi giardini e il cimitero stesso portando con sé l'urna cineraria. Noi due lo seguiamo in silenzio.

I campi sono moderni e ben tenuti, ma le lapidi un po' troppo ammassate. Arriviamo a quella di mio padre, davanti alla quale è stata scavata una piccola fossa.

«Volete dire due parole?», ci chiede l'incaricato in tono sommesso.

«No, grazie», rispondo.

«Ciao ciao, mammina». È tutto ciò che riesce a dire Edie prima di scoppiare in singhiozzi.

A quel punto l'uomo cala l'urna nella fossa e si fa da parte.

Edie e io restiamo a fissare il terreno, ognuna persa nei propri pensieri. Nei miei non riesco a mettere ordine. Non so se il lutto che soffro sia per la perdita di Miranda in sé o per aver scoperto che non era la mia madre biologica. Con tutto quello che sta succedendo, mi sento nel mezzo di uno scontro a fuoco e non riesco neanche a riordinare i miei sentimenti.

Fisso l'urna che contiene ciò che resta di mia madre e mi sento intontita, annullata. Come se non stesse accadendo a me. Sento i singhiozzi di Edie al mio fianco farsi più forti. Ha le guance rigate di lacrime e so che dovrei confortarla, lo so che dovrei, ma non riesco a metterle neanche un braccio sulle spalle.

Con un leggero colpo di tosse l'addetto alle onoranze funebri ci fa capire che è ora di andare. Così lo seguiamo per tornare alla Oak Chapel.

«Mi dispiace molto per la vostra perdita», mormora congedandosi. «Se dovesse servirvi altro, siamo a disposizione».

«Grazie», dico. «Grazie di tutto».

Ci stringe la mano e ci lascia sole. Restiamo lì, senza muoverci.

È chiaro che non c'è più nulla da fare. «Bene, così è, allora», concludo.

Mia sorella si tampona gli occhi con un fazzoletto. «Che cosa dovremmo fare adesso? Non lo so».

«Neanche io».

«Andiamo a bere qualcosa da qualche parte?», azzarda tra le lacrime. «Un brandy mi servirebbe proprio».

Annuisco. «Se vuoi».

«Ci sono cose di cui dobbiamo parlare», aggiunge.

Dobbiamo chiamare un taxi dato che la mia auto è distrutta e non l'ho ancora portata a sistemare. Dovrò farlo presto, però, perché tra poco dovremo rifornire le scorte per il locale e andare dal grossista. Poi ci ripenso. Tra qualche mese, settimane forse, il mio caffè non ci sarà più, quindi non dovrei preoccuparmi dei rifornimenti ora.

Digito il numero della cooperativa del taxi che mi ha accompagnato qui.

Per fortuna arriva subito, quindi il disagio di rimanere lì da sole dura solo pochi minuti. Prendiamo posto entrambe dietro, ma faccio ben attenzione a lasciare molto spazio in mezzo a noi.

«Ci può portare al pub più vicino per favore?», chiedo. «Uno qualsiasi».

L'autista si immette sulla strada trafficata e il primo locale che incontriamo, come vuole la sorte, non è uno dei più salubri. Ma poco importa. Non siamo qui per un pranzo conviviale.

Pago la corsa ed entriamo.

È un franchising, ma molto maschile. Radunato al bancone c'è un gruppo di tizi in camicia a scacchi e jeans sdruciti. La moquette è intrisa di birra stantia.

Troviamo un tavolo e Edie prende posto mentre io vado a ordinare un brandy per lei e un tè per me. Non le ho chiesto se vuole qualcosa da mangiare, ma comunque il cibo ha un aspetto terribile qui. Non c'è il servizio quindi resto lì ad aspettare il tempo di infusione e poi porto le ordinazioni al tavolo.

Spingo il bicchiere verso Edie e siedo davanti alla mia teiera.

«È stato un rito abbastanza carino», fa Edie. «Niente confusione o che, ma carino nel complesso».

«Sì», concordo, anche se sono di tutt'altra opinione. Sinceramente mi ha creato molto disagio.

Edie sorseggia il brandy, con entrambe le mani intorno al bicchiere. A guardarla, penso che lo avrebbe preferito doppio.

«Da quanto ho capito la vendita della casa procede», dico dopo qualche istante di silenzio imbarazzato.

«Be'…», comincia Edie dopo un altro sorso di brandy. «Ci sono stati degli sviluppi. Proprio stamattina».

Sta cercando di mantenere la dovuta solennità, ma fatica a nascondere l'eccitazione. Divento subito sospettosa.

«Che genere di sviluppi?»

«Abbiamo un acquirente in contanti», mi spiega sempre con eccitazione latente, «che ha scavalcato gli Everson-Green. Offre cinquemila sterline in più e senza compravendita. Quindi ho preferito questa. Spero che tu sia d'accordo».

«Non mi sembra di aver diritto di parola, Edie».

Prosegue in scioltezza, sorda alla mia frecciata risentita. «Questo significa che riusciremo a concludere in brevissimo tempo. Il denaro è già disponibile, a quanto pare. Devono solo dimostrarlo all'agenzia».

Abbiamo avuto solo due visite, quindi presumo che si tratti del signor Wakeman, il professionista che è venuto da solo. Sapevo che la casa era appetibile ma, non avendo mai venduto o comprato un immobile, non pensavo che le pratiche potessero svolgersi con tale rapidità.

«Ora non restano che le formalità». Stavolta non nasconde un sorriso. «Concluderemo tutto in quattro settimane. Forse meno».

In un mese che ne è già pieno, è solo un altro shock che si aggiunge all'elenco.

«E io dove vado a finire, Edie?», chiedo quando ritrovo la voce. «Dove vado a finire io, esattamente?»

«Lo so che è difficile per te, Fay», dice tirata. «Ma non posso farci niente. Sto solo rispettando le volontà di mamma».

«Lei non voleva che vendessi la casa, Edie. Voleva che tornassi a viverci, che restasse alla sua famiglia. È stata chiaramente questa la sua mal riposta motivazione per escludermi dal testamento».

«Be', ma non sarebbe successo, no?», dice con espressione petulante. «La mia vita è a New York, con Brandon».

«Avrei potuto prenderla io. Con un po' più di tempo, avremmo risolto tutto».

«Non vedo come», risponde altezzosa. «E poi, questa è la soluzione migliore».

«Per te, non per me».

«Ti darò qualche settimana per svuotare la casa», dice.

«Grazie tante».

Poi, con un certo ritardo, fa un'espressione colpevole. «Che pensi di fare?»

«Non lo so, Edie. Ma grazie per averlo chiesto».

«Hai poco da fare la spiritosa con me, Fay», dice. «È opera di mamma, non mia».

«Mi lascerai senza un tetto sulla testa e senza un penny, vero?»

«Ti posso restituire il denaro che mi hai prestato quando avremo concluso la vendita. Te li ridarò il prima possibile».

«Ti sei sentita? Allora ti ricordi che ti ho spedito quel denaro per aiutarti quando non avevi niente e rischiavi di perdere l'appartamento. Ti ho mandato dei soldi anche quando non ne avevo. Erano tutti i miei risparmi e te li ho dati volentieri».

«Sono solo mille sterline», borbotta. «Te le posso restituire senza problemi, adesso».

«Sì, certo», confermo. «Perché ne avrai quasi mezzo milione grazie alla vendita di Canal House».

«Posso dartene di più, se vuoi», offre con leggera riluttanza. «Per aiutarti a stare a galla. Altri mille o giù di lì».

«Non darti pena», le rispondo. «Restituiscimi quello che mi devi. Per il resto, preferisco vedermela da me».

Finisco il tè e mi alzo. «Spero che tu e il tuo denaro sarete felici insieme, Edie». Soffoco un singhiozzo. «Abbi cura di te».

Mi avvio alla porta.

«Fay!», mi grida dietro. «Fay, torna qui!».

Ma non mi fermo. Continuo a camminare.

Capitolo settantatré

Ricapitolando. Questo mese ho perso mia madre, mia sorella, il mio compagno, la mia casa, la mia attività. E quasi tutto il mio equilibrio psicofisico.

La vendita è andata avanti come un treno. Era l'unica cosa che speravo mi si sbriciolasse davanti e che invece non ha incontrato intoppi. Oggi c'è la firma dei contratti e, se tutto va come pianificato, la pratica si concluderà alla fine della prossima settimana. È una certezza che mi si posa come un macigno sul cuore. Quanto vorrei avere qualcuno che mi sostenga, che mi dica che tutto si sistemerà, ma Anthony è andato ormai e anche Danny. Sono sola.

La notte, a letto, penso a Danny. Vorrei poter dire che mi fa sentire meglio, ma la nostalgia e il desiderio servono solo a inasprire il lutto, la solitudine. Mi sembra solo di trascinarmi, giorno dopo giorno.

Ho fatto qualche sporadica ricerca di alloggio su Internet ma, senza un lavoro, come farò a pagare l'affitto? E comunque, se devo essere sincera, lo faccio senza sentimento. Posso accamparmi nella *Maid of Merryweather* fintanto che è bel tempo, ma dovrò spenderci un sacco di soldi per renderla di nuovo abitabile. E poi devo pagare un ormeggio da qualche parte, dato che non credo che ai nuovi proprietari farebbe piacere avere una musona in fondo al giardino.

I clienti continuano ad arrivare a frotte, totalmente ignari dell'imminente chiusura. Siamo un punto di riferimento per i dolci. È stata la nostra estate migliore finora, facilitata non di poco da un tempo davvero splendido. Da stamattina presto, Lija e io non ci siamo fermate un attimo e in questo momento c'è il picco dell'ora di pranzo. È davvero un peccato che una piccola attività tanto florida come questa vada perduta. Nelle mani giuste potrebbe acquistare anche forza e, forse, non mi dispiacerebbe poi tanto se qualcun altro volesse portarla avanti apportando tutte quelle migliorie che non ho mai avuto la possibilità di apportare.

E poi mi dispiace per Lija che presto si ritroverà senza lavoro, soprattutto perché non mi sembra che si stia muovendo per cercare altro. Di certo non mi ha mai chiesto permessi per andare a qualche colloquio. Di contro, sono certa che troverà qualcosa, se non fa troppo l'irascibile. Mi preoccupo per lei. Sotto quella superficie ruvida c'è una ragazza adorabile e affettuosa. Sta con me da così tanto tempo ormai che me ne sento responsabile. Senza il caffè come farà a far quadrare i conti? E io, come farò?

«Su la testa», mi incita Stan quando gli porto la minestra. «Non può andare poi così male».

«Sì, invece», gli confermo. Poso la scodella e apparecchio con le posate e il pane croccante. Poi mi lascio cadere sulla sedia accanto a lui. «Oggi pomeriggio ci sarà la firma per la vendita della casa. Ho i giorni contati qui».

«Ah».

Che bello sarebbe, ora, scoprire che Stan in realtà è la mia fata madrina. Non sarebbe magnifico se si alzasse in piedi e dichiarasse di essere un milionario in incognito che, conquistato da tutte le minestre e le torte consumate al Fay's Cake negli anni, vuole ripagarci con contanti a palate con cui salvare la mia casa e la mia attività? E lì, con un colpo di bacchetta magica, avverare tutti i miei desideri? Questa però è la vita reale e l'unica cosa che succede è che la minestra di Stan si sta raffreddando.

«Qualcosa salterà fuori», dichiara ottimista. «Succede sempre così».

«Hai ragione», convengo, anche se non penso che sia questo il caso. «Sarà meglio che torni in cucina o Lija mi farà a fettine. Ti lascio alla tua minestra».

«Cos'abbiamo oggi?»

«Zucca gialla e spezie, Stan».

«Ah», esclama radioso tra le rughe. «La mia preferita. Molto esotica».

Devo alzarmi e andar via prima che veda le lacrime. Quanto mi mancheranno… questo posto, Lija, Stan.

Piango per tutto il tragitto fino alla cucina e, all'angolo della veranda, mi fermo ad asciugarmi gli occhi con il grembiule in modo che Lija non mi veda di nuovo in lacrime.

Non faccio in tempo a varcare la soglia, però, che mi guarda in cagnesco.

«Ancora piangi?»

«No, no», dichiaro. «Polline. Ce n'è un sacco oggi».

Non mi sembra molto convinta ma, prima che possa indagare ulteriormente, le squilla il telefono. Si asciuga le mani e guarda il display. «A questa devo rispondere», mi dice.

Esce a passi decisi dalla porta e, per un attimo, la osservo parlare al telefono, camminando avanti e indietro sul vialetto a capo chino per la concentrazione. Mi tengo occupata con i panini per la famigliola seduta sotto al melo. Una coppia di clienti abituali del fine settimana entra a comprare dei dolci e facciamo due chiacchiere mentre li servo.

Quando torno in cucina, Lija è piegata sul piano, le braccia strette al petto. È raro che perda la sua impassibilità, ma mi sembra in ansia.

«Ti devo parlare», mi dice.

«Qualunque cosa sia, non sarà così brutta», rispondo. «Hai una faccia». Mi aspetto che abbia trovato un altro lavoro. Magari deve cominciare già domani e non vuole lasciarmi nei guai. Be', se fosse questo, che sia. Lija deve fare ciò che è meglio per lei.

Prima che possa dire altro, però, squilla anche il mio telefono: è l'agenzia. Mi sento mancare la terra sotto i piedi.

«Un attimo», le prometto. «Ci vorrà solo un momento».

Prendo il telefono e mi sposto in soggiorno.

«Salve signorina Merryweather», mi saluta allegro l'agente. «Volevo solo informarla che i contratti sono stati firmati. È andato tutto a buon fine. La data del rogito è fissata per venerdì prossimo. Congratulazioni!».

Evidentemente è del tutto all'oscuro della mia situazione e di quanto sia devastante per me questa notizia.

«Grazie», dico.

«Sua sorella dice che vuoterà la casa in pochi giorni».

Davvero? Che gentile. Be', non c'è più niente da fare ormai. A quanto pare mi tocca. Nessun rinvio dell'ultim'ora. Nessun miracoloso ripensamento da parte di Edie. Ho la testa sul ceppo e mia sorella sarà felice di calare la scure. Mia sorella, l'unica, quella per cui ci sono sempre stata, mi ha completamente abbandonato nel momento del bisogno. Non sono mai stata più triste di così.

«Sì», confermo e riaggancio. Non voglio avere più niente a che fare con tutto questo. È Edie quella tanto ansiosa di vendere, che se la sbrighi lei con il resto. Per quanto mi riguarda, devo solo fare le valigie e andarmene.

Siedo sul divano con la testa tra le mani, totalmente sotto shock. È successo. Sono in mezzo alla strada.

Capitolo settantaquattro

Quando Lija entra in soggiorno sono ancora seduta lì in stato catatonico da non so neanche quanto tempo dopo la telefonata.

«Scusa, scusa», dico asciugandomi il viso sulla manica. «Sono da te tra un secondo. Fammi solo riprendere. Le ordinazioni si staranno accumulando».

«Vaffanculo ordinazioni», risponde.

Sì, penso vaffanculo tutto. Perché me ne preoccupo? Questo posto può andare all'inferno con baracca e burattini, sai che me ne importa. Ma chi voglio prendere in giro… Me ne importa eccome.

Lija si mordicchia un'unghia. «C'è una cosa che devo dire».

«Non adesso, ti prego, Lija. Non penso di poter ricevere altre brutte notizie. Non può aspettare?»

«No». Si inginocchia a terra davanti a me. «Deve essere ora».

Con un sospiro, mi preparo psicologicamente. «Okay, colpisci».

«Non so come dire».

Mi tampono le lacrime con il dorso della mano e Lija mi passa un pezzo di carta da cucina con fare solenne. «Fammi indovinare. Hai trovato un altro lavoro».

«No, peggio». Inspira profondamente e le leggo il timore negli occhi scuri. «O meglio. Non so ancora».

«Non tornerai mica in Lettonia?».
Mi trafigge con lo sguardo. «Non dire stupidaggini».
«Ah, okay». La suspense mi sta uccidendo adesso. «Spara», le intimo.
Stringe i pugni e sbotta. «Ho comprato casa».
Il cuore ha un guizzo. «Casa? Quale casa?»
«Questa».
«L'hai comprata tu?»
«Sì».
«Sicura?»
«Sì, io sono acquirente in contanti».
Ancora con le lacrime agli occhi, scoppio in una risata perplessa. «Cosa? Come? Perché? Quando?»
«Ho chiesto prestito di soldi a mia losca zia in Russia con traffici loschi».
«Loschi quanto?».
Lija dà un'alzata di spalle. «Loschi tanto».
Rido ancora di più. Una risata quasi isterica ormai. «È vero? Non può essere».
Conferma con un cenno affermativo del capo.
«Come hai fatto? E perché?»
«Non volevo che perdi tua casa. Non volevo che perdi lavoro».
«Pensavo l'avesse comprata quel professionista che è venuto a vederla. Com'è che si chiamava? Wakeman? Non è stato lui a presentare un'offerta in contanti?». In effetti, dato che aveva gestito tutto Edie, non mi era venuto in mente di chiedere. Avendo avuto solo due visite, avevo semplicemente dato per scontato che fosse stato lui.
«No. Io. Cos'altro potevo fare, Fay?». Il tono è insolitamente appassionato. «Non potevo lasciarla a quella famiglia orribile con quelle bambine tremende». Lija parla quasi senza guardarmi negli occhi. «Anch'io amo questa casa. E te».

Una bella dichiarazione per Lija.
Mi massaggio le tempie. «Wow, quasi non riesco a capacitarmene. Sei sicura?».
Annuisce. «Quindi puoi restare. Ho pensato che possiamo gestire il caffè insieme». Si morde nervosamente le labbra. «Puoi aiutare me a restituire prestito, diventare socia».
Mi sfugge un'altra risata.
«Sei arrabbiata?». Il suo viso candido ha due chiazze rosse ora. «Per me era cosa migliore».
«L'hai fatto per me?»
«E anche per me», ammette. «Così ho quota in società. E anche bella casa».
«Oddio». Non so che cosa fare. Non so che cosa dire.
«Possiamo vivere qui insieme, Fay». I suoi occhi scuri sono preoccupati e imploranti. Poi arriccia il naso. «Però non mi prendo stanza di Vecchia Bacucca».
«Oh, Lija».
«Non sei contenta?»
«Sono felice». Con la confusione che ho nel cervello, potrei avere un collasso. «Perché non me l'hai detto?»
«Non sapevo che potevi pensare. Ero certa che mi dicevi di no».
La guardo mesta. «Infatti».
«Possiamo farcela», dice. «Lo so. Ho tantissime idee».
È la prima volta che la sento così entusiasta.
«A mia malfamata zia ho chiesto anche soldi in più per ristrutturazione e Danny può tornare per aiutare».
Danny. Perfino Lija sta pensando a come riportarlo qui e questo dettaglio mi strappa un sorriso. Chissà dove sarà ora, che cosa sta facendo. Forse ha trovato un altro lavoro adatto a lui.
«Devo tornare in cucina adesso». Lija si guarda nervosamente alle spalle.

«Fatti abbracciare prima», le dico.

Così mi alzo e la mia amica tagliente, scorbutica e allo stesso tempo gentilissima si lascia stringere.

«Allora non sei arrabbiata».

«Sono contenta», la rassicuro. «Molto contenta». Non riesco ancora a crederci, però.

Alla fine, e inaspettatamente, è davvero arrivata una fata madrina con le sembianze di una magrissima e irascibile giovane lettone. Provo una calorosa ondata di affetto per lei. Sono felice che voglia stabilirsi qui, farne la sua casa e continuare a gestire la pasticceria e il caffè. «Adoro questo posto. Non potrei pensare a una proprietaria migliore per Canal House».

«Sarà tutto come prima. Non cambierà niente», sorride titubante prima di tornare di corsa in cucina.

Dentro di me, però, sento che si sbaglia. Tutto cambierà. Niente sarà più come prima.

Capitolo settantacinque

Passeggio lungo l'alzaia, persa nei miei pensieri. È un'altra giornata rovente. Non è ancora mezzogiorno, ma il sole è feroce, accecante.

Stanotte non ho dormito, ma anche questa, ormai, sembra essere una condizione ricorrente. L'ultimo motivo di insonnia è stata la rivelazione che molto presto Lija sarà la proprietaria di Canal House e del Fay's Cakes. Che potrebbe non chiamarsi più Fay's Cakes, ma Lija's Cakes, oppure cambiare in qualcosa di più immediato.

Sono felice per lei. Ovvio. Se la casa doveva essere venduta, e chiaramente così era, chi meglio di lei poteva prenderla? Sono commossa che Lija abbia anche solo pensato di aiutarmi, ma spero che lo abbia fatto principalmente per se stessa. Vorrei solo che me ne avesse parlato, anche se, come ha giustamente intuito, avrei solo cercato di dissuaderla. È una casa gigantesca e il caffè è un impegno enorme. È giovane e non voglio che resti impantanata in responsabilità e preoccupazioni come è successo a me. Dovrebbe godersi la vita. Eppure, nonostante quest'ultimo colpo di scena, mi sento comunque alla deriva. Tutto ciò che mi teneva ancorata qui – mia madre, Anthony, il caffè – mi è stato tolto all'improvviso. Posso veramente restare e lavorare per Lija? Lo voglio davvero?

Nella testa ronzano migliaia di pensieri conflittuali e non riesco a trovarne il senso. Sono dovuta uscire un paio d'ore per svuotare la mente e perché ho bisogno di tempo per gestire alcune cose.

Quando arrivo alla chiusa di Cosgrove, siedo sulla trave con le braccia intorno alle ginocchia e guardo passare il mondo. Stare sopra o accanto all'acqua è per me il massimo del relax e così inizio a sentire maggiore stabilità, una sorta di equilibrio che ritorna.

Sul canale non si è mai soli, perché succede sempre qualcosa. Saluto con un gesto ciclisti e podisti che passano sbuffando e ansimando. Poi osservo la sorprendente abilità di un'anatra che guida i suoi sette anatroccoli intorno alla chiusa per rientrare in acqua dall'altra parte. Ecco la leggerezza di cui ho tanto bisogno in questo periodo della mia vita che si è rivelato implacabilmente oscuro.

L'unico altro momento di gioia è stato Danny, naturalmente, dal quale il pensiero non si allontana mai troppo. Mi chiedo se tornerà un giorno e se mi troverà ancora qui.

Dopo pochi minuti si avvicina un'altra barca, che non conosco. Siamo ancora in alta stagione e il canale è pieno di imbarcazioni di tutti i paesi. Lija sta avendo un gran da fare per star dietro alla costante richiesta di dolci, sia da servire al caffè che da vendere sulla *Maid of Merryweather*.

La barca – *Four Winds* – fila verso i cancelli. A vederli, i due che la guidano sembrano navigatori abituali. Il tipo con i riccioli scuri sul retro mi saluta con un «Ehi», e io rispondo con la mano. La donna, dai capelli rosa e con indosso una salopette di tela, salta giù ad azionare la chiusa.

«Ciao», le dico. «Da dove venite?»

«Warwickshire», risponde aprendo la paratoia. «Tu?»

«Io sono di qui». Accenno con il capo alla barca di mio padre poco più avanti. «Ho la pasticceria sul canale», e poi mi ricordo che in effetti non è più così. Il caffè ora è affidato alle amorevoli cure di Lija. È suo e solo suo.

«Un bell'angolo di mondo», commenta. «È da un po' che non veniamo da questa parte».

«Vivete sul canale?»

«Sì. Ormai da dieci anni e più».

«Deve piacervi molto questa vita».

«Non penso che tornerei più in una casa ormai, anche se me lo devo ripetere ogni inverno, quando dobbiamo frantumare il ghiaccio. Mi piace la libertà che offre la vita sul canale. Avevamo bisogno di cambiare aria, e così eccoci qui».

«Avete per caso visto una barca chiamata *Dreamcatcher* durante i vostri viaggi?».

Ride. «Circa una decina».

«Ah, giusto». In effetti è un nome molto comune.

Balzo in piedi e l'aiuto ad aprire i cancelli. Suo marito alza una mano per ringraziarmi ed entra nella chiusa.

«Ne cercavi una in particolare?»

«Una con un uomo bellissimo a bordo».

Ride. «Penso che l'avrei notata, ma no, non ho visto questa *Dreamcatcher* in particolare».

Era sperare troppo. A quest'ora Danny potrebbe essere ovunque sulla rete di canali. Non so neanche in che direzione è andato. Il Grand Union arriva fino a Londra oppure, se è andato a nord, potrebbe essere nello Shropshire o Leicestershire. Praticamente ovunque.

Quando la *Four Winds* ha passato la chiusa, rivolgo loro un cenno di saluto e proseguo per il Two Barges, sperando di distrarmi.

Strada facendo, raccolgo un mazzetto di fiori selvatici sbocciati sulla siepe, come ha fatto Danny la sera del mio compleanno: tanaceto, cerfoglio, partenio e olmaria. Arrivata al pub, prendo una Coca-Cola Zero al bancone e mi siedo a un tavolino al sole. Chiamo un taxi perché mi venga a prendere e poi, mentre aspetto, mi appoggio alla panca, a occhi semichiusi, scaldando il viso al sole.

Pochi istanti dopo, scorgo una coppia avvicinarsi. Mano nella mano, ridono e sembrano molto innamorati. Quando apro gli occhi del tutto e li schermo dalla luce del sole, riconosco Anthony e Deborah. Non vedevo Anthony così felice da tantissimo tempo.

Quando finalmente smettono di guardarsi e si accorgono di me, sono ormai molto vicini. Si fermano di colpo, impietriti.

«Ciao», dico al massimo dell'allegria che riesco. «Bella giornata, eh?»

«Ciao». Anthony guarda ansioso Deborah.

«Mi fa piacere vedervi», dico. «Vi sedete qui fuori?»

«Sì», risponde lui. «Siamo qui per un pranzo veloce».

«Vi lascio questo tavolo», propongo. «La posizione è bella. Tanto stavo per andare via».

Con una minima esitazione si avvicinano e si siedono con me. Deborah si tormenta nervosamente i capelli gonfi in stile anni Ottanta. Non solo è truccatissima, ma indossa anche l'abito attillato d'ordinanza con tacchi e unghie in tinta. Oggi è blu elettrico. Mi sento assolutamente fuori posto con i miei calzoncini corti e maglietta bianca stropicciata. Francamente, non mi ricordo neanche se mi sono pettinata stamattina.

Anthony sembra orgoglioso di averla al braccio e quando la guarda ha una luce negli occhi che so che non ha mai avuto per me.

«Senti, mi dispiace che…», comincia Deborah, ma la fermo con un cenno della mano.

«Non c'è bisogno». Non voglio sentire scuse o spiegazioni. Non voglio neanche compassione. «Non c'è niente da dire».

Se pensano di doversi sorbire qualche rimprovero per la loro relazione, si sbagliano entrambi. Non auguro loro altro che di essere felici insieme. Anthony sembra così in pace con se stesso e indossa una camicia molto trendy che chiaramente non ha scelto da sé. Lo fa sembrare più giovane. Sfoggia anche occhiali da sole da aviatore, che mi fanno sorridere. Deborah evidentemente lo ha portato a fare shopping, nonostante Anthony non si separi facilmente dal denaro. Il prossimo acquisto sarà un pigiamone da casa.

«Sono felice per voi», dico. «Sinceramente».

Li vedo rilassarsi un po' entrambi.

Come potrei avercela con loro per essere felici? Sono una coppia adorabile. Anthony e io siamo stati insieme tanto tempo e, anche se è finita, spero di poter salvare almeno l'amicizia. A vederlo ora, però, mi chiedo come abbia potuto anche solo pensare che il nostro matrimonio potesse funzionare. Gli sono indubbiamente molto affezionata, ma non lo amo. Ora lo so. Per usare le sue parole, non mi infiamma il cuore. Quel privilegio appartiene a qualcun altro. Ho avuto solo un piccolo assaggio di come dovrebbe farti sentire l'amore e adesso so che preferirei trascorrere da sola il resto della vita piuttosto che accontentarmi di qualcosa di meno.

«Come sta andando la vendita della casa?», mi chiede Anthony con cautela. «Edie si è addolcita?»

«No», rispondo. «È andata avanti. Irremovibile nel prendersi i soldi».

«È un vero peccato. Mi dispiace, Fay».

«Anche a me». Strofino distrattamente tra le dita un petalo del mio mazzetto di fiori. «L'ha comprata Lija».

«Lija?».

Annuisco. «Con i soldi di dubbia provenienza di una zia russa».

«E tu come l'hai presa?»

«Sono felice per lei», rispondo sinceramente.

«Ma che cosa farai ora?».

Potrei inventarmi una risposta meravigliosa, raccontargli di piani eccitanti per il futuro, ma non sono così creativa. Il mio cervello sembra ancora sotto shock e funziona solo a livello base. «Se devo essere sincera, non lo so».

«Se posso fare qualcosa per aiutarti...». Anthony lascia la frase in sospeso.

«Starò bene, davvero». I miei problemi non sono più problemi suoi e non voglio angustiarlo. «Ma grazie».

Un taxi entra nel parcheggio. «È il mio». Gli faccio un gesto e finisco la Coca-Cola. «Sarà meglio che vada».

Do un rapido bacio sulla guancia a Anthony e poi faccio altrettanto con Deborah. Mi sorride calorosa. È una donna carina e gli si addice proprio. Più adatta a lui di quanto sia mai stata io.

«Dovresti venire alla prossima esibizione delle Village Belles», si affretta a dire Anthony. «Lascio da parte un biglietto apposta per te».

«Sarebbe molto carino». E penso che si ghiaccerà l'inferno prima che mi senta costretta ad ascoltare di nuovo un concerto di campanelle.

«Ti auguro ogni fortuna, Fay», mi dice Anthony.

«Grazie». E, mentre mi avvicino al taxi in attesa, so che ne avrò davvero bisogno.

Capitolo settantasei

Mi dirigo dalla Oak Chapel verso il cimitero. Stavolta, essendo sola, mi guardo intorno meglio. Alcune lapidi hanno solo pochi fiori appassiti dal caldo, mentre altre presentano una vera e propria esposizione in memoria del defunto: macchinine, bottiglie di birra, mini whisky, medaglie, fotografie in custodie di plastica attaccate al marmo con lo scotch che raccontano qualcosa di chi vi giace al di sotto.

Le più strazianti sono quelle dei bambini, ricoperte di orsetti di peluche scoloriti o di bambole consumate. Su una c'è un piccolo striscione lucido di buon compleanno e allegri biglietti di auguri sparsi qua e là per il "figlio speciale", "amato nipote", "cocco degli zii". Appariscenti simboli di speranza segnano la tomba di un bambino "nato addormentato" dieci anni fa e, nel vederli, quasi scoppio a piangere. Una vita finita prima ancora di cominciare.

Al termine di una fila di lapidi, c'è una panchina e, tra gli alberi, negli anni sono stati appesi piccoli ricordi: nomi intagliati in cuori di legno o di vimini intrecciato, sfere di vetro o fili di rame con acchiappasogni che ondeggiano alla leggera brezza.

Alla fine mi fermo nel punto in cui sono sepolti i miei genitori. Insieme per sempre. Lo avrebbero davvero voluto? Non so dove sia sepolta la mia vera madre ma, improvvisamente, sono determinata a scoprirlo. Chissà se mio padre è mai venuto a trovarla e perché non abbia mai pensato di portarmi con sé.

La lapide è già stata riposizionata con una nuova lucida iscrizione, "Miranda Merryweather, moglie e madre amatissima", seguita dalle date di nascita e di morte, si legge ora sotto il nome di mio padre. Dice davvero poco di lei. Ma come potrebbe un'iscrizione tanto minimale riuscire comprendere una vita intera?

Seduta sull'erba davanti alla tomba, la guardo, cercando le parole. Tutt'intorno c'è solo il cinguettio degli uccelli tra i rami e il rombo sordo del traffico sulla strada che costeggia il cimitero.

Alla fine, riesco a formulare qualcosa di vagamente coerente.

«Perché?», le chiedo. «È tutto ciò che mi serve sapere. Perché mi hai fatto questo? Hai messo contro me e Edie quando non ce n'era alcun bisogno. Ti volevo bene e ti ho accudito come avrebbe fatto qualsiasi figlia. Eppure, non mi hai mai considerato tale. Come hai potuto essere così crudele?».

Sarebbe bello poter avere un segno, una dimostrazione che da qualche parte la mia matrigna, Miranda Merryweather, la donna che ho sempre creduto mia madre, mi stia ascoltando. Magari un raggio di sole a illuminare una rosa, un uccellino variopinto su un ramo, una piuma bianca. Qualcosa del genere. Invece non c'è niente. Se n'è andata per sempre, lasciandosi dietro caos e sofferenza.

«Mi hai voluto bene almeno?», insisto. «Non penso, dopo ciò che mi hai fatto».

Resto ancora seduta, senza parlare, ma è chiaro che non ci saranno risposte, così mi alzo, pronta ad andarmene.

«Ti perdono», dico. «Mi hai ferito. Ovvio. Forse era proprio quello che volevi. Penso però che hai ferito di più Edie.

Si prenderà i soldi e li brucerà quasi tutti in un attimo. A quel punto, che cosa farà?».

Scuoto la testa. «Hai compromesso il nostro rapporto, forse per sempre. Ero io che mi occupavo di lei. Non hai mai avuto idea di come sia la sua vita e forse ho sbagliato ad avertelo tenuto nascosto. Non è la figlia perfetta che pensavi tu, mamma. Tutt'altro. Avrei potuto rappresentare per lei una solida base. Sarebbe potuta sempre venire da me, a casa. Ora però la casa è perduta e io ho paura per lei».

Lascio ai piedi della lapide i fiori selvatici che ho raccolto.

«Comunque ti voglio ancora bene e continuerò a portarti fiori. Per me tu eri mia madre. L'unica che abbia mai conosciuto. Ma cercherò anche la mia vera madre. Voglio sapere tutto di lei, chi era. Chissà, forse pensavi che mio padre abbia sempre amato più lei di te».

Poi non so cos'altro dire, così mi giro e ritorno verso la cappella. Anche quando era viva, parlare con mia madre è sempre stato difficile. Figuriamoci adesso.

Capitolo settantasette

Oggi il Fay's Cakes è chiuso, ma Lija e io dobbiamo preparare la marmellata di fragole che sta finendo. Mi piacerebbe poter andare in una fattoria nei dintorni dove ci si può scegliere da soli le fragole e coglierle direttamente dalle piante, ma di questi tempi non ce ne sono più molte, dato che la maggior parte dei terreni agricoli sono stati edificati. L'altra opzione è trovare il modo di coltivarne abbastanza per poter rimanere fornite durante l'estate. Sono sicura che potremmo dedicare a questo scopo un pezzetto del giardino. Comunque è una decisione che ora spetta a Lija.

Al momento, stiamo andando in uno dei mercati locali per fare rifornimento di frutta estiva. Oggi tocca a Woburn. Non è la scelta più economica, naturalmente, ma preferisco spendere un po' di più e sostenere l'economia locale che andare al supermercato e comprare fragole di importazione, provenienti da Spagna, Messico o chissà dove. Quelle locali sono eccellenti e ci si ricava un'ottima marmellata.

So che da domani, quando verrà ultimata la vendita, tutte queste decisioni toccheranno a Lija, ma voglio facilitarle al massimo il passaggio di consegne. Voglio che guardi al futuro con eccitazione e non con terrore. Dovrei sentire il cuore pesante a questa prospettiva, invece, per qualche ragione, mi sento inspiegabilmente leggera. Stanotte ho dormito bene e questo aiuta sempre, vero? Ho anche sognato Danny – come mi capita spesso – e non è stato un sogno angosciante.

«Dovremo prendere un taxi», dico a Lija. «La mia macchina è ancora fuori uso». La fiancata ammaccata, gentile cortesia di mia sorella, non è ancora stata riparata. «Dovresti imparare a guidare. Ti servirà per andare dal grossista. Se prendi il taxi ogni volta, ti costerà una fortuna».

«Lo so. E so guidare», mi comunica. «Ma non mi piace. E non ho macchina».

«Farò riparare la mia e sono certa di poterti inserire nell'assicurazione». Non so perché non abbiamo mai affrontato questo argomento prima.

Il viso di Lija rimane di pietra.

«Dovremmo mettere i barattoli Kilner in lavastoviglie», aggiungo. «Così saranno pronti e sterilizzati quando torniamo».

«Lo so», risponde secca.

«Scusami», dico. «Sto solo cercando di facilitare il passaggio di consegne».

«Non cambierà niente», afferma lei. «Niente».

«Okay». Così ci carichiamo di contenitori e usciamo.

Sul taxi verso Woburn, Lija è silenziosa. È un tragitto breve attraverso aree di campagna tra le più belle della zona. Fissa fuori dal finestrino. Arrivati a Woburn, pago la corsa e imbocchiamo High Street verso la piazza del mercato. Lija trascina i piedi come un'adolescente imbronciata.

La prendo sottobraccio. «Prima di fare la spesa, andiamo a prendere un caffè e un dolce. Facciamoci servire per una volta. Ti tirerebbe su?».

Sorride riluttante. «Forse».

«Chiamiamola indagine di mercato», le dico. «Fa sempre bene controllare ciò che offre la concorrenza».

Così ci fermiamo alla prima sala da tè lungo il tragitto. Ci sono un paio di tavolini fuori e uno è libero. Lija e io ci fiondiamo su quello, contente di esserci aggiudicate un posto del genere.

La cameriera viene a prendere le nostre ordinazioni e, per una volta, è una strana sensazione stare dalla parte del cliente. Ordiniamo entrambe caffellatte e cupcake di pan di zenzero.

«Andrà tutto bene», la rassicuro. «Non hai niente di cui preoccuparti».

Lija si gira a guardarmi e ha uno sguardo tetro. «È responsabilità enorme per me», dichiara. «E mi terrorizza, Fay. Non ho mai voluto gestire caffè. Ero felice di lavorare per te e basta».

«Ma io sarò qui ad aiutarti. Dovremmo dare un'occhiata ai libri contabili stasera, così vedi come funziona. Lo faremo davanti a un bicchiere di vino».

Lija scoppia in lacrime. «Sto malissimo! Questa è tua attività, io sto rubando tua attività».

«No, no, no», le metto una mano sul braccio. «Tu la stai salvando. Pensa solo a questo: la casa poteva finire in mano a quelle orribili persone e il caffè sarebbe stato chiuso. Tu lo stai tenendo in vita».

«Mi sento di merda. Ho pensato che era cosa migliore, ora però non sono più sicura».

La stringo tra le braccia e lei singhiozza con la testa appoggiata alla mia spalla, mentre la consolo con delle pacche affettuose.

«Su, su», la coccolo come se fosse mia figlia. «È la cosa migliore. Giuro. Sei solo un po' intimorita. Risolveremo tutto», le prometto. «Tu e io».

Prende il fazzoletto e si soffia rumorosamente il naso. «Cazzo», esclama facendo sobbalzare una vecchietta di passaggio.

La donna ci guarda scandalizzata. «Scusi», le dico. «Scusi».

La donna sbuffa e prosegue. «I giovani d'oggi», borbotta da sopra la spalla.

Non conosce però questa particolare rappresentante dei giovani d'oggi, non può sapere che è una persona magnifica, non sa quanto mi stia sostenendo né tutto quello che ha fatto per me. Molto più di quanto abbia fatto mia sorella.

Capitolo settantotto

Riportiamo a casa il nostro notevole carico di fragole. Stiamo morendo di fame, così preparo velocemente alcuni panini e ne porto uno anche a Stan, fino al cottage in fondo alla strada.

Dopo aver bussato, ci vuole un'eternità prima che mi risponda e io resto lì, con il cuore in gola, finché non apre la porta. Ci sarà un giorno in cui non verrà e non riesco neanche a pensarci.

Stan ha i capelli arruffati e sembra un po' intontito. «Mi sono appisolato in giardino», sbadiglia.

«Buon per te». Gli passo il piatto coperto dalla pellicola. «Solo un panino oggi, Stan. Formaggio del Cheshire e la nostra nuova marmellata di cipolle».

«Oh», si illumina. «Il mio preferito».

«Lija e io siamo in missione marmellata. Dobbiamo metterci sotto».

«Ti sono grato per qualsiasi cosa mi porti, Fay. Sei sempre così gentile».

Certi giorni, come oggi, sembra più fragile. È pallido e ha gli occhi leggermente annebbiati. Devo ricordarmi che ha novantatré anni e non vivrà per sempre. Spero però che rimanga con noi ancora a lungo, non ce la farei ad affrontare un'altra perdita.

«Più tardi fai due passi fino da noi per una fetta di torta, se te la senti. Il bollitore è sempre caldo».

«Oggi no», mi risponde. «Mi sento un po' stanco».

«Riposati, allora. Ti porto la cena più tardi?»

«No, scongelo qualcosa dal freezer».

«Sicuro?».

Annuisce.

«Okay, chiamami, però, se ti serve qualcosa. Promettimelo».

«Promesso».

«Ci vediamo domani a pranzo al caffè?»

«Niente mi terrebbe lontano».

Torno lentamente verso casa, gettando uno sguardo al cottage e cercando di scacciare la preoccupazione per Stan.

Non appena arrivo in cucina, comunque, devo concentrarmi su altro, dato che Lija e io abbiamo la nostra mastodontica sessione produttiva. Il Women's Institute ci fa un baffo. Siamo macchine da marmellata agili e toste. È una cosa che amiamo entrambe fare. Prima laviamo tutte le fragole, poi metto su una grossa teiera. A quel punto, pronte al lungo procedimento, sediamo al tavolo della cucina per pulirle una per una, tazze alla mano.

Ne prepariamo quattro piccoli lotti perché se si fa tutta in una volta, la marmellata potrebbe dare problemi a stabilizzarsi. Verso il tè e accendo la radio per avere un sottofondo musicale.

Lija sembra più felice ora. Non sorride, ovviamente, sarebbe troppo per lei. Lavora in silenzio di coltello affilato, tagliando via il picciolo e l'interno duro di ogni fragola.

«Che c'è?», mi fa quando si accorge che la sto osservando. «Che guardi?»

«Niente», sorrido affettuosa. «È solo che non riesco a credere fin dove sei arrivata da quando hai cominciato a lavorare qui. Sono molto orgogliosa di te».

«Smettila», ribatte. «Mi fai piangere di nuovo».

«Non devi. Dovresti pensare solo al futuro. Sono certa che farai grandi cose di questo posto».

«Vendita si conclude domani».

«Lo so. È una strana sensazione… a quel punto sarai tu al timone».

«Rimani qui?», mi chiede. «Devi. Voglio che resti. Ho pensato che possiamo dormire tutte e due a piano di sopra. Quale stanza vuoi?»

«Vorrei restare dove sto, se per te va bene». Che strano fare questo tipo di discorsi su quella che è stata casa mia da sempre. «Ti trasferirai nella camera di mia madre? È la più grande. Te la pulisco prima che entri. La rinfreschiamo. E possiamo ridipingerla. Ne ha un disperato bisogno».

«Sì, prenderò stanza di Miranda».

Ora non la chiama più "Vecchia Bacucca".

«Adesso mi sento egoista, però. Questa è casa tua, non mia. Mi ci trasferisco io se preferisci prenderti la mia camera». Mi chiedo per quanto tempo ancora cammineremo sulle uova tra noi.

«No», obietta. «È deciso». Si morde nervosamente il labbro. «Pensavo di usare camera di Edie come ufficio e utilizzare soggiorno come camera da letto più grande».

«Oddio», esclamo. «È un'ottima idea. Non ci avevo pensato».

«Forse, quando salotto a piano di sotto è libero, possiamo utilizzare spazio in più per caffè. Allargare. Aumentare lavoro di locale».

«Wow. Ci hai riflettuto, allora».

«Non penso ad altro».

Rido. «Sarai bravissima, Lija. Vedrai».

Inorgoglita, parte a razzo. «Potremmo tenere aperto anche per sera. Per cena. O magari per cene organizzate. Non tutte sere, ma a volte. Dobbiamo ottimizzare utili».

È l'eccitazione più eclatante che abbia mai visto in Lija finora. Il viso, sempre così pallido, ora è animato in senso positivo e mi fa sorridere. Mi fa anche rendere conto, però, che la mia attività mi sta definitivamente sfuggendo di mano.

«Ti sosterrò in qualsiasi cosa tu voglia fare, Lija», le dico in tono sincero.

«Dobbiamo fare riunioni», annuncia solenne. «E *brainstorming*».

Nascondo un sorriso. Si sta trasformando in Alan Sugar davanti ai miei occhi.

Ormai tutte le fragole sono pulite, così tiro fuori i grandi tegami per la cottura. Ne metto uno su ogni fornello. Tra poco li sentiremo bollire e borbottare.

Lija porta la frutta e la sistema nei tegami.

«Che farà Edie con tutti i mobili e gli arredi?», chiedo. Per quanto ne so, aveva intenzione di vendere tutto in blocco, ma allora che resterebbe a Lija? Non ho fatto nulla per svuotare casa. Se è quello che vuole Edie, certo non mi ha detto niente. Bisognerà stabilire che cosa fare di tutti gli oggetti di mia madre e c'è perfino la sua stanza, rimasta intatta da quando è andata via. Potrebbero esserci delle cose che vuole ma, per quanto mi riguarda, è un problema suo adesso. «Ti servirà quanto meno la cucina».

«Ho comprato tutto», mi comunica Lija. «Tutto quanto. Mi ha fatto buon prezzo».

«Ah». Mia sorella mi ha decisamente voluto tenere fuori.

«Se c'è qualcosa di particolare che vuoi tenere», si affretta a dirmi Lija, «è tuo. Basta che dici».

«No». Scuoto il capo. «Non voglio niente da questa famiglia. Sono felice che ti prenda tutto tu. Sono sicura che non vorrai la roba di mia madre, quindi ci posso pensare io».

«Non c'è fretta, Fay». Mi mette la mano sul braccio, titubante. «Devi fare tutto con calma».

«Certo». In cuor mio, però, so che prima facciamo e meglio è.

Aggiungo lo zucchero nei tegami e portiamo a ebollizione. È Lija quella con il tocco magico quando si tratta di marmellate, quindi le lascio il controllo della cucina mentre tiro fuori i barattoli sterilizzati e li allineo sul piano, pronti da riempire. Poi rimetto in funzione la lavastoviglie con un altro carico di barattoli.

«È pronta», mi dice Lija da sopra la spalla qualche minuto dopo. Solleva i tegami dal fuoco e li appoggia sul tavolo.

«Sembra deliziosa». Il profumo che si diffonde è paradisiaco. «Dobbiamo solo aspettare che si stabilizzi e poi riempiamo i barattoli».

«Propongo bicchiere di vino per festeggiare!», dice Lija.

«Splendida idea». Improvvisamente sono spossata. «Sono esausta. Prendiamoci dieci minuti e riposiamo in riva al canale».

Capitolo settantanove

Così, Lija e io prendiamo una bottiglia di bianco dal frigorifero e ci andiamo a sedere sulla passerella, con i piedi penzoloni sull'acqua. Verso un po' di vino. C'è voluto quasi tutto il giorno per preparare la marmellata e la stanchezza si fa sentire. Come c'era da aspettarsi, ho il sonno molto irregolare: una notte dormo e la successiva resto sveglia fino all'alba, così anche gli occhi sono pesanti e irritati. Gli ultimi due mesi sono stati terribilmente stressanti e ora vorrei solo concludere. Non appena Edie sarà tornata negli Stati Uniti e Lija mi subentrerà, riuscirò ad andare avanti con la mia vita.

Lija tintinna il bicchiere contro il mio. «A noi».

«A noi», ripeto.

Sospiro e cerco di allentare un po' di tensione nel corpo. Il collo sembra un palo di cemento e ho le spalle rigide come una stampella, ma il vino ha colpito nel segno. È una bella serata, il sole è ancora caldo nel cielo. Non tira un alito di vento e l'aria è immobile. Le libellule guizzano attraverso le rapide lungo il canale e un'indaffarata gallinella d'acqua ci sguazza in mezzo. L'alzaia opposta a noi ha ancora la sua bella fetta di padroni a passeggio con i cani, jogger e coppiette mano nella mano, diretti probabilmente al Two Barges.

«In questo periodo mi sembra di riuscire a rilassarmi solo vicino all'acqua», dico a Lija. «Adoro questo posto. A Edie e mia madre non è mai piaciuto così tanto come a me e papà».

«Mi sarebbe piaciuto conoscere tuo padre. Doveva essere brav'uomo».

«Infatti». Il vino scende fin troppo facilmente, così torno a riempire i bicchieri. «Mi piacerebbe rimettere in funzione la *Maid of Merryweather* un giorno. Mio padre ne sarebbe molto contento». Tra me e me, recito una preghiera di ringraziamento per il fatto che mia madre l'abbia effettivamente lasciata a me. Se fosse andata a Edie anche quella, probabilmente l'avrebbe affondata solo per dispetto.

«Allora dovremo trovare altro posto per tenere torte e marmellate».

«Un chiosco potrebbe andare», propongo. «Non è neanche troppo costoso».

«Sì, può funzionare, ma penso che a gente piace comprare su barca».

«Non è che salperò domani, Lija», la rassicuro. «Ne passerà di tempo prima di potermi permettere di rimettere in sesto la povera vecchia signora». Esattamente come me.

Riempio di nuovo i bicchieri e mi stendo sulla passerella godendomi il sole sul viso. Lija si sfila i Doc Martens e si stende accanto a me. Le sue gambe incredibilmente snelle, sono ancora bianche cadaveriche nonostante l'estate che stiamo vivendo sia una delle più soleggiate della storia. A questo punto penso proprio che non si abbronzerà mai.

«Marmellata sarà raffreddata ormai», annuncia. «Dovrò riscaldare».

«Lo facciamo domani. Ho bevuto troppo per mettere la marmellata nei vasetti adesso. La mia abilità col mestolo sarà compromessa e finirebbe tutta per terra».

«Allora rimandiamo», concorda Lija. «Ci siamo meritate riposo».

«Appoggio la mozione». Così restiamo sdraiate lì a guardare il cielo azzurro un altro po', cercando di godercelo al massimo, dato che l'estate sta per finire e il canale e il giardino torneranno presto al loro aspetto invernale.

«Ti manca?». Chiede mentre osserviamo i batuffoli di nuvola che sfilano lentamente sopra di noi.

«Anthony?»

«Non risvegliare miei istinti omicidi».

No, a quanto pare si riferisce a Danny.

«Sì. Ogni giorno». Nonostante sia ormai una settimana che è partito, continuo a pensare a lui. È sempre lì, in un angolo della mente.

Lija si gira di fianco e mi guarda. «Tornerà. Sono sicura».

«Lo spero».

«Sei libera di amare adesso, Fay».

«Sì». Una simile prospettiva, di fatto, mi terrorizza. Non ho niente dietro cui nascondermi. «E se invece non tornasse più? E se trovasse un ottimo lavoro, una donna meravigliosa da qualche altra parte, a chilometri e chilometri da qui?»

«Allora morirai vecchia e sola, oppure sposi vecchio Stan Puzzone».

«Grazie tante, Lija».

Anche se mi spaventa, c'è un fondo di verità in quello che ha detto. Tra me e Danny può anche esserci stato un momento fugace, ma dentro di me è qualcosa che durerà per sempre. E se non posso stare con Danny, allora forse resterò sola, anche se non è una prospettiva elettrizzante.

Capitolo ottanta

Lija e io siamo in pieno doposbronza. Stanotte è rimasta qui nella camera di Edie e ci siamo svegliate più tardi del solito.

Siamo entrambe semisvestite a fare colazione. Io nel mio casto pigiama sottoveste, Lija in biancheria intima praticamente invisibile ma, perlomeno, so per certo che è pulita e che si è anche lavata i denti.

Entrambe prendiamo una ciotola di cereali e un caffè nero forte.

«Fai troppo rumore mentre mastichi», si lamenta Lija.

«Mi dispiace», dico. «Scusami».

«Marmellata è ancora in tegami», mi fa presente.

Lo so bene, dato che ho dovuto spostarli per poterci sedere a tavola.

«Possiamo riscaldarla un minuto e poi metterla nei barattoli».

«È un po' liquida». Lija la guarda storto. Ha una faccia che farebbe inacidire il latte, ma non credo che possa rendere più densa la marmellata. «Voglio far addensare un po'».

«Sarà la prima cosa che faremo». Poi, nel mio stordimento alcolico, mi ricordo che in un momento preciso di oggi Lija diventerà la proprietaria della casa e del caffè. Inizia una nuova fase della mia vita, che mi piaccia o no. Pur essendo sinceramente contenta che prenda tutto in mano lei e non qualcun altro, il cuore mi sprofonda un po' nel petto.

Sprofonda un altro po' quando sento un colpo di tosse e mi ritrovo Edie in piedi sulla porta aperta della cucina. Indossa un abito giallo di sartoria e occhiali da sole di marca. Al braccio ha appesa una borsa da cinquecento bigliettoni, sicuramente un nuovo acquisto che non ha neanche la delicatezza di nascondere. Mi sento ribollire il sangue.

«Ciao», saluta incerta.

È quasi una settimana che non ci vediamo.

«Sono venuta solo a salutare», spiega. «Ho il volo per New York stamattina».

«Così presto?», mi sforzo di chiedere.

«Non c'è più niente che mi trattenga qui, adesso». Irrequieta, entra in cucina.

Lija si alza per farla sedere, ma Edie passa oltre.

So che dovrei offrirle del tè o del pane tostato, ma oggi mancherò ai miei obblighi di cortesia verso mia sorella. Solo guardarla mi provoca una sofferenza totale. Mi ha tolto tutto e non prova la minima vergogna.

Si appoggia gli occhiali da sole sulla testa. «La vendita dovrebbe concludersi oggi. Il notaio ha detto che è tutto a posto. Sto solo aspettando la telefonata».

Così è, penso. Finirà tutto.

Alle sue spalle, Lija ha preso un coltello e finge di pugnalarla al collo. Mi copro la bocca per soffocare una risata e la ringrazio mentalmente per aver alleggerito questo istante. Senza di lei, mi sarei trovata in balìa dei venti.

«Pensavo che aveste già fatto le valigie e foste pronte ad andarvene», dice. Lancia una fredda occhiata di sdegno al mio pigiama e alla biancheria di Lija. «Ho capito che i nuovi proprietari non entreranno subito, ma comunque a breve». Guarda deliberatamente l'orologio. «Questa non sarà più casa vostra».

«Lija e io restiamo qui». Se nelle ultime settimane avessimo avuto una conversazione civile, tra persone adulte, lo saprebbe già. Chiaramente pensava che venissi sbattuta fuori da Canal House oggi. E questo mi fa arrabbiare ancora di più. Non aveva idea di che cosa avrei fatto e dove sarei andata e non le importava.

«Non potete restare», si stizzisce.

In quel momento, le squilla il telefono e se lo porta all'orecchio. «Sì?», risponde. «Grazie. Ne sono molto lieta». Mi guarda con le labbra corrucciate e chiude la telefonata. «La vendita si è conclusa senza intoppi».

«Ne sono lieta anch'io», dico. «Spero che tu sia contenta ora».

«Niente di tutto questo è opera mia», dichiara altezzosa. «È ciò che voleva mia madre».

«Bene, allora te ne puoi tornare dritta a New York, forte della tua convinzione di aver esaudito il suo ultimo desiderio».

«Non credo che tu abbia capito bene la mia situazione», continua Edie tesa. «Brandon e io abbiamo bisogno di questi soldi. Non mi è piaciuto dover fare tutto questo, sai».

«Davvero?». Sono troppo esausta perfino per litigare. «A me invece sembra di sì. Sono solo felice che questa casa sia andata a Lija».

A quelle parole Edie si volta di scatto e ci fissa sbalordita. «Che cosa?»

«È un sollievo che Lija venga a vivere qui», ripeto. «Almeno porterà avanti l'attività che ho messo in piedi con tanta fatica».

Mia sorella la fissa. «Come? Come farete a restare qui?».

In quel momento squilla il telefono di Lija. Ha lo stesso scambio di battute di Edie. «Sì? Grazie. Ne sono molto lieta», la imita.

Riaggancia. «Sono nuova proprietaria di Canal House». E non può fare a meno di sorridere.

«Congratulazioni». Mi alzo ad abbracciarla. «Sono davvero felice per te».

«L'hai comprata tu?», si infiamma Edie. Ha i pugni stretti lungo i fianchi, il viso rosso di rabbia. «Non può essere. L'acquirente si chiama Robert».

«Roberta», la corregge Lija nascondendo a malapena un ghigno. «Roberta Lija Vilks».

«È uno scherzo?»

«No», rispondo. «Perché dovrebbe?»

«Non avevo idea che l'acquirente fosse Lija».

«Che importa? Hai avuto ciò che volevi».

Edie stringe gli occhi. «Vi credete tanto furbe».

«Non dovresti essere contenta che abbia ancora un posto in cui vivere?». Le rammento. «Tu mi hai tolto tutto. Lija ha pagato in contanti. La vendita si è conclusa molto più rapidamente del normale».

«Non so che trucco ci sia dietro, Fay, ma non ci casco».

«Nessun trucco, Edie. Le cose sono semplicemente andate come volevi tu, stavolta. Tutto qui».

«Vi auguro proprio di essere felici insieme qui dentro», ribatte sprezzante.

Mi giro verso Lija. «Ce la metteremo tutta, vero?»

«Sì», risponde.

«Penso che ci stiamo dimenticando un'ultima cosa, però, Lija».

«Ah, sì?».

Accenno rapidamente con gli occhi al tegame della marmellata sul tavolo.

Lija mi capisce al volo e insieme lo solleviamo.

Mi sorella ci guarda come se fossimo impazzite. Il che potrebbe anche essere.

«Uno, due, tre», conto avanzando verso Edie, che subito coglie la malignità nel nostro sguardo.

«Non vi azzardate», indietreggia, ma resta bloccata dall'isola alle sue spalle.

E comunque non ci ferma nessuno. Ogni straccio di coscienza ci ha abbandonato. È una piccola vendetta e me la sto godendo alla grande.

Con un unico gesto, Lija e io le rovesciamo in testa tutta la marmellata di fragole. Edie si alza e la sputacchia impotente e arrabbiata mentre le cola sui riccioli ramati perfetti, il trucco impeccabile, la borsa firmata. Ora sembra proprio che qualcuno sia morto dissanguato nel suo vestito del colore del sole.

«Aah!», strilla Edie. «Aah!», si toglie freneticamente la marmellata dalle mani cercando di liberarsi capelli e viso da quella sostanza appiccicosa. Ne schiaccia altra sul vestito. La sua nuova borsetta sciccosa è ormai viscida.

Ho il fiatone e il cuore mi batte forte. Mi sento cattiva, molto cattiva. Ma non posso dire che non mi sia piaciuto.

«Tu e io abbiamo chiuso, Fay», dichiara. «Non sei più mia sorella».

«Penso che avevamo già chiuso molto tempo fa, Edie», dico con una vena di rimpianto.

Edie esce a grandi passi, scivolando e slittando sulla marmellata che le si è attaccata alle scarpe. «Non chiamarmi, Fay. Non ti rivolgerò mai più la parola».

Poi sbatte la porta e se ne va.

«Che vacca malefica». Lija mi guarda incerta. «Tutto okay?»

«Sì». Il battito del cuore si sta regolarizzando. Edie non fa che aggiungersi alla crescente lista di persone uscite dalla mia vita. Mi sento triste, terribilmente triste, ma non sconvolta.

Mi lecco la marmellata dalle dita e mi giro verso Lija. «Avevi ragione», dico. «Era troppo liquida»

Capitolo ottantuno

Oggi il caffè è affollato e, in cucina, Lija è impegnata anima e corpo su tutti i fronti. Ha una torta in forno e prepara i panini come se fosse in catena di montaggio. Già non mi sembra più casa mia, né la mia attività. Mi piacerebbe dire che tutto è tornato alla normalità, ma la sensazione che ho è di essere un rametto spinto di lato dalla forza della corrente principale.

Sento che Lija ancora si muove con le pinze con me, di certo mi spia preoccupata per tutto il giorno. Forse teme che possa imboccare la porta ora che c'è stato il passaggio delle chiavi, ma dove altro potrei andare? È solo che ci vorrà un po' di tempo per abituarsi al nuovo assetto e lo sappiamo entrambe.

Sarà Lija il capo adesso e, anche se è sempre stata lei a darmi ordini fin dal primo istante in cui ha cominciato a lavorare qui, sarà tutto su un piano diverso. Ma ne sono felice. Se devo perdere l'attività, preferisco perderla a favore della mia cara Lija che non di qualcun altro.

«Salmone affumicato per quelli sotto melo», dice. «Se non ti dispiace», aggiunge poi.

Decisamente non è da lei.

Prendo l'ordinazione e trotto all'esterno. Sono i Fenson, con cui di solito mi intrattengo volentieri, ma oggi devo sforzarmi per chiacchierare allegramente con le persone.

Quando porto al tavolo i loro panini, sento di non metterci il cuore. La mia creatura è ormai di qualcun altro e, per quanto cerchi di negarlo, sento che mi è stata portata via una parte di me. Quante ore ho sgobbato qui, quanto sangue, sudore, lacrime… e per che cosa? L'ho fatto solo per mia madre, per noi. Eppure lei, senza il minimo riguardo nei miei confronti, ha lasciato tutto a Edie che, a sua volta, mi ha venduto per trenta denari. Ormai anche il rapporto con mia sorella è rovinato per sempre, a quanto pare. Non credo che potrò mai perdonarla per avermi privato di un tetto. Come non credo che lei mi perdonerà mai per l'incidente della marmellata, anche se temo che non ci sia paragone tra le due cose.

Fa davvero molto caldo. L'aria è umida e pesante. La gente comincia a borbottare per quest'afa prolungata come solo un popolo affamato di sole come quello britannico può fare. Le previsioni preannunciano temperature oltre i 38 gradi e le società dell'acqua minacciano la messa al bando degli irrigatori. Ogni volta che mi sento surriscaldata, amo sedere lungo il canale per cinque minuti a sbollire. Mi basta questo. Anche il giardino sta soffrendo però, i fiori appassiscono per mancanza di pioggia. Presto il tempo si guasterà.

Il canale è trafficato, le imbarcazioni che passano sembrano letargiche e molti dei turisti che le hanno prese in affitto sono rossi come gamberi per il sole incessante. Oggi come oggi, riscaldare una barca d'inverno è relativamente facile, dato che la maggior parte ha l'impianto centralizzato e la stufa a legna. Il difficile è tenerla fresca d'estate. A volte, sulla *Maid of Merryweather* dovevamo tenere le porte aperte di notte e perfino le finestre per riuscire a creare corrente.

Mi chiedo dove sia Danny ora; ha attraccato da qualche parte in questo calore infernale o sta continuando il giro dei canali? Mi auguro che si goda appieno la sua estate di navigazione.

Mia sorella sarà tornata a New York a quest'ora. Spero che abbia fatto un buon volo. Mi rattrista non averla accompagnarla all'aeroporto, a salutarla. Spero anche che lei e Brandon siano felici con i soldi di nostra madre e li usino oculatamente, ma forse è sperare troppo. Senza più né mia madre né mio padre e con Edie che ha tagliato i ponti, prende forma in me la consapevolezza di essere sola al mondo. Ciò che ho di più simile a una famiglia, ora, sono Lija e Stan.

«Ci porteresti dell'altro tè, Fay?», mi gridano i Fenson da sotto il melo, interrompendo le mie fantasticherie.

«Sì, certo». Torno in cucina e glielo porto.

«Porterò qui mia roba più tardi. Se per te va bene», mi annuncia Lija quando ritorno.

La prendo per le spalle ossute e le stringo con affetto. «È casa tua, Lija. Certo che va bene».

«Mi aiuta Ashley che ha preso in prestito furgone da suo amico».

Ashley è il grazioso barista che lavora al Two Barges. Non lo sentivo più nominare dalla sera del Canal Festival, quindi è un bel colpo di scena. E credo che Lija sia leggermente arrossita nel nominarlo.

«C'è qualcosa che posso fare?».

Lija dà un'alzata di spalle.

«Disfo il letto». So che Lija era un po' riluttante a prendere la vecchia camera di mia madre, ma mi accerterò che la trovi svuotata e ben arieggiata. «Hai lenzuola pulite per un letto matrimoniale? Altrimenti puoi prendere quelle che ci sono qui».

«No, porto io. Vado non appena chiudiamo, se per te va bene».

Rido. «Non me lo devi chiedere, Lija. Puoi entrare e uscire come ti pare. Sei tu il capo».

E io la dipendente.

Non abbiamo ancora stabilito quanto mi pagherà, ma ne dovremo parlare presto, perché sto entrando un po' in ansia. I pochi soldi che ho non dureranno ancora a lungo.

Capitolo ottantadue

Ashley viene a prendere Lija con il furgone in prestito. È un bravo ragazzo. Premuroso. Li osservo ballonzolare sul sentiero irregolare per schivare le poche pozzanghere, tra le proteste delle sospensioni.

Poi salgo al piano di sopra a disfare il letto in camera di mia madre in modo che al suo ritorno Lija la trovi pronta. Per quanto possa sembrare strano, si può dire che non ci sono più entrata dal giorno del funerale e c'è molto più da fare di quanto pensassi. La scorta di medicine è ancora allineata sul comodino, il libro aperto alla pagina che stava leggendo. Appesi nell'armadio ci sono i suoi vestiti, molti dei quali rimasti inutilizzati per anni. Dovrò fare piazza pulita anche di questi e svuotare la cassettiera. Nell'ambiente permane un odore stantio e, in tutta sincerità, di vecchiaia. Con un nodo in gola, tiro le tende e spalanco la finestra per lasciare entrare l'aria calda della sera. All'orizzonte si ammassano nuvoloni scuri che minacciano pioggia.

Per il momento ammucchio tutto nella vecchia camera di Edie. In un secondo momento farò una cernita e porterò le cose migliori ai negozi di beneficenza del paese. Mia madre non aveva granché nell'armadio, in realtà: qualche vecchio cappotto ammuffito che ha ormai dimenticato la luce del sole, un paio di abiti eleganti di quando usciva e curava il proprio aspetto. La polvere mi irrita gli occhi. Mentalmente la rivedo seduta tra quelle lenzuola come una regina sul trono e trovo profondamente triste che i miei ricordi di lei siano immagini così amare. Io vorrei che alla mia morte la gente mi ricordasse con affetto.

Tiro via i vestiti dall'armadio, li porto in camera di Edie e li impilo sul letto. Continuo con le scarpe e le due o tre borsette che aveva. Allo stesso modo, svuoto la cassettiera. Nel cassetto superiore c'è la sua biancheria, per la quale approntero uno scatolone o una busta a parte. In quello successivo le camicie da notte che negli ultimi tempi hanno rappresentato il suo unico abbigliamento. Tutto in camera di Edie. Nell'ultimo ci sono alcune felpe. Quand'è stata l'ultima volta che ne ha indossata una? Secoli fa. Avrei dovuto levarle di mezzo da tempo, ma nutrivo sempre la speranza che a un certo punto si riprendesse, lasciasse il letto e tornasse di nuovo nel mondo.

La carta con cui ha sempre voluto foderare l'interno dei cassetti è strappata e andrebbe sostituita. Sono certa che Lija non la vorrà, così la rimuovo del tutto. Nel farlo, scopro una vecchia fotografia in bianco e nero che era stata nascosta al di sotto.

Lascio le felpe sul letto e la prendo. È ingiallita dal tempo, rovinata agli angoli e spiegazzata. Sono un uomo e una donna in piedi davanti alla *Maid of Merryweather*. La donna, poco più che una ragazza, ha un neonato tra le braccia. Sono entrambi giovani e sembrano davvero felici. L'uomo le tiene un braccio intorno alla vita e sono in posa davanti all'obiettivo. Riconosco subito mio padre, anche se ha una testa piena di capelli, e so anche che quella accanto non è la donna che ho chiamato mamma per tutta la vita.

È una donna formosa, con capelli biondi e mossi che le ricadono alle spalle… È come guardare me stessa. È la mia vera madre, non ho il benché minimo dubbio. E prego in silenzio di essere la bambina che tiene in braccio. Mi si asciuga la bocca e giro la foto. Lì, nella fluida grafia di mio padre, c'è scritto: "Io, la mia cara Jean e la piccola Fay".

Cado in ginocchio sul tappeto. È così. È mia madre e quella sono io. C'è anche una data, sempre scritta da mio padre. Dovevo essere piccolissima, di tre mesi circa. Jean sembra avere vent'anni, non molti di più.

Con le dita ne accarezzo i lineamenti e sento le lacrime scorrermi sulle guance. Mia mamma. La mia vera mamma.

«Oh, papà», mormoro. «Perché non me l'hai mai detto? Avrei voluto sapere tutto di lei».

Torno a guardare la foto, lo sguardo adorante che lei e mio padre si rivolgono. Deve essere stata dura per lui non poterne mai parlare. Forse ha sposato Miranda per darmi una casa e una madre, ma chissà se l'ha mai amata come la sua "cara Jean" e chissà se lei lo sapeva. Ora capisco perché a Miranda non è mai piaciuta quella barca: era l'eterno promemoria della vita precedente di mio padre, del suo primo amore. La *Maid of Merryweather*... quella "fanciulla" era mia madre, lo scopro solo ora.

Vorrei tanto averla conosciuta. Sembra un tipo amabile e gentile. Per un po' resto così, con la testa sulle ginocchia e la fotografia stretta in mano e piango, piango, anche se non so bene per chi. Sono lacrime per la madre che ho perduto o per quella che ho scoperto solo ora? O sono per me, per non aver mai conosciuto davvero nessuna delle due?

Capitolo ottantatré

Per non so quanto tempo resto a fissare la foto, accecata dalle lacrime e, quando mi rendo conto che devo darmi una mossa prima del ritorno di Lija, inizia a tuonare. A quanto pare è arrivato il temporale. La temperatura scende, il cielo si scurisce fino a diventare nero e il vento gonfia improvvisamente le tende. Nel giro di pochi secondi, piove a catinelle.

Mi ridesto e corro a chiudere le finestre prima che l'acqua bagni completamente il davanzale. Quando mi sporgo per afferrare i ganci e tirare a me la finestra, scorgo una barca in avvicinamento all'ormeggio accanto alla *Maid of Merryweather*. Ho un tuffo al cuore. È la *Dreamcatcher* e a poppa, a manovrarla, c'è Danny, inzuppato fradicio.

Scruto nel buio con le ginocchia che tremano. È tornato.

Lo so che c'è la stanza da sistemare, che Lija deve trovare tutto in ordine, ma voglio andare da lui. Lo voglio disperatamente.

O forse potrei optare per la calma, sedermi e aspettare che venga in casa. È qui per me. Non può essere altrimenti. E se invece non volesse disturbare e preferisse aspettare fino a domani? Trattandosi di Danny non mi stupirebbe, ma in quel caso finirei per impazzire.

Così finisco di trasferire i vestiti nella stanza di Edie e lascio la fotografia dei miei genitori sul comò in camera mia. Avrò tempo per godermela.

Poi mi lancio giù per le scale e scrivo un biglietto a Lija da lasciare sul tavolo della cucina.

"Danny è tornato!", scrivo. Non serve aggiungere altro.

Poi, proprio mentre sto per uscire sul retro, sento la chiave girare nella porta principale e Lija fa il suo ingresso.

«Ciao!», esclama.

Getto uno sguardo ansioso dalla finestra della cucina. La *Dreamcatcher* ha attraccato, Danny sta fissando gli ormeggi e Diggery scorrazza in su e in giù sul pontile sotto la pioggia. È la prima vera notte in cui Lija dorme qui e, da brava amica, dovrei restare e aiutarla a sistemarsi.

Lija entra in cucina con Ashley al seguito. «Siamo pisciati di pioggia», bofonchia. Poi mi guarda. «Che c'è?»

«C'è Danny», le dico, incapace di contenere l'eccitazione. «È tornato».

«E allora vai da lui».

«Non posso. Devo darti una mano».

«Vai, stupida donna», dice. «Ho muscoli», aggiunge poi, lanciando un'occhiata ad Ashley.

«Non ti dispiace?»

«No». E con la mano mi fa cenno di smammare.

«Non farò tardi», le prometto.

«Non serve che ti sbrighi», mi ricorda.

Niente mamma, niente Anthony. Nessuno.

«Basta che torni in tempo per infornare domani mattina».

«Lo farò».

Lija accenna alla finestra e alla coltre di pioggia. «Hai preso ombrello? Cardigan? Mutande di emergenza, spazzolino?»

«No, niente».

Sogghigna. «Sei follemente innamorata».

«Penso di sì». Così mi fiondo dalla porta sul retro sotto la pioggia battente. Cade più forte che mai e i tuoni rimbombano tutt'intorno.

Alla massima velocità consentita dalle mie gambe di donna matura, attraverso di corsa il giardino. I lampi illuminano il cielo e la pioggia rimbalza impazzita sulla superficie del canale. Danny ha appena finito di fissare gli ormeggi e sta per saltare a bordo. Lo vedo voltarsi a guardare la finestra della mia camera da letto.

«Danny!», grido. «Danny!».

Allora abbassa lo sguardo e mi vede. Anche da qui capisco che è contento. Diggery comincia ad abbaiare il suo benvenuto. E le gambe, improvvisamente leggere, mi portano da lui.

Ho i capelli attaccati alla testa e la pioggia mi scorre sul viso, mista a lacrime di gioia.

Danny apre le braccia e mi ci fiondo. Sulla passerella, mi solleva e mi fa girare e girare, tenendomi stretta, fin quando non siamo entrambi storditi e senza fiato.

«Non riuscivo a starti lontano», mi sussurra. «Non ci riuscivo».

Capitolo ottantaquattro

Un lampo e un altro tuono che romba proprio sopra di noi. Ho un brivido, ma non so se è paura o eccitazione.

«Sei fradicia», dice Danny. «Saliamo a bordo».

Così lo seguo all'interno della *Dreamcatcher*, calda e confortevole. Grondiamo acqua. Danny ha i capelli inzuppati, la maglietta attaccata alla pelle. Mi tiene ancora per mano quando si volta a guardarmi. Intrecciamo le dita e ci guardiamo negli occhi. La passione nei miei è riflessa nei suoi. Senza fiatare, le nostre labbra si trovano e le sue sono calde, esigenti.

Le mani, bollenti sulla mia pelle gelata, vagano ovunque schiacciandomi contro di lui. Gli sfilo la maglietta ed è più bello di come lo ricordavo, perfino di come l'ho sognato. Gli passo le dita sul petto, sulla pelle umida.

Poi siamo come due affamati lasciati liberi davanti a un'enorme tavola imbandita. Cadiamo uno sull'altra, a fare festa. Non c'è finezza nei preliminari. Zoppichiamo insieme verso la cabina, inciampando, strattonandoci i vestiti, spogliandoci, sbattendo contro le pareti, i mobili. Poi smettiamo di baciarci, di toccarci, di esplorarci. Non c'è vodka stavolta, né erba, ma mi sento ugualmente ubriaca e drogata.

Diggery abbaia mentre avanziamo, saltellando giocosamente intorno alle caviglie, pensando che sia un nuovo bellissimo gioco.

Cadiamo sul letto e scalciamo per liberarci di quei pochi indumenti che ci rimangono per ritrovarci nudi, pelle contro pelle. Quando mi penetra sono in paradiso. Fa l'amore come un uomo assetato che ha finalmente trovato tutta l'acqua di cui aveva bisogno.

«Ti amo», mormora. «Ti amo».

Sopra di noi infuria il temporale. La pioggia frusta gli oblò. I nostri corpi si muovono all'unisono. Diggery è appisolato in un angolo.

Dopo, molto dopo, la tempesta si esaurisce e così noi. Ci baciamo dolcemente, delicatamente, mentre i tuoni si allontanano brontolando. Poi, in un delizioso intreccio di corpi e lenzuola, ci addormentiamo uno tra le braccia dell'altra.

Capitolo ottantacinque

Al risveglio, ci scopriamo timidi.

«Sei contenta che sono tornato?». Mi stuzzica.

Fingo nonchalance. «Un po'».

«Risponderesti "molto" se ti preparassi un po' di tè?»

«Sì», concordo. «Potrebbe funzionare».

Mi sfiora la spalla nuda con le labbra e rabbrividisco di piacere. Scende dal letto e si infila i jeans sulle gambe nude e perfino quello mi fa fremere di desiderio. Scalzo, va in cambusa dove prepara il tè fischiettando. E pane tostato anche, a giudicare dal profumo che si diffonde.

Mi tiro su a sedere, coprendomi con il lenzuolo. Diggery si stiracchia e salta sul letto. Gli gratto per un po' le orecchie e il collo e poi si va a sistemare felice ai piedi del letto. I nuvoloni si sono spostati e il cielo è di nuovo luminoso, anche se è tarda serata.

Danny torna con due tazze di tè e una montagna di pane imburrato su un vassoio.

«Cena a letto», annuncia.

E mi chiedo, ansiosa, speranzosa, se non sia la prima di tante.

Si sfila i jeans ed è di nuovo nudo quando scivola accanto a me. Il pensiero di mangiare tè e toast molto, ma molto rapidamente, è alquanto seducente.

«Non osavo sperare che tornassi», gli dico.

«Stavo risalendo il Gran Union», dice. «Sono arrivato solo fino a Market Harborough». Ride. «Non proprio un grande avventuriero. Più mi allontanavo da te, più sentivo di dover tornare indietro».

Mi mette un braccio intorno alle spalle e mi appoggio a lui, felice di potermi di nuovo accoccolare sul suo petto caldo. «Sono felice che tu l'abbia fatto».

«Nel caso mi servisse una scusa, ho perfino preso il motore ricondizionato per la *Maid of Merryweather*».

«Davvero?».

Danny annuisce. «C'è ancora qualcosina da fare, ma penso di poterci riuscire. Ho fatto una bella chiacchierata con quel tipo. Mi darà una mano se serve. Sempre che tu voglia».

«Ma certo che voglio». A questo punto mi rendo conto che non sa niente della mia nuova situazione. «Potrebbe esserci un piccolo problema, però».

Mi guarda interrogativo.

«In queste ultime settimane ci sono stati moltissimi cambiamenti... non so bene da dove cominciare».

«Dall'inizio?»

«Non so neanche bene dove sia l'inizio. Comunque...», mi lancio. «Anthony e io non stiamo più insieme. È innamorato di un'altra e sono molto contenta per loro».

«Wow».

«Non eravamo fatti l'uno per l'altra. Mi ci è voluto molto tempo per capirlo. Il suo nuovo amore è un'altra suonatrice di campanelle. La sua protetta», gli racconto. «È stato amore al primo rintocco».

«Almeno ci ridi».

«Già. Purtroppo, però, è l'unica cosa su cui si possa ridere». Così gli racconto del contestato testamento di mia madre e di come ho scoperto che non era neanche mia madre. Ne resta sconvolto, ma non mi fermo e proseguo aggiornandolo sulla decisione di Edie di vendere la casa e di come mi sia quindi ritrovata senza un tetto sulla testa e senza attività. «Attualmente non ho neanche un fagiolo a mio nome. Quindi la messa a nuovo della *Maid of Merryweather* dovrà attendere».

«Ma la barca è ancora tua?»

«Sì». Avrebbe dovuto essere l'ultima goccia. «Almeno quella è ancora tutta mia».

Si passa una mano tra i capelli con espressione leggermente sbigottita. «Ed è successo tutto mentre ero via?»

«Sì. E c'è dell'altro. Lija adesso è la proprietaria della casa e del caffè. Baracca e burattini. Per fortuna aveva una zia con molto denaro di dubbia provenienza rintanata in Russia che le ha prestato i soldi per comprarla. Tutti. Avrei voluto riscattare io la casa, ma le banche non mi hanno nemmeno dato udienza. A quanto pare ti prestano denaro solo quando non ne hai davvero bisogno».

«Come ti fa sentire che Lija possieda il caffè e tutto quanto?»

«Mi fa piacere. Sono felice che sia subentrato qualcuno a cui voglio bene. Sarebbe stato terribile vederla finire in mano a sconosciuti o a qualcuno che avrebbe semplicemente chiuso il locale. E la sua sarà una gran bella gestione. È già piena di idee che a me non sono mai venute in mente».

«E tu che farai?»

«Domanda da un milione di dollari», sorrido mesta. «Probabilmente resterò lì a dare una mano a Lija. Gliel'ho promesso». Sospiro. «Al momento, però, mi sento un po' derubata e questo luogo non conserva bei ricordi per me».

Danny raddrizza la schiena. «Vieni con me», dice. «Lija può gestire tutto da sola. Amerai anche tu la vita sul canale, Fay, così come l'adoro io, lo so. Ho esplorato solo una minima parte di ciò che possono offrire le vie d'acqua. Possiamo metterci in viaggio verso nord, arrivare in

Galles e ritorno». Gli occhi gli brillano per l'emozione. «È un ritmo di vita totalmente diverso e dopo tutto quello che hai passato, ti servirebbe proprio una bella pausa prolungata».

L'idea mi attira molto. Al pensiero di navigare i canali da sola con Danny sulla *Dreamcatcher* il cuore mi batte forte. Sarebbe un idillio.

Poi la realtà torna a sconfinare. «E Lija?», mi chiedo. «Non posso lasciarla allo sbando. Le serve il mio aiuto. E Stan? Che cosa ne sarebbe di Stan?». Ripenso a quanto mi è parso stanco ieri. «Ha novantatré anni. Per quanto ancora starà con noi? Ha bisogno di qualcuno che si prenda cura di lui. Non ha famiglia».

«Sei libera, Fay. Per la prima volta da anni. Non hai più né il vincolo di tua madre né il caffè. Non costruirti altre barriere. È il tuo momento. Possiamo farlo».

I suoi occhi scuri sono così sinceri, così imploranti, che sento di non poter rifiutare. Eppure...

«Non ho soldi, non ho niente».

«Ne ho io abbastanza per andare avanti per un po'», ribatte. «E posso trovare qualche lavoretto occasionale lungo la strada. Tu potresti continuare a infornare dolci e venderli mentre viaggiamo».

«Non lo so...». Ora c'è un accenno di panico che mi monta nel petto. Come faccio a prendere e partire così? Ho fatto una promessa a Lija. Sono preoccupata per Stan. «Potresti fermarti qui tu», propongo. «Trovare un posto qui».

«Potrei», dice dolcemente. «Ma non è il mio sogno».

Il senso di responsabilità sgomita. Come faccio ad andarmene e lasciarli così? Anche ora mi preoccupo per aver lasciato Lija da sola la sua prima sera.

«Farei meglio a tornare», dico. È calato il buio. Non so per quanto tempo sono rimasta distesa qui tra le confortevoli braccia di Danny, ma dovrei darmi una mossa. «Lija si starà chiedendo che fine ho fatto».

«Non è una bambina, Fay», precisa. «È una donna adulta e, che tu lo creda o no, se la cava bene anche senza di te».

«Non mi va di lasciarla sola la prima notte che trascorre a casa».

«Oh, Fay», sospira Danny. «Quand'è che metterai te stessa al primo posto?»

«Non lo so», rispondo. «Non so neanche se ne sono capace».

Capitolo ottantasei

Con riluttanza, lascio il letto di Danny e mi vesto. L'erba è umida mentre attraverso il giardino buio di ritorno a casa. Già mi manca il calore delle sue braccia, la sensazione del suo corpo snello accanto a me.

Le luci del piano inferiore sono spente, a quanto pare Lija è già andata a dormire, così salgo in punta di piedi per non svegliarla.

Precauzione inutile, a quanto pare. Resto impalata lì, incerta sul da farsi. I versi che provengono dalla stanza di mia madre – di Lija – mi dicono che non è sola. Evidentemente lei e Ashley hanno deciso di festeggiare con energia ed entusiasmo. E io lì ad angustiarmi per averla lasciata sola. Avrei dovuto immaginarlo.

Gemiti e mormorii crescono di intensità e cerco di tapparmi le orecchie con le dita. Oddio, spero che non vadano avanti così tutta la notte. Devo riconoscere, però, che Lija ha sicuramente dato per scontato che avrei passato la notte sulla *Dreamcatcher* con Danny; al posto mio, lei lo avrebbe fatto di certo. Maledetta la mia ingenuità! Aveva ragione Danny a dire che Lija può benissimo cavarsela senza di me.

Di nuovo gemiti crescenti. Forse dovrei mandarle un messaggio per avvertirla che sono nella stanza a fianco. In definitiva, però, è a casa sua ed è libera di fare ciò che vuole. Se si porta un uomo diverso in camera ogni notte, non ci posso fare proprio niente.

Più silenziosamente possibile, sguscio in camera mia. Dalla finestra guardo verso il canale. Sulla *Dreamcatcher* tutte le luci sono spente: Danny e Diggery si sono sistemati per la notte. Gli soffio un bacio.

Lo amo. Non ho alcun dubbio. Allora perché trovo così difficile decidere di stare con lui?

Ho una notte di sonno incostante, ma non ha niente a che vedere con la passione notturna di Lija, semplicemente non riesco a spegnere il cervello. Fin nel cuore della notte, ho continuato a pensare e ripensare a tutto quello che è successo ultimamente, rivivendolo, rigurgitandolo senza arrivare da nessuna parte.

L'ultima cosa che mi sento di fare oggi è lavorare al caffè e devo ammettere che è la prima volta che provo una sensazione del genere.

Mi faccio una lunga doccia calda e mi vesto. Quando scendo in cucina, Lija è già lì. E anche Ashley. Sono seduti vicini al tavolo a imboccarsi con pezzetti di toast ridacchiando come scolaretti. Lija è ancora in slip e reggiseno e Ashley scalzo e a petto nudo, con indosso solo i jeans. Sobbalzano entrambi quando mi vedono.

«Oh, scusate».

«Pensavo che stavi da Danny», mi dice Lija, a ragione.

«Be', ecco... io... non volevo lasciarti da sola».

«Fay», mi sorride. «Non devi preoccuparti per me».

«Lo so». Mi torco le mani a disagio. «Voglio dire. Sì, me ne rendo conto ora. Le vecchie abitudini sono dure a morire».

«Dai, siediti. Ti preparo toast».

«No, no. Non voglio intromettermi».

Allora viene e mi guida verso una sedia, spingendomi sulle spalle per farmi sedere. «Sta' zitta e bevi tè».

Ashley me ne versa una tazza. «'giorno».

«Buongiorno». Prendo la tazza. «Grazie».

Mi sorride timido. Probabilmente sta desiderando una maglietta.

Sto qui a fare il terzo incomodo. Poi la realtà mi colpisce come un pugno: Lija non ha affatto bisogno di me. Sarebbe molto meglio se mi levassi di mezzo in modo che possa dare la propria impronta a questo posto, senza doversi sempre preoccupare del mio sguardo alle spalle.

«Torno tra un minuto», dice Ashley e si precipita fuori dalla cucina.

«Adesso hai fatto andare via lui», commenta Lija mentre mi mette davanti del pane tostato.

«Scusa».

«Scherzo», mi rimbrotta. «Deve andare a lavoro. E noi anche».

«A questo proposito, Lija, devo parlarti».

«Lo so. Dobbiamo decidere paga e vedere libri. È su lista». Mi sventola un foglio davanti.

Una lista. Non sapevo che Lija fosse tipo da liste.

«Ho piano», annuncia.

«Potrei non essere qui a vederlo realizzato, Lija». Raccolgo il coraggio a piene mani, faccio un profondo respiro e mi butto. «Danny mi ha chiesto di andare via con lui. Sulla *Dreamcatcher*».

«Una vacanza? Buona idea». Approva con entusiasmo.

«Non in vacanza, non proprio», esito prima di proseguire. «In via definitiva».

Lija trasalisce. Il viso già solitamente bianco impallidisce ancora di più. «No», dice. «Non puoi andare. Mi serve tuo aiuto qui. Ho fatto tutto questo per te. Per noi».

«Ripartirà presto. Navigherà tutti i canali del Paese».

«Può stare qui adesso», insiste. «Perché no?»

«Il suo sogno è di navigare e portarmi con sé». Mi si chiude la gola mentre mormoro. «Penso che mi piacerebbe andare».

«No». Lija mi afferra la mano. «Non adesso. Resta. Non sono capace di gestire tutto senza te».

«Sì che lo sei. Praticamente lo stai già facendo».

«No!». È sconvolta, non credo di averle mai visto uno sguardo così terrorizzato. «Non andare via adesso. Resta. Solo sei mesi. Fammi sistemare. Aiutami, devo imparare. Non puoi andare in culo a selvaggio blu quando ho bisogno di te».

«Oh, Lija». Subito i dubbi mi mandano in tilt.

«Sei mesi», propone. «Un anno. Non di più. Dopo puoi andare».

Sento crollare tutta la mia risolutezza.

«Danny capirà».

Lo capirà davvero?

Ero sicura, del tutto decisa ad andare con Danny. Salpare semplicemente verso il tramonto. Lija però ha ragione. Non posso deluderla. In fondo al cuore so che non posso.

Se fossi come Edie, me ne andrei senza voltarmi indietro, ma non sono così. Non vorrei mai essere così. Ho delle responsabilità verso Lija. È come una famiglia per me ora, l'unica che ho. Come ha detto anche lei, ha salvato la mia casa e la mia attività. Ne beneficerà, lo so, ma lo ha fatto pensando a me. Come potrei voltarle le spalle sapendo che cosa si prova quando a farlo sono le persone che credevi ti amassero? Senza la sua benedizione non potrei mai andarmene.

«Resto, naturalmente», le dico. Cerco di ridere, ma è una risata piatta, delusa. «Non so proprio come mi sia passato per la testa».

Il suo sollievo è palpabile. «Non ti pentirai. Grazie, Fay».

«Dirò a Danny che è stata un'idea stupida. E prima o poi comunque tornerà. Ne sono certa».

Guardo la *Dreamcatcher* al di là del giardino e dentro di me si apre un vuoto.

Capitolo ottantasette

C'è molto da fare al caffè stamattina e sgobbiamo alla grande. Le torte di Lija sono sempre più richieste. Poco fa ha ricevuto una telefonata da un ristorante che le ha proposto di diventare fornitore. È la controprova che la mia presenza qui è necessaria. Lija è saldamente al comando, anche se a vederla è un po' più preoccupata del solito. Sto cercando di farmi da parte, in modo che possa condurre lo show come ha sempre fatto.

Stan arriva presto per il pranzo e sono felicissima di vederlo arzillo come al solito.

Prende posto nel giardino sotto uno degli ombrelloni sistemati da Danny durante la sua prima visita e lì lo raggiungo.

«Ciao, Stan. Tutto bene oggi?»

«Una delizia», dice. «Che giornata! Rendo grazie per ogni mattina che vedo, ma un sole così è un valore aggiunto».

Gli siedo di fronte, felice di dare sollievo ai piedi per un attimo. Pensavo che il temporale avrebbe abbassato le temperature per oggi, invece fa ancora caldo.

«Sono venuta a sentire che cosa gradisci oggi. Abbiamo una gustosa *salade niçoise*. Forse la preferisci alla minestra visto che fa ancora così caldo». È uno dei primi cambiamenti apportati da Lija al menù.

«Oh, la mia preferita», commenta. «Sarebbe il massimo».

«Non vuoi sentire cos'altro abbiamo?»

«No, no», ribatte. «Quella andrà benissimo».

«Te la porto tra un minuto».

«Mi sembri un po' spenta oggi, Fay», nota Stan.

Resto seduta. «Piccoli problemi di cuore», confesso. «Niente che il tempo non possa guarire».

Sam guarda verso la *Dreamcatcher*. Non c'è traccia né di Danny né di Diggery stamattina. «Ho visto che la barca del giovane Danny è tornata».

Quell'osservazione mi fa sorridere. Non sfugge niente a Stanley Whitwell. «Molto arguto da parte tua».

«La strada del vero amore non è mai diritta, dice Shakespeare. E lui ne sapeva qualcosina in proposito».

«Vuole che lo segua nei suoi viaggi sui canali», gli confido. «Ma devo restare qui ad aiutare Lija».

«Sì?», chiede. «Ne sei davvero sicura? Lija è più che capace».

«Mi ha chiesto lei di restare. Non posso dirle di no».

«La scelta è tua», dice Stan, «ma, mia carissima Fay, diffida dal prendere decisioni che potrebbero chiudere la porta a una meravigliosa opportunità. Non arrivare alla mia età per chiederti "e se?"».

Come faccio a farlo e accontentare tutti, però?

«Mancherai terribilmente a tutti e due», continua, «ma le persone hanno una capacità straordinaria di adattarsi ai cambiamenti. Non lo sottovalutare».

«Vado a prepararti il pranzo», gli dico. «Grazie del consiglio. Lo apprezzo molto».

Mentre mi avvio in cucina, rimugino su quanto mi ha detto.

L'ultimo cliente dell'ora di pranzo se n'è finalmente andato e c'è una piccola tregua. Lija sta facendo una lista delle torte da infornare per domani.

«Devo andare alla *Maid of Merryweather* per controllare

cos'abbiamo venduto lì? Forse è anche il caso che dia una pulita in giro».

«Sì», conferma Lija. «Mi faresti favore», aggiunge dopo un attimo.

Continua a muoversi con estrema delicatezza con me da stamattina. Diamole un paio di giorni e sono sicura che tornerà a essere caustica come sempre.

«Non ci metterò molto». Prendo un panno e il lucidante dalla credenza e mi avvio alla *Maid of Merryweather*.

A quanto pare questa estate serena non vuole finire mai, ma fin troppo presto avanzerà il buio, soffieranno i venti freddi dell'autunno e il ritmo della pasticceria e del caffè rallenteranno per la stagione invernale. Servirò poi così tanto a Lija allora? In tutta sincerità, sarei riuscita a gestire tutto da sola per la maggior parte del tempo, soprattutto se non avessi dovuto badare anche a mia madre. È solo che non ho mai veramente voluto. Con tutta la sua spigolosità, Lija è sempre stata una compagna buona e leale. Il minimo che possa fare è ricambiare la sua gentilezza.

Salgo sulla *Maid of Merryweather*. Come sempre mi si alleggerisce il cuore quando passo del tempo qui sopra, per quanto breve. Ho sempre amato questa barca, ma ora che so che è dove mia madre e mio padre sono stati tanto felici insieme, dove una volta siamo stati una famiglia, mi sembra ancora più speciale. Mi è di grande conforto.

Gli scaffali sembrano un po' vuoti e annoto che cosa ci serve sull'applicazione del cellulare: *Victoria Sponge*, *Lemon Drizzle*, pan di zenzero, tutta la merce standard che va via in fretta. Abbiamo marmellata di fragole in abbondanza, nonostante il tegame intero rovesciato in testa a mia sorella. Sospiro a quel ricordo. Edie sarà a casa sua ora, a suo agio nella tormentata vita a Manhattan. Al pensiero sento bruciare le lacrime agli angoli degli occhi. È dura non poterla chiamare per sapere come sta, ma se anche lo facessi non credo che le farebbe piacere sentirmi.

Seduta al tavolo, mi prendo la testa tra le mani. «Mi dispiace che sia andata a finire così, papà», dico. «Ho sempre cercato di prendermi cura di Edie. Non so dove ho sbagliato».

Quando sono qui sopra a volte sento mio padre così vicino da avere la sensazione che potrei ritrovarmelo seduto accanto in un battito di ciglia. Perfino il profumo caldo e ammuffito della barca mi ricorda lui.

«Ho visto la foto di te e mamma, la mia vera mamma. L'ho trovata in uno dei cassetti sotto il rivestimento di carta. Chissà se l'hai nascosta tu lì sotto? Era carina», dico. «L'amavi più di Miranda? Sembrate così innamorati. Quanto vorrei che potessi parlarmi, papà. Mi sarebbe sicuramente di grande aiuto ora».

Una parola. Mi basterebbe una parola, un'eco della sua voce nel vento. Intorno, invece, c'è solo silenzio. E tristezza.

Quando alzo lo sguardo, però, vedo Danny e Diggery uscire dalla *Dreamcatcher* sulla passerella e il cuore mi fa una vera capriola. Busso alla finestra e lo saluto. La luce che gli si accende negli occhi quando si gira e mi vede, mi dà la scossa.

«Scusami, polvere», dico ad alta voce. «Ma dovrai aspettare». E mi fiondo da lui.

Capitolo ottantotto

Danny mi tende la mano e mi aiuta a saltar giù dalla barca, poi restiamo uno di fronte all'altra sul pontile.

«Ciao», quel saluto intimidito è davvero ridicolo.

«Hai da fare? Facciamo due passi». È radioso, animato. «Fa un caldo infernale sulla barca e Digs ha urgente bisogno di ricambio di liquidi, così stiamo pensando di arrivare al Two Barges».

Guardo verso la casa. Dovrei rientrare subito e aiutare Lija a infornare i dolci per domani, ma non penso che mi rimprovererà per l'assenza di un'oretta, considerando che Danny e io dobbiamo affrontare un discorso difficile.

«Si può fare, penso. Ma devo chiedere a Lija se posso assentarmi».

«È strano averla come capo adesso?»

«Un po'», ammetto. «Sono sicura che con il tempo ci abitueremo, però».

L'espressione sul suo viso è indecifrabile. «Mi pare di capire che tu intenda restare».

«Camminiamo», dico.

Così mi prende per mano e risaliamo lentamente il giardino. Arrivati alla veranda mi affaccio dalla porta sul retro. Lija è già immersa nella farina fino ai gomiti.

«Ehi». Danny solleva una mano a salutarla.

«Ehi, latin lover». Risponde con lo stesso gesto e lui le sorride.

«Danny mi ha chiesto di andare a fare due passi fino al Two Barges a bere qualcosa», dico. «Va bene per te?»

«Certo», risponde.

Mi sento davvero in colpa a lasciarla quando ci sono sempre così tante cose da fare. «Non starò via molto».

Mi guarda con un'espressione strana.

«Che c'è?». Forse preferisce che me ne vada tra un po'?

Lija scuote il capo. «Niente. Vai, vai pure».

«Vuoi che resti a darti una mano? Resto se vuoi».

«Smamma». Schiocca le dita infarinate in direzione della strada. «E senza fretta di tornare».

«Okay».

Così, Danny e io varchiamo il cancello e imbocchiamo il sentiero, Diggery ci sta alle calcagna, trotterellando allegramente. Sul ponte a schiena d'asino che attraversa il canale ci fermiamo appoggiandoci a quell'antica sponda di mattoni a guardare l'acqua che scorre. Danny mi fa scivolare il braccio intorno alla vita e mi gira verso di sé.

Mi bacia così appassionatamente che mi aggrappo a lui, godendomi il contatto lungo tutto il corpo. Ho la testa leggera. Come potrei fare a meno di questa sensazione, ora che l'ho provata?

«Mi sei mancata», dice quando ci stacchiamo.

«Ci siamo visti solo poche ore fa», osservo.

«Lo so».

È una tortura, una tragedia. Non voglio fare il discorso che sto per fare. Voglio restare così per sempre, rimandando l'inevitabile. Ho nelle orecchie le parole di Stan sul non farsi sfuggire un'occasione.

Mano nella mano percorriamo l'alzaia diretti al pub. Presto sui rovi matureranno le more e Lija e io verremo a raccoglierle per un'altra mastodontica sessione di marmellata. La pioggia è stata così scarsa questa estate che non sarà un raccolto smisurato. Potrebbero essere frutti piccoli e asciutti invece che grossi e succosi. Perfino le considerazioni sui capricci della natura, però, non mi distolgono dalla sensazione della pelle di Danny contro la mia.

«È una sensazione strana», gli dico.

Ride. «In che senso?»

«Non lo so», ammetto. «La provo e basta». È troppo giovane, troppo bello per me, mi dice il cuore. Quello stesso cuore, però, mi sussurra anche di amarlo ancora di più per questo.

«Potremmo stare così per sempre, sai».

Gli stringo la mano. Non c'è un modo semplice per dirglielo. «Non posso lasciare Lija».

Sorride triste. «Com'è che già sapevo che mi avresti risposto così?»

«Perché sono una terribile vigliacca».

Si ferma di botto e mi posa le mani sulle spalle. «Perché sei una donna gentile e leale, che non penserebbe mai di mettere le proprie esigenze davanti a quelle degli altri».

Quando mi solleva il mento, guardo nei suoi occhi tristi. «Quindi che facciamo ora?», chiedo.

«La decisione sta a te, Fay».

«Non posso semplicemente prendere e partire. Non adesso».

«E forse mai».

«Non lo so».

«È stata già una fatica lasciarla cinque minuti», mi fa presente.

Vero.

«Mi ha chiesto di restare sei mesi, forse un po' di più. Finché camminerà con le proprie gambe. Tutto qui».

«Lo capisco, Fay», continua. «Capisco, naturalmente. Ma se poi ti chiedesse di restare ancora? O se si dovesse ammalare Stan? Come farai allora a lasciarli?»

«Non lo so».

«Ci sarà sempre qualcosa, Fay. Adesso sei libera come non lo sarai mai più. È troppo chiederti di darmi una possibilità e mettermi in cima alla tua lista?»

«No, no, certo».

Sospira profondamente. «Proprio come tu non puoi partire, io non penso di poter restare. Per quanto possa amarti».

A questo punto, suppongo che dovrei implorare, affidarmi alla sua compassione, usare un pizzico di ricatto psicologico, ripescare da chissà dove qualche sotterfugio femminile e cercare di usarlo a mio vantaggio. Un senso di colpa che lo costringa a restare, come è stato per me. Ma a che cosa porterebbe? L'ho visto fare a Edie e a mia madre e non mi piace come ci si sente dall'altra parte. Se resti è perché lo desideri e basta. Non ho diritto di trattenere Danny semplicemente perché è ciò che desidero io.

«Tu vuoi viaggiare», gli dico. «E io voglio che tu lo faccia. Voglio che tu abbia una vita favolosa e che ti goda la libertà ora che sei giovane».

«Senza di te?»

«Puoi venirmi a trovare ogni volta che vuoi. Lo sai». Cerco di mantenere un tono allegro e disinvolto, ma dentro mi si spezza il cuore.

«Potrebbero essere sei mesi o più», dice Danny. «Mi sto ancora abituando a questo ritmo di vita, quindi non ho idea di quanto tempo starò a vagare per il Paese».

«A seconda di dove ti trovi, potrei venire per un fine settimana o una vacanza».

«Ah, sì?». Mi guarda interrogativo. «E quand'è stata l'ultima volta che ti sei presa una vacanza, Fay?»

«Aspetta... fammi pensare», cerco di fare la spavalda. «Non molto tempo fa». In realtà non me lo ricordo neanche. Anthony partiva regolarmente con i compagni del golf e io ero sempre troppo indaffarata tra mia madre e il lavoro. «Ma c'era mia madre e il caffè...».

«E adesso ci sono Lija e Stan».

«Ci potrei comunque provare».

Poi restiamo entrambi in silenzio perché sappiamo che una soluzione del genere non soddisferebbe nessuno dei due. Quello che vorrei davvero è iniziare una nuova vita insieme, e sono sicura che anche Danny lo vorrebbe, ma bisogna anche considerare i desideri di tutti gli altri. No?

Arriviamo al Two Barges e, anche se è primo pomeriggio, il giardino è già affollato.

«Devo essere troppo abituato alla pace e alla solitudine del canale», osserva Danny. «Perfino questo mi sembra troppo confusionario».

Non riesco a immaginare quanto sarebbe bello trascorrere la giornata a navigare da soli sulle vie d'acqua, ma mi distolgo a forza da quei pensieri.

Mentre porto Diggery in giardino, trovo un tavolo in un angolo della terrazza, proprio sull'acqua. Una manciata di barche a noleggio sono ormeggiate lungo il pub e le famiglie stanno facendo buon uso dell'area giochi per bambini. A giudicare dall'aspetto, alcuni clienti dovrebbero stare in qualche ufficio di Milton Keynes, ma ne sono sgattaiolati fuori per godersi il sole del pomeriggio.

Pochi minuti dopo, Danny porta da bere al tavolo. Mi mette davanti un bicchiere di vino bianco ghiacciato e beve un sorso dalla sua bottiglia di birra.

Sento un sapore acido, ma penso di essere io e non qualcosa che non va nel vino.

«Riparto stasera», annuncia.

«Ah, così presto?». Quella notizia è come una martellata. Pensavo si fermasse almeno una settimana, se non di più.

Non penso di riuscire a sopportare l'idea che riparta già oggi, proprio quando sono così felice di averlo intorno.

«Non voglio tirarla per le lunghe, Fay. Sarebbe troppo difficile». Posa la mano a coprire la mia sul tavolo. «Lo capisci?»

«Certo». Non rende però meno dolorosa la separazione. Ho la nausea al solo pensiero.

«Non ho neanche il tuo numero di telefono», dice Danny.

«Be', questo è presto risolto».

Tiriamo fuori i cellulari e ci scambiamo i numeri. In modo automatico, come tra sconosciuti.

«Dovrai avere pazienza con me», aggiunge Danny. «Lo sai com'è, nel migliore dei casi la ricezione sul canale è scadente. Questo telefono è inutile per tre quarti del tempo. Non entrare nel panico se non ti richiamo subito».

Non posso credere che stiamo parlando così. È rientrato nella mia vita, l'ha scombussolata e presto, prestissimo, se ne sarà andato di nuovo. Mi sta scivolando via. Difficile che vada per night club tutte le sere, ma se incontrasse qualcuno durante i suoi viaggi? Una persona che non abbia un senso del dovere esagerato e che può stare con lui tutto il tempo?

Danny finisce la sua birra. «Dai, torniamo verso casa tua».

Finisco il vino e insieme riprendiamo a camminare lungo l'alzaia verso Canal House. Scendiamo i gradini verso la banchina e ci avviciniamo alla *Dreamcatcher*.

«Funzionerà», mi dice Danny. «Se vogliamo».

È così giovane, così ottimista. Io sono più vecchia, per niente saggia e so quanto la vita intralci i tuoi progetti, i tuoi sogni.

«E noi vogliamo».

«Ci mancherai, non è vero, Digs?».

Il cagnolino scodinzola e perfino quel gesto è lacerante.

«A che ora parti?»

«Non prima di qualche ora».

Guardo verso la casa. «A Lija servirà il mio aiuto per un po', ma potrei tornare dopo a salutarti».

Danny scuote il capo. «No, meglio di no. Sarebbe troppo triste». Abbozza un sorriso, ma capisco che è infelice anche lui. Per far contenta una persona, ne scontento un'altra. È questa la legge non scritta dell'Universo? «Dammi solo un bacio e augurami buon viaggio».

Mi getto tra le sue braccia e sento il calore delle sue labbra sulle mie. Come posso lasciarlo andar via? Ho le lacrime agli occhi e lui me le asciuga con il pollice.

«Questi mesi voleranno», mi sussurra tra i capelli.

«Come il vento». Dentro di me, tuttavia, so che rischio di perderlo. Una volta che avrà preso il volo, potrebbe essere per sempre.

Capitolo ottantanove

Mi avvio a passo svelto verso la casa, ingoiando le lacrime. So che Danny mi sta guardando. Diggery abbaia. Non posso girarmi. Se lo faccio, è finita.

Voglio lasciarmi impressa nella memoria l'immagine di loro due sul pontile, la *Dreamcatcher* a fianco. Sarà quella a sostenermi nei giorni e nelle notti solitarie senza di loro.

Una volta sulla veranda, mi ricompongo. Metto su la mia faccia felice e mi preparo a tuffarmi nella solita routine e aiutare Lija a infornare i dolci per domani. Devo controllare sul telefono la lista di quelli da rifornire sulla *Maid of Merryweather*.

Ancora distratta, mi avvio in cucina dove Lija è davanti ai fornelli, più bianca che mai: seduta al tavolo della cucina c'è mia sorella. Quell'apparizione mi lascia senza parole. Ha gli occhi rossi, il volto pallido ed esangue. Accanto a lei è posata una valigia.

«Pensavo fossi tornata a New York». Il mio primo pensiero è che sia successo qualcosa tra lei e Brandon. «Va tutto bene?»

«Non potevo prendere quell'aereo, Fay», mi dice incerta. «Non senza averti prima parlato».

Guardo Lija. «Scusami, mi puoi concedere un altro po' di tempo?».

Me lo accorda con un cenno.

«Andiamo sulla veranda, allora», dico a Edie.

Mia sorella si alza e mi segue.

«Vi porto tè», dice Lija. «A vedervi, serve a tutte e due».

«Grazie».

Usciamo sulla veranda e prendo due sedie riposte sotto il glicine sbiadito. Lija ci mette davanti due tazze di tè per poi chiudersi discretamente la porta della cucina alle spalle. Edie e io fissiamo entrambe il canale, senza osare guardarci negli occhi.

«Siamo solo noi due adesso, Fay», comincia Edie. «Non potevo lasciare così le cose tra noi. Quando sono arrivata all'aeroporto, non sono riuscita a fare il check-in». Sospira profondamente. «Ho fatto la fila – ogni passo mi portava più lontano – ma quando sono arrivata al desk, non sono riuscita a partire. Ho girato i tacchi e sono rimasta ore e ore lì nel terminal, senza sapere che cosa fare, indecisa se partire o restare. Poi sono ritornata in albergo a Milton Keynes. Solo adesso ho trovato il coraggio di tornare a parlarti. Ero sicura che non volessi vedermi mai più».

«Sei sempre mia sorella».

«E io ti ho trattato malissimo». Scoppia a piangere. «Hai perso tutto». Con un gesto abbraccia il giardino. «Ho distrutto la nostra casa e il tuo lavoro. Tu lo ami questo posto, ed è tutta colpa mia».

«È vero, Edie, non posso contraddirti. Ti sei presa tutto ciò che avevo».

«Non so che cosa fare», piagnucola. «Come faccio a sistemare le cose?»

«Che possiamo fare? Niente può salvare Canal House. Ormai è andata. Appartiene tutto a Lija. Ha preso tutto lei – grazie a Dio – quando tu mi hai voltato le spalle».

«Lo capisco adesso». È sconvolta. «Non ero lucida. Ho fatto tutto di corsa... Dovevo rifletterci di più».

«Hai visto solo i soldi. Non hai pensato alle conseguenze».

China il capo. «Mi odierai».

«Non mi piaci molto», ammetto, «ma nonostante tutto ti voglio ancora bene. Siamo una famiglia. È un dato di fatto che niente potrà cambiare».

«Scusa», singhiozza. «Scusami tanto».

Trascino la sedia accanto alla sua e le metto un braccio intorno alle spalle. «Su, su, non piangere», mormoro.

«Come faccio a rimediare?»

«È troppo tardi ormai, Edie. Dobbiamo solo tirar fuori il meglio da quanto è rimasto».

«Non posso farcela senza di te, Fay. Ero così eccitata all'idea di tornare da Brandon, ma poi ho pensato a quanto sia vuota la mia vita con lui. Non facciamo niente insieme. Non riusciamo neanche ad andare a cena fuori. Pensavo di poterlo aiutare con i soldi e che questo avrebbe fatto sì che volesse stare di più con me, ma che razza di basi sono per una relazione? Sarebbe stato come tentare di comprare il suo amore».

Forse Edie è finalmente cresciuta.

«Sto pensando di rientrare in Inghilterra. Forse potrei perfino tornare qui e lavorare a Londra». Ricominciano a scorrere le lacrime. «Se penso che sarei potuta tornare a casa».

«Credo che ci saremmo divertite un bel po' a gestirla insieme».

«Se solo ti avessi dato retta». Tira su con il naso e, in assenza di un fazzoletto, ci passa sopra il braccio. Ho un flashback di Edie a vent'anni o ancora prima, e mi si stringe il cuore. «Sei sempre stata tu quella assennata».

Forse fin troppo, per quanto mi riguarda.

«Adesso invece lavorerai con Lija».

«Sì».

«Voglio che tutto torni a posto tra noi», prosegue Edie.

«Tu ci sei sempre stata per me e io sono stata una stupida egoista».

«Non ti contraddico neanche qui», la rimprovero.

«Faremo a metà dei soldi», afferma. «Non ho ancora visto niente. Il notaio Crawley ha detto che ci vorrà un po' per sistemare le cose con l'agenzia immobiliare e completare la successione, ma non appena li avrò, la metà sarà tua».

«Non sei tenuta a farlo, Edie».

«Ho chiesto alla banca uno scoperto anticipato e posso già darti qualche migliaio di sterline».

«Non c'è bisogno».

Tira fuori una voluminosa busta dalla sua borsetta firmata e la spinge sul tavolo verso di me. «Prendi», dice. «Sono tuoi».

«Grazie». Sono una persona orgogliosa, ma ci sono anche delle necessità da considerare. E non voglio spezzare il ramo d'ulivo che mi sta porgendo.

«Dico davvero, Fay. Voglio che tra noi le cose tornino com'erano. Siamo sorelle, anche se adesso sappiamo di aver avuto madri diverse. Siamo cresciute insieme, dovremmo restare insieme».

«Ho trovato una foto di mia madre», le racconto. «Sembra che papà l'avesse nascosta sotto il rivestimento di carta in uno dei cassetti in camera loro. Le assomiglio tantissimo».

«Oh, Fay. Mamma non avrebbe mai dovuto fare ciò che ha fatto. Ci ha messo una contro l'altra ed è stato un errore».

«Deve aver avuto le sue ragioni». Anche se non so come qualcuno possa arrecare deliberatamente una simile sofferenza ai propri figli. «Ma cercherò di scoprire ogni cosa sulla mia vera madre, il prima possibile. Voglio sapere tutto di lei».

«Sono sicura che ce la farai». Edie mi guarda con la speranza negli occhi. «Siamo di nuovo sorelle? Potrai mai perdonarmi?»

«Siamo sempre state sorelle», le rispondo, «ma sono felice che siamo tornate amiche».

«Anch'io». Ci alziamo e ci abbracciamo forte.

Rido tra le lacrime. «E tu mi perdoni per averti rovesciato addosso la marmellata?»

«È stato molto divertente, però», ribatte Edie tirando su con il naso. «Anche se in quel momento non me ne sono accorta. Hai rovinato il mio vestito preferito».

Ridacchiamo come scolarette, poi Edie mi abbraccia di nuovo.

«Quando arriveranno i soldi, potresti riscattare una quota del caffè, qualcosa del genere».

«Forse».

«Sono certa che Lija te lo consentirebbe. Lo ha fatto per te, Fay. Quella piccola antipatica ti ha trattato meglio di me che sono tua sorella. Non me lo dimenticherò mai».

Anch'io sono sicura che Lija mi permetterebbe di rientrare nella società, ma è la sua attività adesso e, in un certo senso, non provo più nessun legame affettivo. Potrei restare qui e andare avanti, ma a che prezzo? E poi, meglio aspettare e vedere se Edie mantiene la promessa. Spero che non cambi di nuovo idea quando tornerà da Brandon. Tengo le dita bene incrociate; di certo mi toglierebbe un bel pensiero. E, sapete una cosa? Se me lo propone di nuovo, prendo i soldi e li deposito in banca. Se non altro, potrei riportare la *Maid of Merryweather* alle sue condizioni ottimali, e questo mi riempirebbe il cuore di gioia.

«Mi dispiace anche per quanto è successo tra te e Anthony». È sempre contrita.

«Non importa. Non avrebbe mai funzionato. Era innamorato di un'altra e sembrano molto felici insieme».

«E tu? Che ne è stato del tuo magnifico stallone a cui hai aperto le gambe?».

Guardo verso la *Dreamcatcher*. «Danny è qui», dico. «Ma sta per ripartire. Vuole viaggiare sulla sua barca e non me la sento di fermarlo».

«Va' con lui, allora», conclude Edie. «Perché no? Personalmente la prospettiva non mi attira proprio, ma tu hai sempre amato quella vecchia bagnarola di papà e il canale».

«Me l'ha chiesto, ma… Be', non posso abbandonare Lija».

Edie aggrotta la fronte. «Non sono la persona adatta a dare consigli di cuore, ma pensavo che tra voi ci fosse qualcosa di speciale. Di certo facevate faville insieme».

«Mi piace molto. Lo amo».

«Quel genere di amore non capita tanto spesso. Se fossi in te, me lo terrei stretto con tutte e due le mani».

«Non posso lasciare tutto e partire».

«Solo tu puoi deciderlo, Fay. Comunque, a proposito di partenze», guarda l'orologio, «devo andare o perderò l'aereo. Di nuovo. Ho spostato la prenotazione a questa sera e se non mi muovo subito, rischio di non fare in tempo».

«Resta un altro po'», imploro. «Un paio di giorni in più? È stato un periodaccio, per tutte e due».

«Non posso cambiare di nuovo la prenotazione», mi spiega. «E poi devo tornare a New York e sistemare le cose con Brandon. Dovrebbe restare con la famiglia e risolvere i problemi che ha lì. Devo dirglielo a quattr'occhi. Tornerò a trovarti presto. Promesso».

«Ti accompagno all'aeroporto».

«Non mi piace ricordartelo, ma la tua macchina è distrutta. Colpa mia anche lì». Edie sembra sentirsi davvero in colpa. «Prenderò un taxi»

«Non sarà bella, ma ancora cammina», dico. «Più o meno. La fiancata sta per cadere e fa degli allarmanti suoni metallici, ma penso che ci porterà fin lì. Rischiamo. Ti voglio accompagnare».

«Okay», acconsente. «Mi piacerebbe».

Così rientriamo e prendiamo la sua valigia.

«Ti spiego tutto quando torno!», dico a Lija che sembra alquanto perplessa dalla svolta negli eventi.

Poi, di nuovo sorelle, corriamo ridendo verso la macchina, saltiamo dentro e accendo il motore, direzione aeroporto.

Capitolo novanta

Dopo molto sudore e altrettante imprecazioni, accompagnate da una pletora di rumori dalla mia macchina, arriviamo all'ultimissimo secondo per il volo di Edie, pur avendo preso l'ora di punta sulla M25.

Ha fatto il check-in e ora siamo una accanto all'altra nella hall. Edie è pronta a passare i controlli di sicurezza alle partenze. Ha pochissimo tempo. Ci abbracciamo forte.

«Mi mancherai», le dico e sono sincera. «Sono felice che tu sia tornata a sistemare tutto. Non avrei sopportato di perderti per sempre».

«Non posso neanche pensarci».

Ci abbracciamo di nuovo.

«Avvisami quando sarai arrivata a casa».

«Pensa a quello che ti ho detto». Il suo sguardo è sincero. «Hai quarantadue anni, Fay. Se vuoi andare con Danny, fallo. Non lasciartelo scappare. Anche se non dovesse funzionare, almeno saprai di averci provato».

«Ci penserò».

«Non pensarci troppo a lungo. È giovane. Alla sua età gli uomini sono impazienti e impulsivi. Potrebbe non aspettarti». Mi bacia su tutte e due le guance. «Ci sentiamo presto. Augurami buona fortuna con Brandon».

«Ti voglio bene», le dico. «Ti auguro tutta la fortuna del mondo. Promettimi che ci rivedremo presto».

«Tornerò prima di quanto tu creda. Ti voglio bene, sorellina». A malincuore Edie si stacca e scompare oltre i cancelli della sicurezza.

Mentre torno al parcheggio a sosta breve, il cervello ronza in piena attività. Quasi in automatico, pago la sosta, rientro in macchina tra ammaccature e brontolii e raggiungo l'uscita.

Lì mi fermo e fisso la sbarra a strisce bianche e nere. All'improvviso mi è tutto chiaro: mi sono sempre costruita troppe barriere e la vita è breve, troppo breve per farlo.

Non c'è dubbio: ho bisogno di Danny. Di stare con lui a tempo indeterminato. Non solo per un weekend rimediato di tanto in tanto o nella trepidante attesa di un suo ritorno al caffè, ma sempre e per sempre. Tutti gli altri possono benissimo cavarsela senza di me.

È uno di quei momenti di svolta ed è esattamente come lo ha descritto Danny quando mi ha raccontato come ha deciso di comprare la *Dreamcatcher*. Uno di quei momenti che non avrei mai pensato di avere la fortuna di vivere nella mia tranquilla vita ordinaria. Invece eccolo, che mi cade in testa come una tonnellata di tegole davanti alla sbarra di uscita del parcheggio multipiano dell'aeroporto. Niente cori d'angeli né alleluia con raggi di sole che irrompono da una nuvola a illuminare il cielo, niente di così degno di nota, se non vogliamo considerare la voce robotica della biglietteria che continua a ripetere: «*Inserire il biglietto, prego*». Eppure, in un modo o nell'altro, i pianeti si allineano e, in un attimo, tutto diventa chiaro. Devo abbracciare il mio destino e andare con Danny. Ho bisogno di stare con lui ora e, se mi vorrà, per il resto della vita. Appare tutto così ovvio. Perché diavolo non dovrei? È la cosa più giusta da fare, lo sento nelle ossa, nell'anima, in tutto il mio essere, proprio come l'aveva descritto Danny.

Lo amo. Devo andare con lui. E parte stasera.

La tromba di un clacson alle mie spalle mi riporta alla realtà. Mi scanso per far passare l'automobilista impaziente e armeggio per tirar fuori il telefono dalla borsa. Non c'è linea. Certo, sono chiusa qui dentro questo parcheggio.

Allora avanzo, facendo quasi cadere il biglietto nella fretta di inserirlo nella macchina, poi sgommo all'esterno. Accosto di nuovo alla prima piazzola che incontro e premo il numero di Danny sul telefono.

«*Il numero da lei chiamato non è al momento raggiungibile*».

Maledizione. Scommetto che neanche Danny ha segnale. Non c'è altro da fare, devo puntare i piedi. Non sono neanche sicura che quest'auto possa superare il limite di velocità, ma vale la pena scoprirlo.

Spronata e leggera come mai mi sono sentita da anni, premo a fondo l'acceleratore e mi unisco al flusso di auto verso l'autostrada. Due svincoli dopo sento un rumore spaventoso. Oddio. E adesso?

Mi accorgo che il parafango laterale ammaccato ha deciso di staccarsi quasi del tutto e ora pende pericolosamente. Perché queste cose succedono sempre quando vai di fretta? Non ho scelta. Devo fermarmi. Muovendomi nel traffico, accosto sulla corsia d'emergenza e salto fuori a valutare il danno.

Il pezzo staccato tocca la ruota. Non posso guidare in queste condizioni, altrimenti la prossima sarà una foratura. Terrorizzata dalle automobili e i camion che sfrecciano a folle velocità, cerco di spingere e tirare, non sapendo bene se stia cercando di sistemarlo o di staccarlo definitivamente. Non so proprio che cosa sarebbe meglio. Ogni volta che tento di rimetterlo nella sua sede, riprende a penzolare pericolosamente. È chiaro che manca un pezzo fondamentale.

Il tempo passa e la mia frustrazione aumenta. Così, sotto

gli sguardi a bocca aperta di alcuni motociclisti di passaggio, comincio a sferrare calci ben assestati che però non sembrano migliorare la situazione. Eppure, con un ultimo colpo assassino, il parafango si stacca cadendo sull'asfalto con un sonoro clangore. La mia macchina ora sembra una vettura da incubo a vederla così con l'interno esposto, ma perlomeno cammina. Spero. Raccolgo il parafango e, avanzo lungo la corsia d'emergenza, attaccata alla macchina e con i camion che mi sfrecciano vicino al sedere. Apro lo sportello e con uno sbuffo di vero cuore getto sul sedile il pezzo ammaccato. Torno alla guida, contenta di essere di nuovo relativamente in salvo. Riprovo il numero di Danny ma ancora non è raggiungibile.

Rientro nel traffico, con i nervi a pezzi. Ora è abbastanza caotico e sono proprio nell'ora di punta. Si avanza lentamente, a malapena ingrano la terza. Siamo a passo d'uomo sulla M25, quattro corsie di conducenti che vogliono arrivare presto a casa, tutti a competere per guadagnare posizioni e la mia ansia si accumula. Che fortuna per Danny non dover più combattere con tutto questo adesso. Be', con ogni buona speranza, presto sarà così anche per me.

Di questo passo mi ci vorranno ore per rientrare e non so che cosa fare. Danny mi ha detto che sarebbe ripartito più tardi, ma non è stato più preciso. Non posso perderlo. È molto importante che lo raggiunga, e che lo faccia adesso.

Potrei chiamare Lija e dirle di andare da lui e chiedergli di restare, ma voglio avere prima il tempo di parlarle. E un discorso del genere non lo si può dire al telefono. Ma se le darò tempo di pensarci, so che troverà mille e una scusa per dirmi di restare. Le voglio bene e sono felice che abbia comprato Canal House e il caffè, ma non posso vivere la mia vita per lei.

Danny parte stasera e non posso permettere che se ne vada senza di me.

Capitolo novantuno

Alla fine, due frustranti ore dopo, mentre sobbalzo lungo la strada nella mia macchina scassata, vedo Stan chino nel suo giardino a raccogliere le rose. Fermo l'auto e scendo.

«Ciao, mia cara», mi saluta. «Che succede? Mi sembri un po' provata».

Apro il cancello bianco ed entro nel suo piccolo e impeccabile giardino. «Ho appena accompagnato Edie all'aeroporto, Stan. È stata una bella emozione».

«Bene», dice. «Ne deduco che avete fatto pace».

«Sì».

«Mi fa molto piacere».

«Anche a me, Stan. Mi stavo sbrigando a tornare, ma la mia auto ha deciso di cadere a pezzi sulla via di casa».

«C'è sempre un imprevisto», commenta amichevole.

«Ti volevo parlare, Stan».

Si tiene la schiena e si raddrizza. «Sono tutto orecchi».

Ha il cardigan abbottonato male, quindi lo sbottono e lo risistemo. Stan me lo lascia fare.

«La mia Elsie non mi permetteva mai di uscire di casa se non ero vestito alla perfezione», dice. «Quindi, grazie».

Abbasso la voce, anche se casa mia non è a portata d'orecchi. «Stan, sto pensando di partire e andare via con Danny sulla *Dreamcatcher*».

Gli occhi umidi gli brillano. «Che emozione!».

«Mi preoccupa lasciare Lija», gli confesso. «Pensi che sia in grado di farcela?»

«Perfettamente», afferma senza esitazione. «Te l'ho già detto, Fay, devi cogliere le occasioni quando si presentano. In questo modo, quando arriverai alla mia età sarai soddisfatta. Ora mi godo il piacere delle piccole cose: i colori dell'alba, il canto di un uccellino, il profumo di splendide rose». Mi porge il bocciolo scarlatto che ha in mano per farmelo apprezzare e il suo profumo è effettivamente celestiale. «Eh?»

«Delizioso».

Mi fa cenno di tenerlo.

«Non c'è mai stata una volta in cui mi sono chiesto "se avessi fatto questo o se avessi fatto quello", semplicemente perché ho scelto di provare ciò che mi si presentava davanti. Ti posso assicurare che è la garanzia per una vita eccellente».

«Vorrei avere il tuo coraggio. Non ho mai preso una Croce vittoriana, io. Mi sembra di avere sempre vissuto nella paura».

«Allora questo è il momento di avere coraggio», mi dice. «Lija ha colto appieno l'opportunità che le si è presentata e la farà funzionare. Metterà paura a due o tre clienti nel frattempo, ma sono certo che sarà l'unico danno che potrà arrecare».

«Quindi sei fermamente convinto che debba andare?»

«Penso che tu debba vivere la tua vita per te, Fay. Devi fare quello che vuoi tu».

Gli bacio con tenerezza la guancia asciutta, con gli occhi pieni di lacrime. «Mi mancherai, Stan».

Ride. «Aspetta di essere sul canale con quel tuo bel giovanotto. Non penserai proprio a noi».

«Sì, invece. Non vi dimenticherò mai».

Dopodiché ci abbracciamo stretti. Lo sento piccolo e fragile tra le mie braccia. Mi chiedo per quanto tempo starà ancora tra noi. Forse dovrei restare, dopotutto, e accudirlo nei suoi ultimi anni?

«Non andrai lontano», dice Stan. «In caso di emergenza puoi tornare, se è questo che ti preoccupa».

«Certo che mi preoccupa», singhiozzo. «Potrei preoccuparmi per tutta l'Inghilterra, io».

«Quando pensi di partire?»

«Adesso», dico. «Danny ha detto che vuole salpare stasera. Devo cercare di intercettarlo».

«Allora sarà meglio che ti muova».

«Ho il terrore di dirlo a Lija. Non voglio che pensi che la sto abbandonando».

«Starà bene. Imprecherà un po', ma starà bene».

Così, profondamente scossa, lascio Stan e percorro in auto le poche centinaia di metri per tornare a Canal House. Resto sul vialetto e riprovo a chiamare Danny, ma parte sempre lo stesso messaggio: numero non raggiungibile.

Capitolo novantadue

Potrei andare direttamente alla barca e comunicargli la mia decisione, ma sento di dover prima parlare con Lija. Glielo devo più che mai.

È ancora in cucina quando rientro e il mio senso di colpa aumenta. C'è sempre così tanto da fare e lei è stata il mio fedele braccio destro negli ultimi anni.

«Ehi», dico.

«Sorellastre hanno fatto pace?»

«Sì», rispondo. «Penso che Edie sia cambiata. Lo spero, comunque». Da una parte ho ancora paura che, una volta tornata a New York e da Brandon, possa ripensarci, ma al momento voglio essere positiva e continuo a pregare che tenga fede alle sue promesse.

«Voglio parlare con te», dice Lija.

«È una fortuna, perché anch'io voglio parlare con te. Sediamoci».

Si pulisce le mani sulla maglietta e prendiamo entrambe posto al tavolo della cucina.

«Comincio io», dice Lija. «Sono io capo, adesso».

Sorrido. «Vai».

«Voglio che vai via», comincia. «Devi andar via con Danny. Lo voglio io. Mi sono messa d'accordo con Krista e viene lei a lavorare per me. Dà via stanza e si trasferisce qui, così non starò da sola».

Poi scoppia in lacrime.
«Oh, Lija». Vado ad abbracciarla forte. «Lo sai che non me ne vado, se non vuoi».
«Vai», insiste. «Levati da piedi. Divertiti. Vivi. E lascia qui cazzo di cardigan».
A quelle parole scoppiamo a ridere e Lija soffia bolle di muco dal naso.
«Voglio che tu sia felice qui. Come lo sono stata io. Potrei chiedere a Danny di aspettare», propongo. «Magari potremmo andar via tra qualche settimana».
«No», risponde. «Andate adesso altrimenti non fate più. Se poi c'è troppo lavoro o Stan si ammala, allora ci sarà altra scusa».
È la stessa cosa che ha detto Danny e so che è la verità.
Lija mi scocca un'occhiata assassina. «Vai!».
«Ne sei assolutamente certa?»
«Sì. Tanto ti telefono ogni giorno per darti tormento. Così ti senti in colpa e torni regolarmente».
«Lo farò», prometto. «Tornerò».
«Allora va' a preparare tue cose».
«Mutande di ricambio e spazzolino?»
«Tutto. Come se non torni più».
Gli occhi traboccano di lacrime a quelle parole. «Edie mi ha promesso che dividerà i soldi della vendita della casa con me. Se lo fa, ti piacerebbe se investissi di nuovo nel caffè?»
«Sì», risponde con decisione. «Ma adesso voglio che vai via, pazza che non sei altro».
L'abbraccio forte. «Non c'è bisogno di ripeterlo. Vado».
E così, volo su per le scale verso la mia camera. Guardo fuori dalla finestra per controllare che la *Dreamcatcher* sia ancora lì e, per fortuna, c'è.
In fondo all'armadio ho uno zaino comprato tanti, tanti anni fa. C'è stato un tempo lontano in cui pensavo di avere

il coraggio di viaggiare in Perù, Nepal, Cina. Rovisto tra scarpe e borse smesse finché non lo ritrovo. Lo tiro fuori e spazzolo via la polvere.

A quanto pare alla fine, e con molto ritardo, sta per essere usato.

Capitolo novantatré

Riempio lo zaino con tutto quello che mi capita per le mani. Un po' di magliette, qualche jeans. Calzini. Biancheria intima. Non mi servirà molto altro. I vestiti da ufficio stanno già prendendo polvere nell'armadio da anni. Lija può buttare via tutto. Guardo languida il mio cardigan preferito. Per quanto sia dura, lo lascio qui.

La mia nuova vita sarà cardigan-free!

Raccolgo pozioni e lozioni dal bagno, riempio una busta anche con questi. Se non dovessi avere tutto ciò che mi serve, posso ricomprarlo o farmi mandare il necessario. Trascorrerò la vita a navigare sul Grand Union, non emigro certo sulla Luna. A quel pensiero mi si forma un nodo di eccitazione allo stomaco. Ora che ho finalmente preso la mia decisione, vorrei essere già partita.

Infine, prendo la fotografia di mamma e papà dalla cassettiera, un bacio veloce e la infilo nel taschino della felpa, vicino al cuore. Presto, quando avrò tempo, scoprirò ogni cosa su Jean Merryweather. Per adesso, però, dovrà aspettare: ci sono questioni più urgenti che richiedono la mia attenzione.

Scendo le scale di corsa trascinandomi dietro lo zaino strapieno e la busta di articoli per l'igiene personale.

Lija è ai fornelli e mi dà le spalle, ma capisco che sta piangendo.

Lascio cadere i bagagli e vado da lei. «No», le dico. «Ti prego, non piangere».

Si gira e mi abbraccia singhiozzando. «Mi mancherai».

«E tu a me».

Ci stringiamo forte. «Farai meraviglie di questo posto», le assicuro. «Basta che eviti i vaffanculo ai clienti».

Tira su con il naso. «Ci provo».

«Ti aiuterà Stan. Lui ci sarà. Ha visto più cose nella sua vita di quante io e te possiamo immaginare. Fidati di lui».

In quel momento si sente un leggero tocco alla porta ed ecco Stan.

«Volevo solo darti queste, Fay», dice timidamente. «Per augurarti buon viaggio».

Mi porge una lucida scatoletta di mogano. So che cosa contiene, senza bisogno di guardare.

«Non posso accettarle, Stan».

«Sì che puoi. A che cosa mi servono? Non voglio esserci seppellito e non voglio che vadano perse se qualcuno dovesse svuotare la mia casa quando non ci sarò più. Voglio affidarle alla tua custodia».

Apro la scatolina e dentro, come era ovvio, sono ordinatamente sistemate le sue medaglie di guerra.

«Grazie». Lo stringo tra le braccia. «Significa molto per me. Prometto che le custodirò per sempre».

«Torna presto a trovarci, Fay».

Sistemo le medaglie con cura nella borsa. «Troverò un posto sicuro e speciale non appena sarò a bordo».

Poi alzo gli occhi e indico fuori dalla finestra. «Oh, no!», esclamo. «Oh, no!».

Lija e Stan si girano verso la passerella da cui la *Dreamcatcher* si è appena staccata.

«Se ne sta andando senza di me», dico.

«E allora corri!», mi ordina Lija. «Corri più veloce che puoi».

Afferro le borse e scatto attraverso il giardino alla massima velocità che mi consentono le gambe.

Capitolo novantaquattro

Sono già quasi a metà del prato, con Lija al seguito e Stan che cerca di stare al passo, appoggiato pesantemente al bastone da passeggio.

La *Dreamcatcher* si allontana scoppiettando con Danny a poppa e Diggery ai suoi piedi. Il cane mi vede e abbaia felice verso di me. Danny tiene lo sguardo fisso davanti a sé e non si gira.

«Danny!», grido verso l'acqua. «Danny! Aspetta!».

Ma ha gli auricolari: vedo il filo che scompare nella sua tasca dove deve essere collegato all'iPod. Ovvio che non mi senta minimamente.

«Danny!».

«Corri, Fay», mi incoraggia Stan. «Corri».

Così scatto verso la passerella, sulla banchina, facendo i gradini a due a due, e mi lancio sul ponte a schiena d'asino. Avrei detto di viaggiare leggera, ma lo zaino sembra pesare una tonnellata. La borsa del bagno tintinna al mio fianco e sono ben cosciente che le medaglie di Stan sono in cima a tutto, pericolosamente in bilico.

Attraverso il ponte e sono sull'alzaia. La *Dreamcatcher* non è troppo avanti a me, ma potrebbero essere già dieci miglia. Il fiato mi brucia nei polmoni e penso di non correre così dalla gara con l'uovo nel cucchiaio alle elementari.

Lija e Stan sono arrivati sulla passerella ora.

«Danny!». Si fermano sul bordo del canale e gridano insieme. «Aspetta!».

Diggery, contagiato da tutto quel clamore, inizia a saltellare eccitato.

Eppure Danny continua a navigare indifferente.

«Più veloce», grida Stan agitando in aria il bastone. «Più veloce, Fay!».

Sto già correndo più veloce che posso, però. Ho il viso accaldato, sudato. I polmoni stanno scoppiando. Il cuore mi batte così forte che potrebbe esplodere.

Poi, non appena Danny raggiunge la prima curva, vedo la barca dei Fenson, la *Floating Paradise*, messa saldamente di traverso sul canale. Urrà! Non riesco a credere alla mia fortuna. La mia adorata *Floating Disaster* è venuta in mio soccorso.

"Grazie, Signore", è la mia silenziosa preghiera.

Poi, per sicurezza, ne recito un'altra: "Dio, ti prego, fa' che restino bloccati lì finché non raggiungo la *Dreamcatcher*!".

A prua c'è Miriam con il suo cappello di cotone di traverso. Spinge debolmente una barca ormeggiata lungo l'alzaia. «Non riesco a spostarla, Ralph», grida al marito.

«Maledizione, dalle una spinta come si deve, Miriam», strilla lui di rimando, mentre si china sulla barra senza fare granché.

Sento il motore della *Dreamcatcher* cambiare suono e Danny rallenta. Si sta fermando per aiutarli. Naturalmente. È una persona gentile e premurosa e vorrà dare una mano. Inizia a manovrare la barca verso l'alzaia e lo prendo come il mio segnale.

Afferro la scatola delle medaglie di Stan, la stringo al petto in cerca di coraggio e valore. Poi mollo zaino e busta. Non mi serve nient'altro nella vita, solo quest'uomo.

Preparo lo scatto e spingo sulle gambe. Il sangue mi rimbomba nelle orecchie. Gli occhi sono come laser che puntano la *Dreamcatcher*. Sono Jennifer Ennis che carica verso la vittoria. Sono Mo Farah nel rettilineo alle Olimpiadi che corre per il secondo oro. Sono l'imbattibile Usain Bolt. Sono una donna quasi di mezza età e vicina alla menopausa con le gambe leggere che volano sotto di lei. All'improvviso divoro l'alzaia, con una performance degna del peggiore doping.

Davanti a me, Danny si sfila gli auricolari e sento l'elica di prua in azione per aiutarlo a dirigersi verso la banchina e ormeggiare la *Dreamcatcher*. Diggery riprende ad abbaiare frenetico. Penso che anche il cagnolino sia disperato ormai.

Finalmente – Grazie, Signore! Grazie, Signore! – Danny si gira e mi vede correre verso di lui.

«Aspetta», gli grido. «Vengo con te! Aspettami!».

«Davvero?», urla.

«Sì!».

Poi sferra entrambi i pugni in aria per la gioia, alza il viso verso il cielo e grida: «Sìììì!».

E aspetta me che, con il sole in faccia e il vento tra i capelli, corro, corro, corro per afferrare il mio sogno.

Capitolo novantacinque

Lija e Stan sono sulla banchina e si sbracciano per salutare Danny e Fay. Lija osserva la *Dreamcatcher* allontanarsi da loro. «Ho paura, Stan», dice. «Come faccio senza Fay?»

«Andrai avanti alla tua maniera più che competente, mia cara ragazza», risponde Stan. «E ci sono io. Sono qui per te».

Lija appoggia la testa sulla spalla di Stan. L'uomo indossa il suo morbido cardigan di maglia, il migliore, quello con meno macchie. Lija trova che sia un po' stantio, ma è un odore che conforta, non puzza.

«E cerca di non morire».

«Non ce l'ho in programma», risponde. «Non ancora».

«Mi fido».

«Tornerà presto, vedrai», aggiunge Stan. «La conosco Fay, non è capace di stare lontana. Ama questo posto, il caffè, le sue torte. Quando avranno fatto il pieno di navigazione, torneranno entrambi qui a lavorare sulla *Maid of Merryweather*. Segnati le mie parole».

«Spero che hai ragione».

Il sole inizia a calare nel cielo e la *Dreamcatcher* svolta e sparisce alla vista.

«Vuoi restare a cena?», chiede Lija. «C'è quiche di spinaci freschi. Fa bene a tue fragili ossa di vecchietto».

«Che delizia». Stan si gira verso di lei fregandosi le mani. «La mia preferita».

Ringraziamenti

A Dean e Chris, che si sono presi così bene cura di me e Sue sulla loro barca.

Ricordate, Sue è quella totalmente inutile, che non fa nient'altro che starsene seduta con un bicchiere di vino in mano. Carole è quella veramente utile, che salta su ad aprire le chiuse ed è sempre la migliore con l'argano.

Signori, all'alba salpiamo!

Lettera ai lettori

Ciao! Grazie infinite per avere scelto questo libro e avere deciso di immergervi nel mondo di Fay's Cakes, un piccolo caffè con annessa pasticceria che la mia eroina Fay ha avviato nel magnifico giardino della sua casa, sulle rive del Grand Union Canal. È un luogo idilliaco e da quando l'ho creato non faccio che setacciare i siti delle agenzie immobiliari per vedere se riesco a trovare qualcosa che ci somigli, da qualche parte. Quanto mi piacerebbe abitarci!

Sono appassionata dei canali che percorrono il mio Paese, l'Inghilterra. Credo che questa magnifica rete di corsi d'acqua che solcano città e paesi sia una vera benedizione. Il Grand Union passa attraverso la Costa del Keynes, che è il posto in cui vivo, e mi piace moltissimo camminare lungo il canale. È il mio luogo preferito. Ho sempre desiderato trascorrere una vacanza sui canali, ma mio marito, l'adorabile Kev, ha chiarito fin da subito che non era il suo genere. Lui è più un tipo da rafting nei fiumi, rispetto al ritmo tranquillo e rilassato dei canali.

Poi, all'improvviso, ho ricevuto un'email in cui si parlava delle imbarcazioni-hotel lungo i canali, di cui ignoravo persino l'esistenza. Sembrava una soluzione perfetta. Qualcuno si sarebbe occupato di cucinare, guidare la barca e, se proprio non volevi sporcarti le mani, avrebbe pensato anche alle chiuse. A te non restava da fare che il poco o il tanto che avevi voglia di fare. Non sembra fantastico?

Così ho convinto la mia cara amica Sue a venire con me e abbiamo fatto una vacanza favolosa. Non avevo mai pensato al canale come ambientazione per un libro, eppure, nel momento in cui sono salita a bordo, ho capito subito che sarebbe stato divertentissimo. A ogni chiusa abbiamo incontrato un sacco di gente simpatica e alcuni personaggi completamente fuori di testa. Ero nel mio elemento. È un modo bellissimo per apprezzare la nostra campagna e ora vado pazza per le barche.

E l'adorabile Kev? Al secondo viaggio, è venuto anche lui.

Mi auguro quindi che il libro vi piaccia e, se non l'avete ancora fatto, magari cercate di trovare il tempo per visitare i magnifici canali dell'Inghilterra: forse scoprirete una piccola gemma nascosta, proprio come la piccola pasticceria nel giardino di fiori.

Carole (: xx

Indice